AF363148

Manual de certificación

LEAN SIX SIGMA BLACK BELT

Colección: LEAN SIX SIGMA
Director: David Soler

LEAN SIX SIGMA BLACK BELT. MANUAL DE CERTIFICACIÓN
1.ª edición, 2021
2.ª edición, febrero 2024

© Luis Vicente Socconini Pérez Gómez
© de esta edición, ICG Marge, SL

Edita: Marge Books
Brutau, 160 – 08203 Sabadell (Barcelona)
Tel. 931 429 486 – marge@margebooks.com
www.margebooks.com

Gestión editorial: Héctor Soler
Edición: Núria Gibert
Coordinación de la edición: Karina Serrano
Realización editorial: Mercedes Lara
Impresión: Safekat, SL (Madrid)

Edición impresa: ISBN 978-84-19109-80-4
Edición digital: ISBN 978-84-19109-81-1
Depósito Legal: B 23520-2024

El papel empleado en este libro no ha sido blanqueado con cloro elemental (CI_2).

El autor

Luis Socconini

Es ingeniero industrial por el ITESM, campus Guadalajara. Tiene una maestría en Calidad y Productividad y es Master Black Belt.

Está Certificado en *Strategic Management* por la Universidad de Stanford, en *Leading Product Innovation* por la Universidad de Harvard y en *Industry 4.0* por el MIT.

Ha trabajado para la escuela de negocios de Wharton (Pensilvania), como consultor de empresas; en la Cervecería Grolsch, en Países Bajos, como ingeniero de procesos, y en IBM, como ingeniero de manufactura.

Como director de Lean Six Sigma Institute, desarrolla proyectos de alto impacto en empresas como Abbott Laboratories, Kraft Heinz, Coca Cola, BMW, Bimbo y Fender, entre otras. Desarrolla constantemente aplicaciones de productividad en distintos sectores como la construcción, la minería, la agricultura, la administración pública, la energía, los servicios, etc

Ha sido catedrático distinguido en varias universidades de prestigio en México.

Es autor de los manuales de certificación *Lean Six Sigma Yellow Belt, Green Belt* y *Black Belt;* de los libros *Lean Company* y *Lean Manufacturing;* así como coautor de *Lean Six Sigma Management System, Lean Energy, Manual práctico de las 5'S para ganar en calidad y productividad* y *Lean Six Sigma Green Belt, paso a paso.*

SOCCONINI

www.socconini.com

Índice

Prólogo

Le doy la más cordial bienvenida a este Manual de certificación en Lean Six Sigma nivel Black Belt, el quinto nivel de certificación después de las etapas Lean Management, White Belt, Yellow Belt y Green Belt. Deseo felicitarle porque al adquirir este libro usted expresa su compromiso con la mejora continua de la calidad en su actividad profesional o empresarial y, por tanto, con el desarrollo de su entorno económico y humano.

Este Manual nace con la finalidad de compartir lo que en Lean Six Sigma Institute enseñamos a las personas que participan en los procesos de formación que impartimos: responsables de gerencia y administración de empresas, propietarios de compañías, profesionales de la ingeniería y las operaciones, personas emprendedoras, equipos docentes y alumnado de centros de formación. Todas ellas se capacitan para mejorar los resultados de las empresas donde aportan sus iniciativas y su experiencia profesional.

Inicialmente, nuestro Manual solo formaba parte de los materiales que se entrega al alumnado que participa en los cursos de certificación que el Instituto ofrece en todo el mundo. En el transcurso de una conversación, la directora de LSSI en España propuso que los manuales también se distribuyeran en librerías, de manera que cualquier persona pudiera acceder a los conocimientos que están revolucionando el pensamiento empresarial. La idea causó entusiasmo porque sabemos que cuantas más personas estén capacitadas y comprometidas con el diseño y la mejora de los procesos, las organizaciones tendrán mayor capacidad para optimizar las nuevas posibilidades que los mercados ofrecen.

En su experiencia como líder, usted desarrollará la implementación de proyectos de alto impacto financiero y cultural en su organización y conocerá herramientas de simulación, así como temas relevantes que le ayudarán a automatizar sus operaciones y sus procesos. De igual modo, será experto en el uso de herramientas de estadística avanzada para mejorar la calidad eliminando la variación causada por fuentes comunes y especiales, que hacen que los costos de la no calidad sean elevados y, por tanto, reduzcan la competitividad de las empresas.

Las herramientas que este Manual le ofrece se presentan a través de una metodología que le llevará paso a paso en el desarrollo de proyectos de alto impacto.

Es muy importante que desarrolle continuamente proyectos de mejora utilizando los nuevos conocimientos, ya que la mejora es un camino que se inicia pero que nunca se termina, y requiere que consigamos buenos hábitos repitiendo los ejercicios de Lean Six Sigma.

El objetivo de estas herramientas es que usted entienda, aplique y también enseñe a las personas de su equipo nuevas formas de trabajar, con la consiguiente generación de historias de éxito, y que de una manera eficaz pueda afrontar las complejidades de los nuevos entornos profesionales y empresariales.

Le agradezco la confianza de darnos la oportunidad de poner a su disposición un material formativo ampliamente contrastado, y de otorgarnos la responsabilidad de ayudarle en este camino, en un mundo en el que la mejora y el progreso están en su decisión.

Luis Socconini
Director y fundador de Lean Six Sigma Institute

LEAN SIX SIGMA
BLACK BELT

Introducción a *Black Belt*

Líderes que diseñan el futuro

Objetivos

1. Las responsabilidades al desarrollar proyectos para transformar la cultura organizacional.
2. Cómo utilizar herramientas avanzadas Lean Six Sigma y una metodología experta de gestión de proyectos.
3. Cómo desarrollar habilidades de capacitación y entrenamiento para llevar a las personas a su máximo potencial.

Contenidos

> Antecedentes
> ¿Qué es un *Black Belt*?
> Responsabilidades

Antecedentes

Muchas empresas cuentan con personal entrenado y certificado en Lean Six Sigma; sin embargo, muy pocos tienen certificados *Black Belt,* dedicados a la mejora de procesos.

¿Por qué es tan importante contar con los *Black Belt?*

Los cinturones negros LSS o *Black Belt:*

- Desarrollan proyectos de alto impacto financiero y cultural.
- Están enfocados a la mejora y a la preparación de personas internamente.
- Actúan como líderes y guías de proyectos en todas las funciones de la empresa.
- Proporcionan uno de los mayores retornos sobre la inversión.

Entrenamiento y certificación

Desarrollo de las capacidades

LSS Company

6 **Sistema de trabajo**
- Innovación
- Cadena de suministro
- Sustentabilidad

Lean Six Sigma

5 **Robustez**
- Diseño ágil
- Gestión de proyectos
- Productos y servicios

Six Sigma

4 **Optimización**
- Control de variables clave
- Herramientas estadísticas
- Reducción de variación

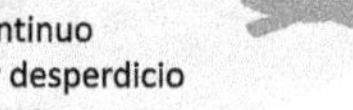

Lean

3 **Efectividad**
- Mapa de valor
- Flujo continuo
- Eliminar desperdicio

Kaizen

2 **Estabilidad**
- Gestión visual
- Orden y limpieza
- Estandarización
- Reducir sobrecarga

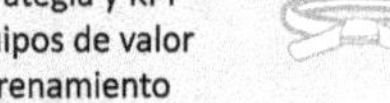

Filosofía

1 **Liderazgo**
- Estrategia y KPI
- Equipos de valor
- Entrenamiento

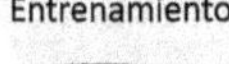

¿Qué es un *Black Belt*?

Un Black Belt es un profesional entrenado en herramientas y metodologías avanzadas de Lean Six Sigma, cuyas funciones son:

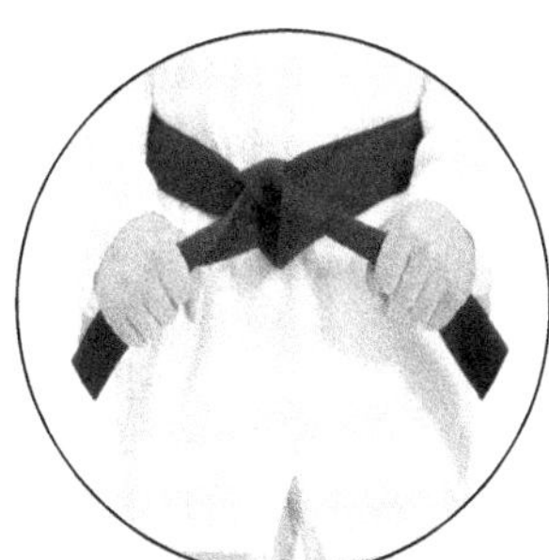

- Guiar en el desarrollo de la cultura, y en el uso de metodologías y herramientas.

- Liderar y asegurar cambios en la cultura de trabajo y conseguir mejoras en el ambiente laboral.

- Entrenar en la filosofía, la metodología y las herramientas de la organización.

Un Black Belt es experto en la resolución de problemas complejos, asesor empresarial y líder que ayuda a impulsar el cambio y lograr mejoras.

Responsabilidades

Los *Black Belt* son **guías** que trabajan a tiempo completo para desarrollar el máximo potencial de la organización y lograr procesos de clase mundial.

El término *Black Belt* está relacionado con las artes marciales, donde un ***cinturón negro*** es el experto que **entrena** y da ***coaching*** a equipos e individuos, y también demuestra un dominio del arte de la mejora.

Habilidades que cada *Black Belt* debe desarrollar:

- Evaluar áreas de oportunidad para identificar el camino hacia la mejora.
- Cuantificar el impacto financiero y los múltiples beneficios obtenidos de las mejoras.
- Capacitar y dar *coaching* a los equipos responsables de la implementación de proyectos.

> **Los *Black Belt* operan como entrenadores internos con personal de todas las áreas de la organización.**

Categoría	Descripción
Identificador	Descubre áreas de oportunidad que ayudarán a la organización a reducir costos, aumentar la capacidad, mejorar los márgenes, reducir inventarios, etc.
Entrenador	Capacita a las personas dentro de los diferentes niveles de Lean y Six Sigma 4.0 y se asegura de que todos entiendan su rol y la implementación adecuada de las herramientas.
Coach	Brinda apoyo tanto a los equipos como a las personas en sus respectivas áreas y los guía para descubrir oportunidades de mejora y ejecutar proyectos.
Mentor	Desarrolla una red de individuos Lean Six Sigma en todas las funciones y áreas de la organización que trabajen como equipos multifuncionales y que lleven a cabo proyectos de alto impacto.
Persona influyente	Motiva a las personas de todas las funciones y áreas para mantener la filosofía de mejora continua como una prioridad principal con el fin de lograr los objetivos de la empresa y generar un sistema de aprendizaje que mejore la calidad de vida de todo el equipo.

Conocimientos necesarios

Certificación	Quiénes	Conocimiento	Duración	Acumulado
Champion	Líderes	Filosofía – Herramientas – Proceso de transformación – Resultados	8 horas	8 horas
White Belt	Todos	Introducción – Herramientas básicas	8 horas	16 horas
Yellow Belt	20-50 %	Metodología y herramientas Lean	24 horas	40 horas
Green Belt	10-20 %	Metodología y herramientas Six Sigma	40 horas	80 horas
Black Belt	1-3 %	Liderazgo – Gestión de proyectos – Herramientas avanzadas	40 horas	120 horas
Master BB	1 %	Gestión de la estrategia – Innovación	40 horas	160 horas

Lean Six Sigma es para toda la compañía

Scrum

«El arte de hacer el doble en la mitad del tiempo.»

Jeff Sutherland, Software Developer

Objetivos

1. Entender cómo funciona *scrum* para desarrollar proyectos de manera ágil con el trabajo colaborativo de un equipo.
2. Entender los comportamientos y las responsabilidades de cada miembro del equipo *scrum*.
3. Entender cómo utilizar los artefactos y desarrollar ceremonias en *scrum*.
4. Comprender la importancia de desarrollar proyectos exitosos para gestionar la estrategia de las organizaciones.

Contenidos

> Antecedentes
> ¿Qué es *scrum*?
> ¿Para qué sirve?
> Elementos clave
> ¿Quiénes participan?
> ¿Cuándo se utiliza?
> ¿Cuánto tiempo requiere?
> Procedimiento

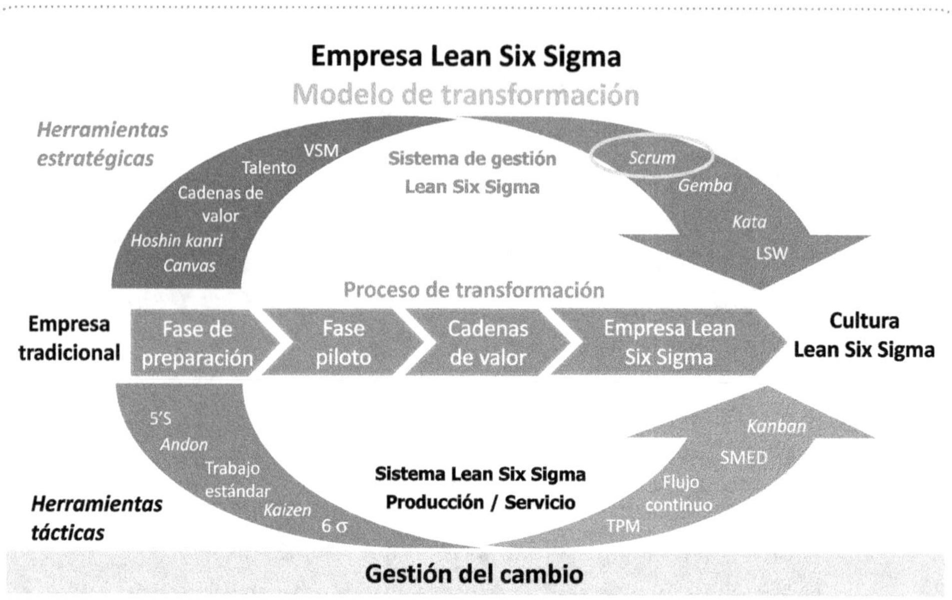

- No más del 20 % de las empresas realizan un plan estratégico.

- De las que lo hacen, solo el 8 % tiene éxito en la implementación de la estrategia.

- La principal causa de los fracasos es la inadecuada gestión de sus proyectos.

- Muy pocas empresas dedican recursos al seguimiento y la gestión estratégica de proyectos.

Los modelos de gestión tradicionales están obsoletos.

Fuente: *Harvard Business Review.*

1986, artículo: «El nuevo desarrollo de productos»

Hirotaka Takeuchi e Ikujiro Nonaka *(Harvard Business Review)*

- Estudiaron a los equipos de trabajo de las compañías más productivas e innovadoras del mundo: Honda, Fuji-Xerox, 3M, etc.

- Afirmaban que la vieja manera de desarrollar productos (en forma de cascada) presenta fallos de origen.

- Las mejores empresas seguían un proceso de desarrollo enlazado, más rápido y flexible.

- Sus equipos eran interfuncionales y flexibles.

- La dirección no daba órdenes, los ejecutivos eran líderes de servicio y facilitadores, dedicados a eliminar obstáculos.

- Comparaban el trabajo en común con el de un equipo de rugby y decían que los mejores equipos actúan como en *scrum*.

Metodologías de gestión de proyectos

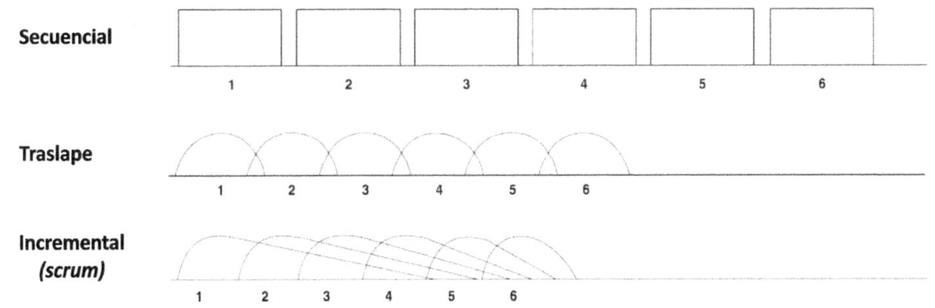

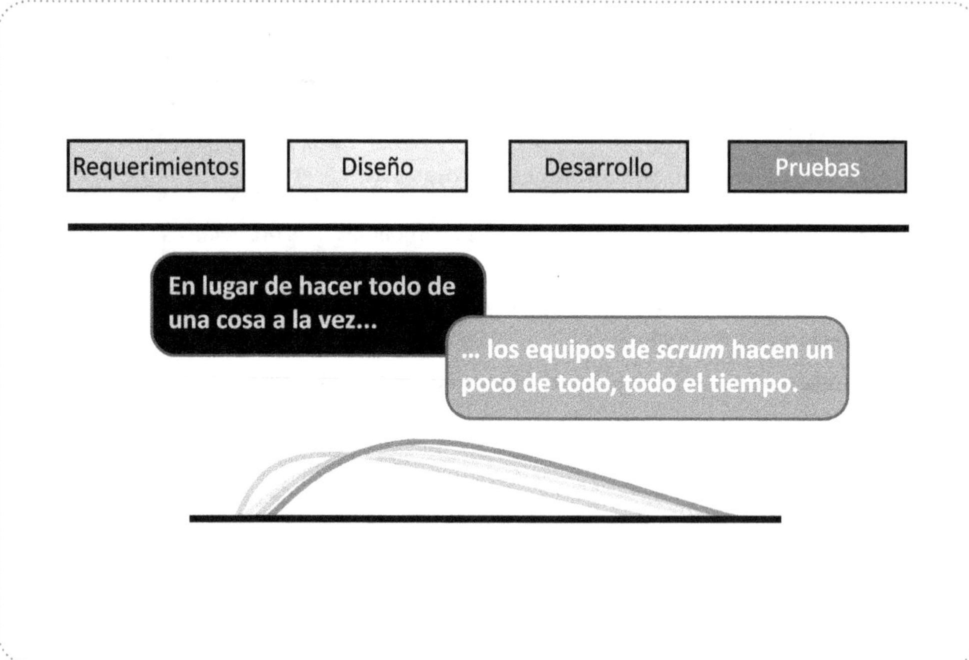

Lean *startup*

Mejores decisiones en ambientes de alta incertidumbre.

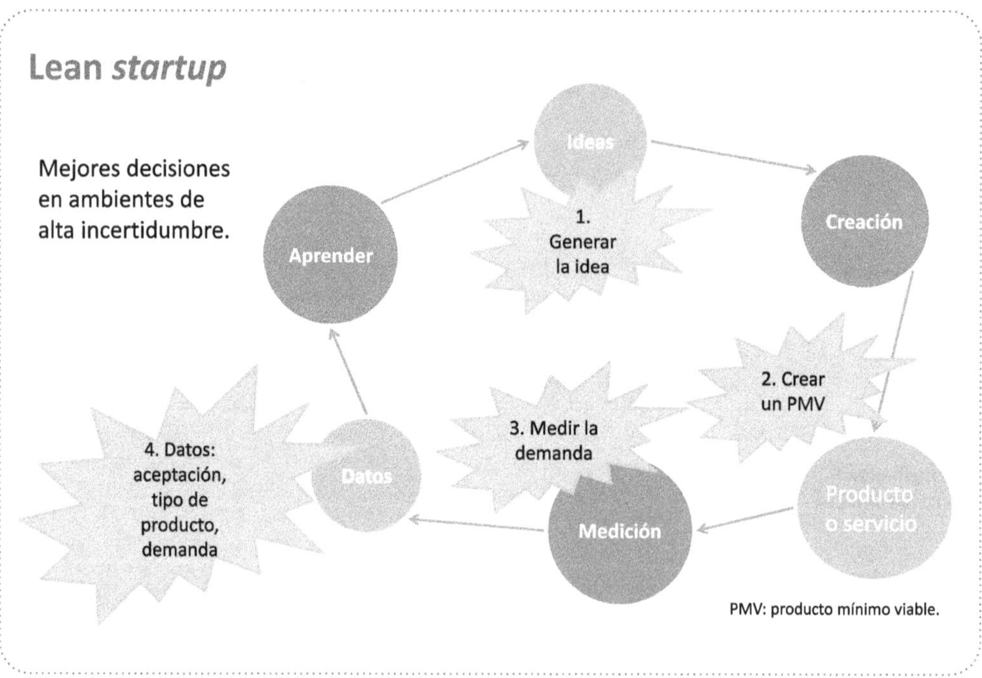

PMV: producto mínimo viable.

Origen de la palabra *scrum*

- Takeuchi y Nonaka comprobaron que los equipos de desarrollo de Canon, Xerox y Honda eran altamente productivos y seguían ciertos patrones de comportamiento.

- Desarrollaron una forma de trabajar muy parecida a la manera en la que el rugby funciona.

  - *Scrum* es una jugada en donde **todo el equipo trabaja para ganar el balón.**

    En la gestión de proyectos, los miembros del equipo comparten tareas y responsabilidades y trabajan como una unidad para entregar incrementos de producto viables y utilizables.

Orígenes del *scrum*

Ken Schwaber y Jeff Sutherland desarrollaron el concepto y la metodología *scrum* alrededor de la filosofía Lean, a la cual ellos llaman «ágil».

Para ello, crearon los siguientes elementos:

- Roles de los participantes.

- Ceremonias.

- Artefactos.

¿Qué es *scrum*?

Sistema de gestión Lean Six Sigma

> Es un **marco de referencia** dentro del cual las personas pueden resolver problemas complejos, generando de manera productiva y creativa **productos del máximo valor posible.**

Ken Schwaber / Jeff Sutherland

Manifiesto ágil

Individuos e interacciones	sobre	Procesos y herramientas
Productos funcionales	sobre	Documentación de proyectos
Colaboración de clientes	sobre	Cumplir contratos
Respuesta al cambio	sobre	Seguimiento del plan

LSSI.
LEAN SIX SIGMA INSTITUTE

Los 12 principios del manifiesto ágil

1. Nuestra mayor prioridad es satisfacer al cliente mediante la entrega temprana y continua de productos con valor.

2. Aceptamos que los requisitos cambien, incluso en etapas tardías del desarrollo. Los procesos **ágiles** aprovechan el cambio para proporcionar ventaja competitiva al cliente.

3. Entregamos producto funcional frecuentemente, entre dos semanas y dos meses, con preferencia al periodo de tiempo más corto posible.

4. Los responsables de negocio y los desarrolladores trabajamos juntos de forma cotidiana durante todo el proyecto.

5. Los proyectos se desarrollan en torno a individuos motivados. Hay que darles el entorno y el apoyo que necesitan, y confiarles la ejecución del trabajo.

6. El método más eficiente y efectivo de comunicar información al equipo de desarrollo y entre sus miembros es la conversación cara a cara.

7. El producto (resultado del proyecto) funcionando es la medida principal del progreso.

8. Los procesos **ágiles** promueven el desarrollo sostenible. Los promotores, desarrolladores y usuarios debemos ser capaces de mantener un ritmo constante de forma indefinida.

9. La atención continua a la excelencia técnica y al buen diseño mejora la **agilidad**.

10. La simplicidad, o el arte de maximizar la cantidad de trabajo no realizado, es esencial.

11. Los mejores resultados, requisitos y diseños emergen de equipos autoorganizados.

12. A intervalos regulares, el equipo reflexiona sobre cómo ser más efectivo para, a continuación, ajustar y perfeccionar su comportamiento en consecuencia.

Fuente: Agile Alliance

¿Para qué sirve?

Asegurar que los proyectos cumplen el objetivo financiero.
Dar seguimiento al costo de los proyectos.
Analizar costo, efectividad y beneficio.

Asegurar que se logran los resultados esperados.
Identificar el valor y la aportación de los proyectos a los resultados totales.
Evaluar riesgos y evitar problemas para lograr resultados.

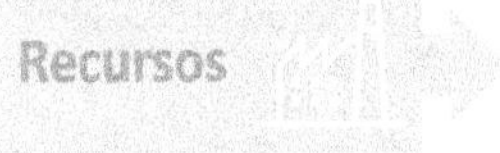

Identificar los recursos necesarios.
Seleccionar a las personas adecuadas.
Dar seguimiento y soporte a las personas.

Asegurar que los proyectos se implementan adecuadamente.
Utilizar las herramientas adecuadas.
Aplicar los métodos que aseguren el éxito en el desarrollo del proyecto.

Beneficios del *scrum*

Una implementación correcta ayudará a:

- Mejorar la velocidad del desarrollo de proyectos.

- Alinear objetivos individuales y corporativos.

- Crear una cultura sustentada en el desempeño.

- Apoyar la creación de valor para los accionistas de la empresa.

- Lograr una comunicación estable y consistente en todos los niveles.

Fuente: Jeff Sutherland, *Scrum Handbook*.

Los cinco valores del *scrum*

Los equipos que emplean *scrum* de manera correcta se adhieren con fuerza a sus cinco valores:

Conservando el enfoque, los equipos prestan mucha atención a los resultados.

Siendo muy abiertos, los equipos rinden cuentas mutuamente.

Los miembros aseguran que todo el equipo está comprometido.

Tener el valor de acoplarse entre sí. Los miembros del equipo se involucran en conflictos sanos.

Los miembros del equipo se ganan el respeto que fomenta la confianza entre los equipos.

LSSI
LEAN SIX SIGMA INSTITUTE

Características del *scrum*

Gestión ágil de proyectos

Transparencia	Inspección	Adaptación

Transparencia
- Los principales aspectos del proceso deben ser definidos por un estándar común.
- Un lenguaje común del proceso tiene que ser compartido por todos los participantes.
- Una definición común de «hecho» para quienes aceptan el producto del trabajo.

Inspección
- Las personas usuarias de *scrum* deben inspeccionar frecuentemente los modelos utilizados para asegurar que el objetivo se cumple.
- Las inspecciones no deben detener el trabajo de los proyectos. Por ello deben ser ágiles.
- Las inspecciones son efectivas porque se realizan con los dueños o representantes del producto (resultado del proyecto).

Adaptación
- El proceso debe ser ajustado si alguna inspección determina que los entregables son inaceptables en las diferentes etapas del modelo.
- Planificación del *sprint* (carrera).
- Reunión diaria.
- Revisión del *sprint*.
- Retrospectiva del *sprint*.

¿Quiénes utilizan *scrum?*

Illumina
Microsoft
Nielsen Media
First American Real Estate
BMC Software
John Deere
Lexis Nexis
Sabre
Salesforce
Time Warner
Turner Broadcasting
British Telecom
General Electric
Apple

FBI
Yahoo
Google
Electronic
High Moon Studios
Lockheed Martin
Philips
Siemens
Nokia
Capital One
BBC
Fidelity Investments
Bank of America

¿Qué tipo de proyectos se hacen con *scrum*?

- Proyectos de nuevos productos.
- Desarrollo de proyectos de construcción.
- Proyectos de *pricing*.
- Aplicaciones financieras.
- Certificación ISO 9001.
- Diseño de misiones espaciales.
- Diseño de equipos de defensa.
- Desarrollo de *software*.
- Desarrollo de videojuegos.
- Desarrollo de proveedores.
- Telefonía móvil.
- Aplicaciones móviles.
- Productos médicos.
- Desarrollo de alimentos y bebidas.
- Transferencia de tecnología.
- Desarrollo de nuevas plantas.

Elementos clave

Roles
- Dueño del producto
- *Scrum master*
- Equipo de desarrollo

Ceremonias
- Planificación del *sprint*
- *Scrum* diario
- Revisión del *sprint*
- Retrospectiva del *sprint*

Artefactos
- Producto por realizar
- *Sprints* por realizar
- Gráficas *burndown*

Los equipos son autoorganizados y multifuncionales:

Dueño del producto

Responsable de maximizar el valor del producto y del trabajo del equipo de desarrollo.

Organiza los entregables de producto y determina las prioridades.

Equipo de desarrollo

Equipos autoorganizados de 5 a 10 miembros multifuncionales: analistas de calidad (QA), diseñadores, ingenieros, etc.

Los equipos pueden variar entre *sprints*.

Scrum master

Asegura que **scrum** es entendido y practicado correctamente.

Prepara reuniones y monitoriza el desarrollo de los proyectos.

Dueño del producto

Roles

- Visión y mapa de producto
- Empoderamiento
- Presupuesto

- Incubador de productos
- Generador de proyecto
- Analiza atrasos
- Asiste a reuniones

- Modelo de negocio
- Fuentes de ingresos
- Estructura de costes
- Canales

- Clientes
- Retroalimentación
- Datos a través de la exposición con el cliente

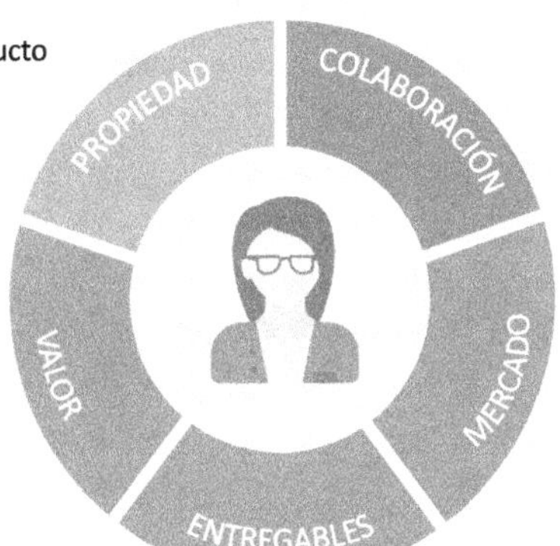

- Historias de personas usuarias
- *Canvas* de producto
- Entregables del proyecto

Scrum master

Roles

- Comunicación cara a cara
- Organización del equipo
- Transparencia y apertura
- Adaptabilidad al cambio

- Actualiza (gráfica de avance / tableros de estatus)
- Informa a la gerencia el desempeño y la retroalimentación
- Guía en el uso de las herramientas

- Aprecia el buen trabajo
- Orgullo por el trabajo bien hecho
- Celebra el éxito

- Principios *scrum*
- Reuniones
- Planificación de entregas
- Actividades de integración del equipo
- Consenso entre el equipo
- Fomenta una estrecha cooperación en las funciones de interfaz con el equipo de *scrum*

- Aprendizaje continuo
- Conocimiento
- Intercambio de experiencias
- Monitoriza y comparte métricos

- Media y resuelve conflictos
- Protege al equipo de interferencias externas

Interacción del *scrum master*

Roles

- Ayudar al equipo en su organización y trabajo en equipo.
- Eliminar los impedimentos del equipo de desarrollo.
- Ayudar al equipo de desarrollo a crear productos de alto valor.
- Facilitar la implementación de **scrum.**

Dueño del producto   **Equipo de desarrollo**   *Scrum master*   **Organización**

- Encontrar técnicas para una efectiva gestión de los entregables de productos.
- Ayudar al equipo a entender la necesidad de aclarar y sintetizar los elementos de los entregables de producto.
- Facilitar la implementación de **scrum.**

- Guiar a la organización en la adopción del **scrum,** planificando el entrenamiento e implementación en toda la organización.
- Ayudar a los empleados e involucrados a entender **scrum,** tanto en lo teórico como en lo práctico.

Cinco niveles de planificación de los eventos *scrum*

Cinco niveles de planificación			
Nivel	**Frecuencia**	**Principales actores**	**Entregable**
1 Visión del producto	1 a 2 veces/ proyecto	Dueño producto	Visión
2 Mapa de producto	2 a 3 veces/ proyecto	Dueño producto	Mapa de producto
3 Plan de entregas	3 a 4 veces/ proyecto	Dueño producto + Equipo + SM	Plan de entregas
4 Plan de *sprint*	Cada *sprint*	Dueño producto + Equipo	Plan de *sprint*
5 Plan diario	Cada día	Equipo	Actualización de impedimentos

Estos niveles de planificación ayudan a abordar prioridades, estimaciones y compromisos.

Contribuyen a crear consistencia y minimizar la necesidad de reuniones innecesarias.

Su frecuencia depende de la organización, el proyecto, el tamaño del equipo, los requisitos, etc.

- Cuando se va a desarrollar un proyecto complejo.

- Cuándo los requisitos no están claramente definidos.

- Cuándo la probabilidad de realizar cambios es elevada.

- Cuándo el tiempo es limitado.

- Cuándo la prioridad del proyecto es conseguir los mayores beneficios con la más alta calidad.

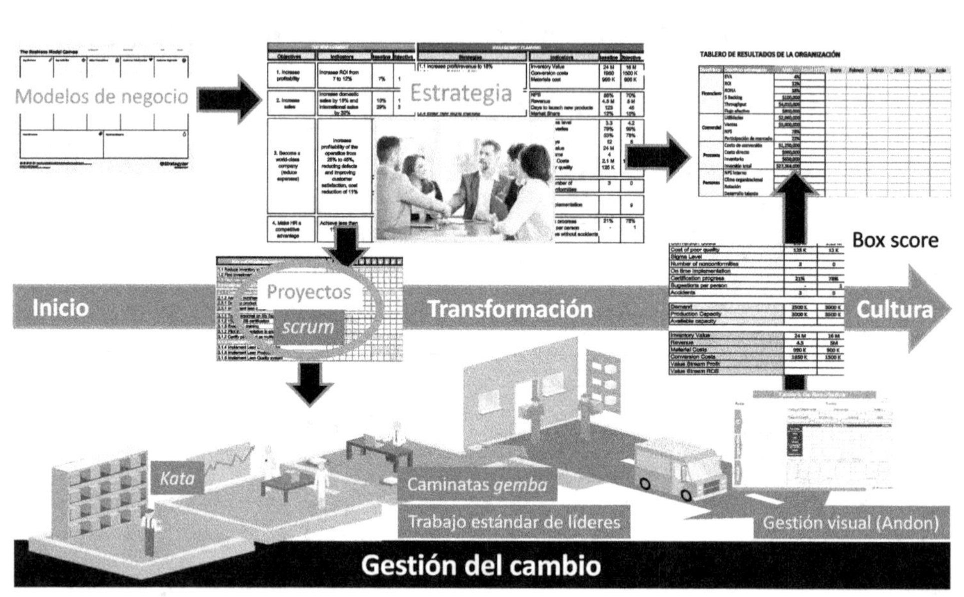

¿Cuánto tiempo requiere?

- Los proyectos tienen duraciones variables dependiendo de la complejidad de los mismos.

- Cada proyecto se divide en *sprints* que representan entregables viables y utilizables.

  - Cada *sprint* tiene una duración de 1 a 4 semanas.

- La duración de un proyecto utilizando *scrum* es mucho menor que cuando se utiliza gestión tradicional de proyectos, acortando el tiempo total en algunas ocasiones hasta en un 50 %.*

*Fuente: Jeff Sutherland y Ken Schwaber, *The Scrum Papers.*

LSSI.
LEAN SIX SIGMA INSTITUTE

Etapas y entregables para la gestión ágil de los proyectos:

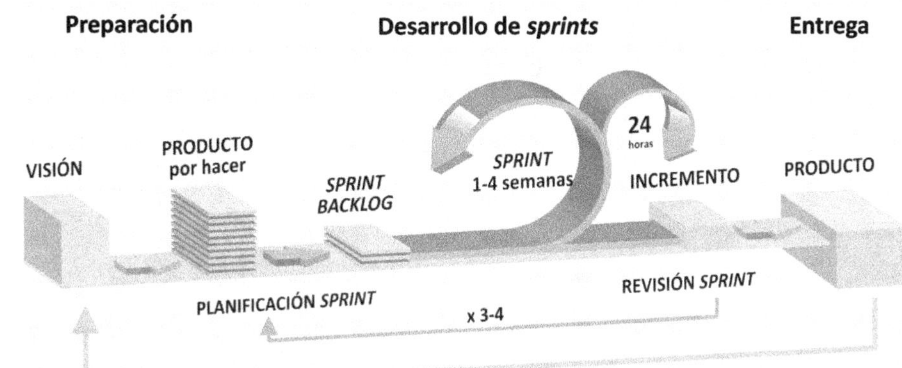

Procedimiento *scrum* para generar valor

Paso 1: Visión

Definir las metas del producto y su alineación con la estrategia del negocio.
Responsable: dueño del producto.
Frecuencia: 1-2 veces durante el proyecto.

Paso 7: Retrospectiva del *sprint*

Compartir aprendizaje y sugerir mejoras.
Responsable: dueño del producto.
Frecuencia: al final de cada *sprint*.

Paso 2: Mapa del producto

Crear un mapa global de las características que cumplirán con la visión del producto.
Responsable: dueño del producto.
Frecuencia: 2-3 veces durante el proyecto.

Paso 6: Revisión del *sprint*

Demostración del producto funcional.
Responsable: dueño del producto.
Frecuencia: al final de cada *sprint*.

Paso 3: Plan de entregas

Definir programa de entregas para funciones específicas del producto.
Responsable: dueño del producto.
Frecuencia: cuando sea necesario.

Paso 5: *Scrum* diario

El equipo se reúne para establecer las prioridades del día.
Responsable: equipo.
Frecuencia: diaria.

Paso 4: Plan de *sprints*

Establecer interacciones de objetivos y metas específicas.
Responsable: dueño del producto y equipo.
Frecuencia: al inicio de cada *sprint*.

Preparación

Ejecución

Paso 1: Visión

Fase de preparación

Qué: se desarrolla la visión del producto, acorde con la estrategia y la propuesta de valor. Es una actividad estratégica.

Cuándo: cuando se definen los proyectos de la estrategia.

Quiénes: equipo directivo, dueño del producto, equipo de desarrollo y *scrum master.*

Responsable: dueño del producto.

- Definir la visión del producto (resultado del proyecto) en términos del valor creado.
- Es un enunciado que puede decirse en un ascensor (rápido).
  - Debe ser escrito en dos o tres frases.

Recomendaciones: utiliza esta plantilla.

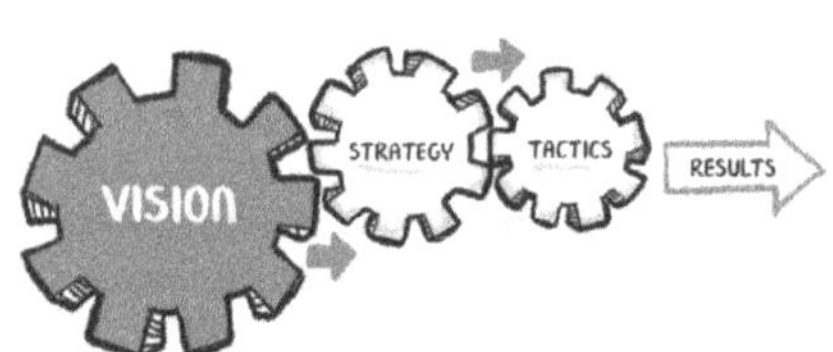

- Para < *cliente objetivo* >
- Quién < *declaración de la necesidad* >
- El < *nombre del producto* >
- Es un < *categoría del producto* >
- Que < *beneficio clave, razón irresistible para comprarlo* >
- Diferente a < *principal competencia alternativa* >
- Nuestro producto < *declaración final de diferenciación principal* >
- Lo cual apoya a nuestra estrategia de < *estrategia de la compañía* >

Ejemplo

- Aplicación para el teléfono inteligente: **Banco móvil**

Para los *clientes del Banco ACME*	*< cliente objetivo*
quienes *necesitan acceder a su banco desde donde sea*	*< declaración de la necesidad*
el *Banco de Bolsillo*	*< nombre del producto*
es *una aplicación móvil*	*< categoría del producto*
que *permite seguridad y acceso cuando lo necesite*	*< beneficio clave*
diferente a *banca en línea desde PC*	*< principal competencia*
nuestro producto *permite a los usuarios acceso inmediato*	*< diferenciación principal*
lo cual apoya a nuestra estrategia *de captar más clientes.*	*< estrategia clave que apoya*

Paso 2: Mapa del producto

Fase de preparación

Qué: es una lista de características que hacen posible la visión.

- Se ordenan por afinidad.
- Se priorizan.
- Se definen etapas de entregas.

Cuándo: al inicio y dos a tres veces para redefinir las características.

Quiénes: equipo directivo, dueño del producto, equipo de desarrollo y *scrum master.*

Responsable: dueño del producto.

Tiempo: lo que sea necesario (4 a 16 horas).

Categorías	1. Organización de cuentas	2. Transferencias bancarias	3. Pagos automáticos	4. Inversiones	5. Ayuda
Características	1.1. Acceso a usuarios	2.1. Transferencia entre cuentas	3.1. Alta acreedores	4.1. Información sobre inversiones	5.1. Preguntas frecuentes
	1.2. Ver cuentas	2.2. Transferencia otros bancos	3.2. Programar pagos	4.2. Recomendaciones y noticias	5.2. Contacto telefónico
	1.3. Ver estado de cuentas		3.3. Alerta de falta de fondos	4.3. Compra de acciones	5.3. Chat con un asesor
	1.4. Consulta predefinida			4.4. Comportamiento de cartera	
	1.5. Descargar transacciones en Excel				
	1.6. Centro de mensajes para el usuario				

El mapa de producto es un plan de alto nivel que muestra cómo el producto va a evolucionar. Típicamente comprende varias entregas de producto.

Beneficios:

- Continuidad en el propósito.
- Alineación de los colaboradores.
- Ayuda en la gestión de la cartera de proyectos.
- Priorización de las características y de los entregables.

Visión del producto

Mapa del producto

Paso 3: Plan de entregas
Fase de preparación

Qué: un plan para el lanzamiento de los entregables del proyecto. En promedio, un lanzamiento incluirá de tres a cinco *sprints.*

Cuándo: de tres a cuatro veces durante el proyecto. Los *sprints* se planean al comienzo de cada lanzamiento.

Quiénes: dueño del producto, equipo de desarrollo y *scrum master.*

Responsable: dueño del producto.

Tiempo: 2 a 4 horas.

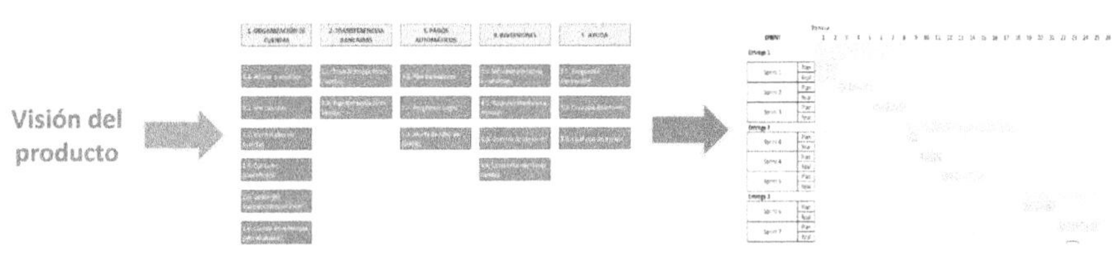

Visión del producto

Mapa del producto   **Desarrollo del producto**

SPRINT		Semana 1	2	3	4	5	6	7	8	9	10	11	12	13	14	15	16	17	18	19	20	21	22	23	24	25	26
Entrega 1																											
Sprint 1	Plan																										
	Real																										
Sprint 2	Plan																										
	Real																										
Sprint 3	Plan																										
	Real																										
Entrega 2																											
Sprint 4	Plan																										
	Real																										
Sprint 5	Plan																										
	Real																										
Sprint 6	Plan																										
	Real																										
Entrega 3																											
Sprint 7	Plan																										
	Real																										
Sprint 8	Plan																										
	Real																										

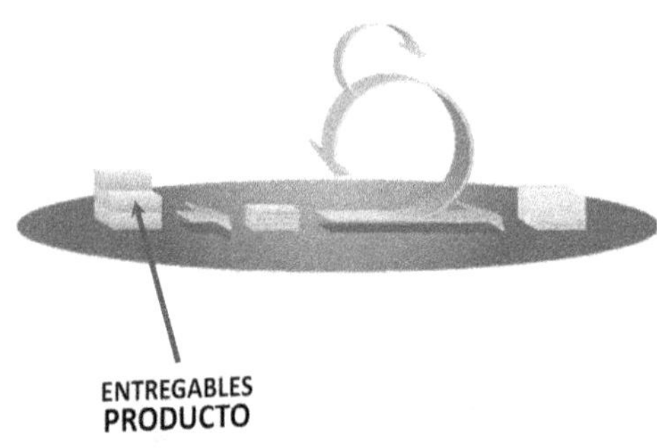

- Se definen los requisitos del proyecto (producto).

- Es una lista de entregables del proyecto.

- Se expresan como una lista de **historias de usuario,** las cuales se evalúan de acuerdo a su complejidad.

- Los entregables son priorizados por el dueño del producto.

- Son repriorizados al inicio de cada *sprint.*

Paso 4: Plan de *sprints*

Fase de ejecución

Qué:

- Es el desarrollo del ritmo del proyecto.
- Cada *sprint* debe durar entre 1 y 4 semanas.
- Permite desarrollar velocidad y conocimiento.

Cuándo: antes de iniciar cada *sprint*.

Quiénes: dueño del producto, equipo de desarrollo y *scrum master*.

Responsable: dueño del producto.

Tiempo: 2 horas por cada semana de *sprint*.

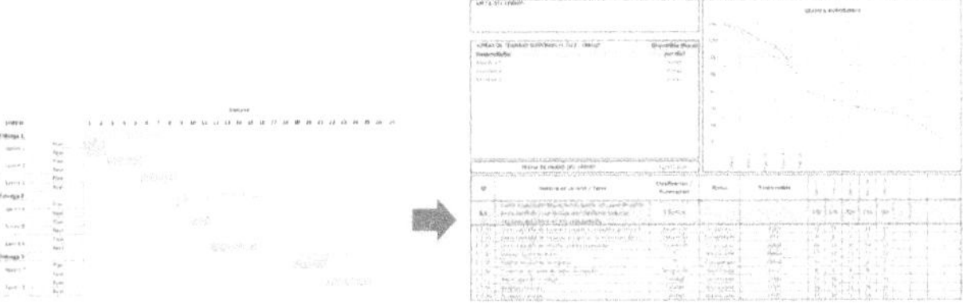

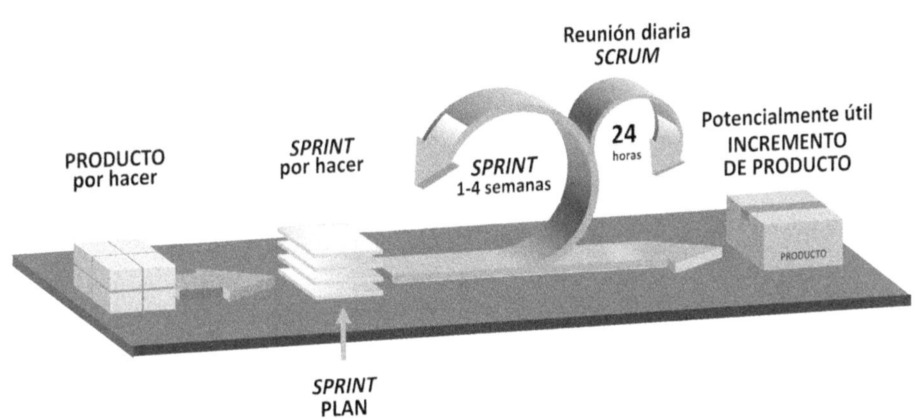

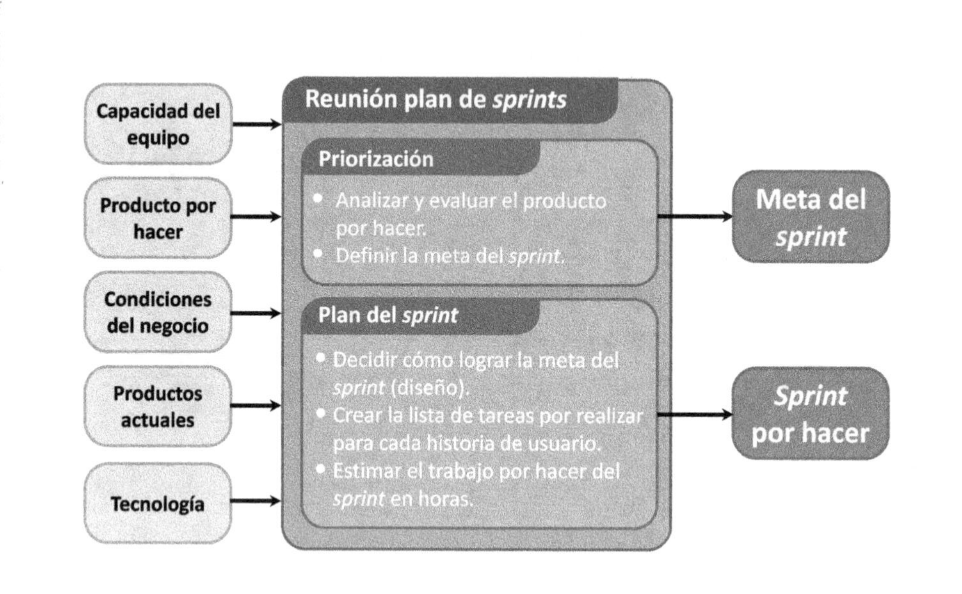

Historia de usuario

Cada requisito técnico del proyecto se desarrolla como una **«historia de usuario»**.

Título:	Título: 1.1. Acceso a usuarios
Como < usuario > quiero < acción > para < beneficio >	Como **usuario del Banco móvil**, quiero **ser capaz de entrar en mi perfil de usuario** para **poder ver todas las opciones del banco en una sola pantalla.**

Puntuación de la complejidad

- Cada **historia de usuario** tiene un nivel de complejidad diferente.

- El **equipo** debe asignar una puntuación para cada **historia de usuario** según la **complejidad**.

- Se toma la puntuación que **más se repite** entre los miembros del equipo cuando votan para calificarla.

Talla	Puntos
XtraSmall (XS)	1
Small (S)	2
Medium (M)	3
Large (L)	5
XtraLarge (XL)	8

Preparación - Ejecución

- Cada *sprint* se planifica por el equipo.

- Se define el tiempo disponible del equipo de desarrollo.

- Las tareas se definen con tiempos para realizarse.

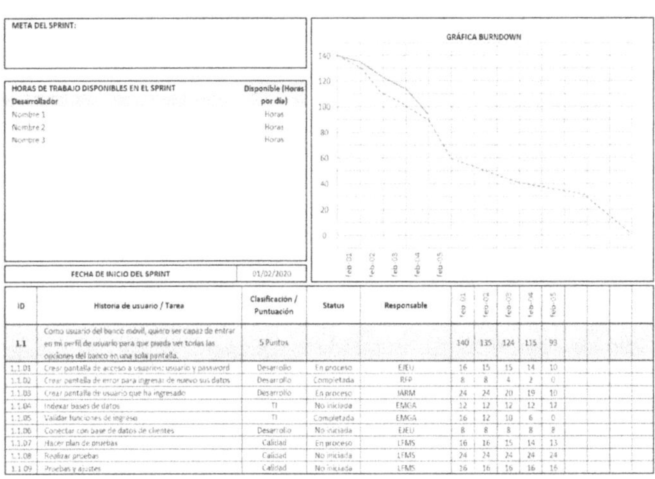

META DEL SPRINT:

HORAS DE TRABAJO DISPONIBLES EN EL SPRINT	Disponible (Horas
Desarrollador	por día)
Nombre 1	Horas
Nombre 2	Horas
Nombre 3	Horas

GRÁFICA BURNDOWN

FECHA DE INICIO DEL SPRINT	01/02/2020

ID	Historia de usuario / Tarea	Clasificación / Puntuación	Status	Responsable	Feb-01	Feb-02	Feb-03	Feb-04	Feb-05
1.1	Como usuario del banco móvil, quiero ser capaz de entrar en mi perfil de usuario para que pueda ver todas las opciones del banco en una sola pantalla.	5 Puntos			140	135	124	115	93
1.1.01	Crear pantalla de acceso a usuarios: usuario y password	Desarrollo	En proceso	EJEU	16	15	15	14	10
1.1.02	Crear pantalla de error para ingresar de nuevo sus datos	Desarrollo	Completada	RFP	8	8	4	2	0
1.1.03	Crear pantalla de usuario que ha ingresado	Desarrollo	En proceso	IARM	24	24	20	19	10
1.1.04	Indexar bases de datos	TI	No iniciada	EMGA	12	12	12	12	12
1.1.05	Validar funciones de ingreso	TI	Completada	EMGA	16	12	10	6	0
1.1.06	Conectar con base de datos de clientes	Desarrollo	No iniciada	EJEU	8	8	8	8	8
1.1.07	Hacer plan de pruebas	Calidad	En proceso	LFMS	16	16	15	14	13
1.1.08	Realizar pruebas	Calidad	No iniciada	LFMS	24	24	24	24	24
1.1.09	Pruebas y ajustes	Calidad	No iniciada	LFMS	16	16	16	16	16

Gráfica *burndown* (avance)

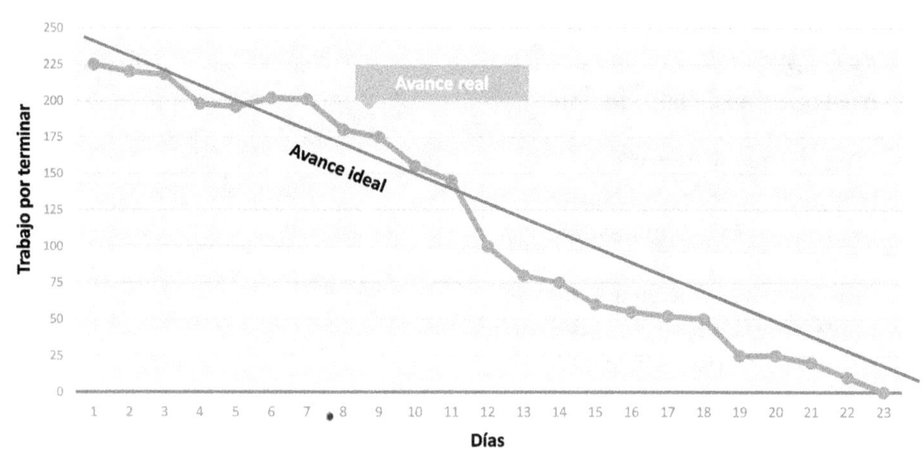

Paso 5: *Scrum* diario

Ejecución

Qué: cada uno presenta:

- ¿Qué hice ayer?
- ¿Qué voy a hacer hoy?
- ¿Hay algún impedimento?

Cuándo: todos los días, al iniciar el día, de pie todos.

Quiénes: todo el equipo presenta, el dueño del producto recibe, los invitados observan, el *scrum master* modera. Puede invitarse a otras personas. Solo los miembros *scrum* pueden hablar.

Responsable: equipo de desarrollo del *sprint*.

Tiempo: 15 minutos. No es para resolver problemas.

Evita hacer reuniones innecesarias.

LSSI.
LEAN SIX SIGMA INSTITUTE

Reunión diaria del *sprint:* tablero *scrum - kanban*

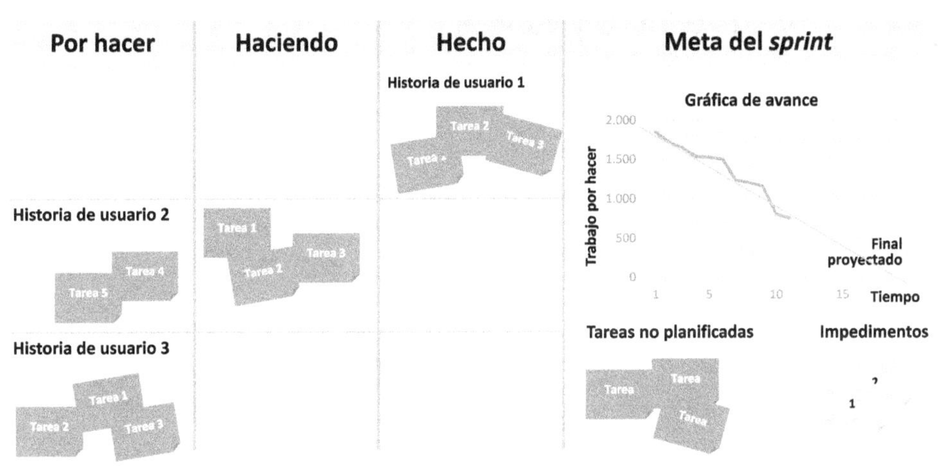

Utilizar la técnica *pomodoro*

- La **técnica *pomodoro*** es un método para la administración del tiempo, desarrollado por Francesco Cirillo a fines de la década de 1980.

- La técnica usa un reloj para dividir el tiempo dedicado a un trabajo en intervalos de 25 minutos (llamados ***pomodoros)*** separados por pausas.

> Un objetivo esencial de la técnica es eliminar las interrupciones,
> tanto internas como externas.
> Esto se hace registrándolas y posponiéndolas siempre que sea posible.

1. Decidir la tarea por realizar.
2. Poner el ***pomodoro*** (el reloj o cronómetro) a 25 minutos.
3. Trabajar en la tarea hasta que el reloj suene y anotar una X.
4. Tomar un pausa breve (5 minutos).
5. Cada cuatro ***pomodoros*** tomar una pausa más larga (15-20 minutos).

[it.] *pomodoro* = tomate [esp.]

Equipos controlados versus equipos autoorganizados

Instrucciones y control

Gerente del proyecto

Órdenes:
Trabajo asignado al equipo.

Control:
El gerente del proyecto continuamente monitoriza el progreso y actualiza el estado del proyecto.

Equipo autoorganizado

Tablero *scrum*

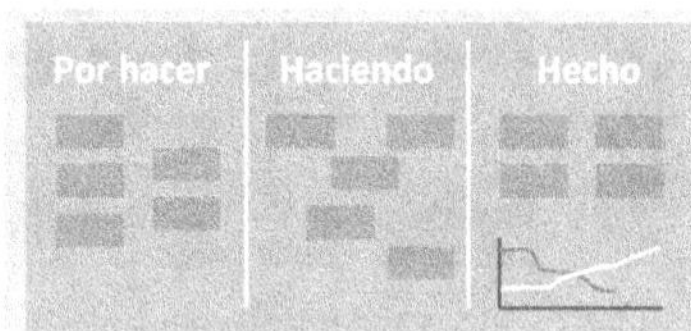

Todos planifican juntos y toman el trabajo que necesita ser realizado durante el *sprint*.

Paso 6: Revisión del *sprint*

Fase de ejecución

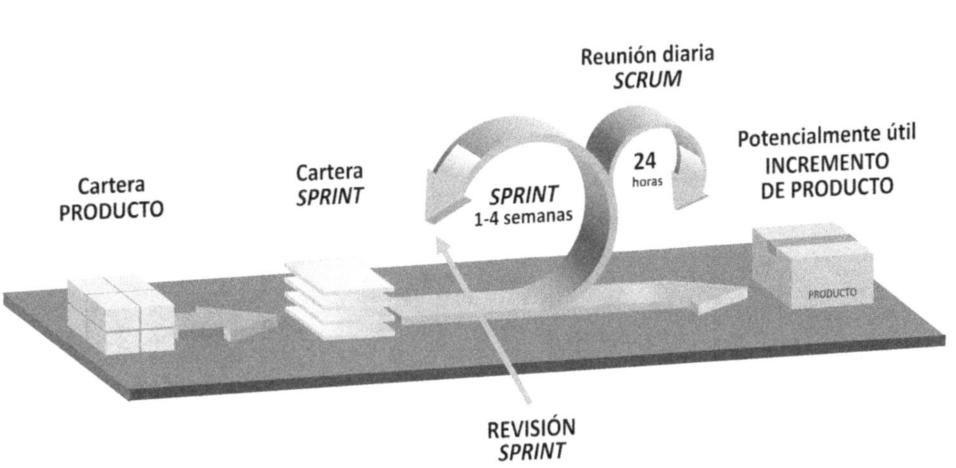

Qué: el equipo presenta lo que se lleva a cabo durante el *sprint*. **Se generan productos mínimos viables (PMV).**

Cuándo: al final de cada *sprint* (1 a 4 semanas).

Quiénes: el dueño del producto presenta lo que se ha logrado durante el *sprint*. El equipo de desarrollo demuestra el funcionamiento del producto.

Responsable: equipo de desarrollo del *sprint*.

Tiempo: 1 hora por cada semana de *sprint*.
- Informal.
- De preferencia, sin presentaciones de diapositivas.
- Sin demostraciones (demos) rígidas.

Paso 7: Retrospectiva del *sprint*
Fase de ejecución

Qué: tres preguntas:

- ¿En qué nos fue bien?
- ¿Qué quisiéramos cambiar?
- ¿Cómo podemos implementar esos cambios?

Cuándo: al final de cada *sprint* (1 a 4 semanas).

Quiénes: equipo de desarrollo, dueño del producto, y *scrum master*. Clientes de producto y personal involucrado.

Responsable: equipo de desarrollo del *sprint*.

Tiempo: 45 minutos por cada semana de *sprint*.

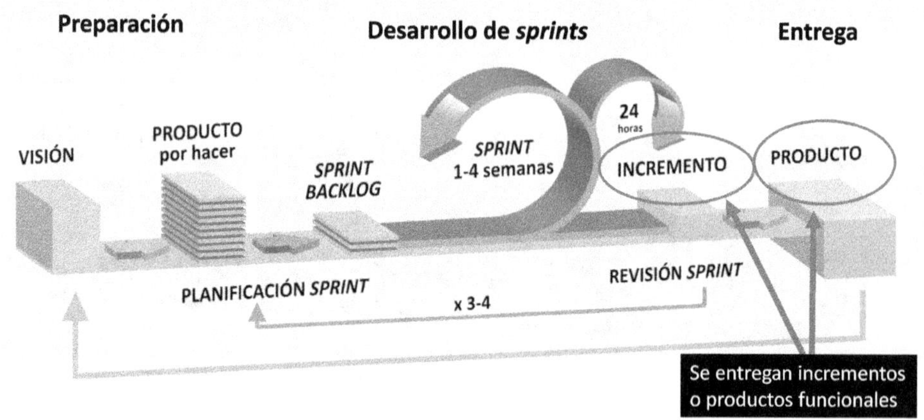

Entrenador/*Coach*

Líderes que diseñan el futuro

Objetivos

1. Ser capaz de preparar sesiones de entrenamiento.
2. Desarrollar las habilidades necesarias para impartir las sesiones de entrenamiento de la manera más efectiva.
3. Desarrollar habilidades de entrenar a personas y equipos para maximizar su potencial y resultados.

Contenidos

> Antecedentes
> Preparación de cursos
> Impartir capacitación
> *Coaching*

I. Antecedentes	1. Introducción
II. Preparación de cursos	2. Docencia y capacitación
III. Impartir capacitación	3. Comunicación
IV. *Coaching*	

1. Introducción

Sistema Lean Management

La base del desarrollo del talento son los líderes entrenadores

La base del sistema Lean Management es el desarrollo de talento

Lean Company

Diseño	Manufactura
Logística	Mantenimiento
Contabilidad	Seguridad
Desarrollo humano	Calidad
Servicio	TI

Mejorar   Prevenir   Resolver

Definir: QFD, A3, Kano, carta de proyecto, etc.
Medir: VSM, muestreo, R&R, etc.
Analizar: estadística, gráfica de balance, AMEF, etc.
Mejorar: *kanban,* flujo continuo, SMED, TPM, etc.
Controlar: CEP, plan de control, *poka-yoke,* etc.

5'S Gestión visual Instrucción de trabajo estándar	**Herramientas básicas**
Plan estratégico, *canvas,* tablero de resultados *Leader Standard Work, gemba, kata, scrum* Estructuras por cadenas de valor Desarrollo de talento	**Herramientas gerenciales**

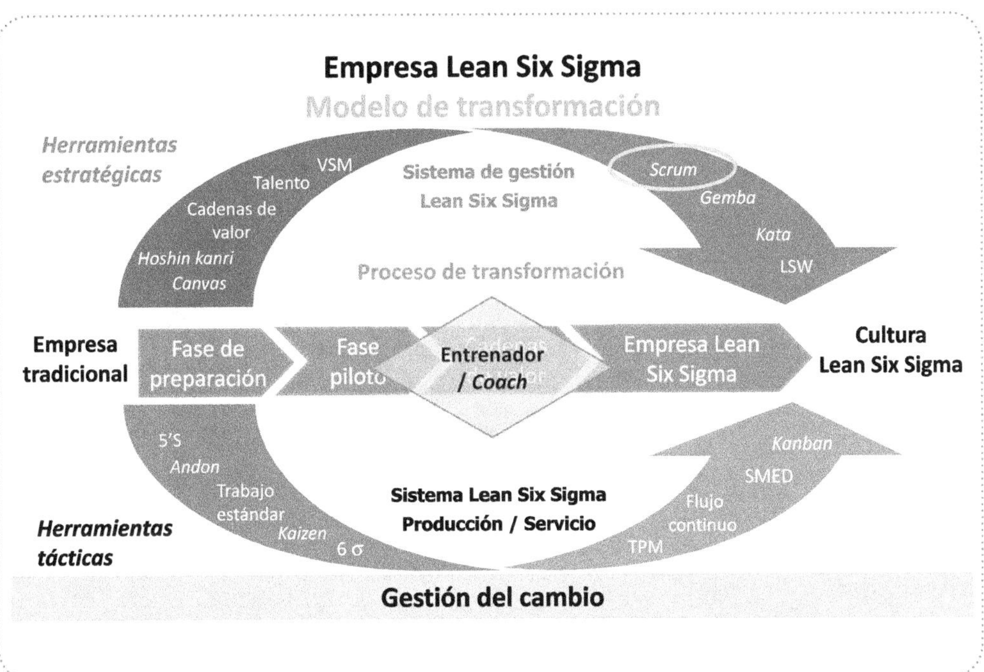

Empresa Lean Six Sigma
Modelo de transformación
Herramientas estratégicas
VSM
Talento
Cadenas de valor
Hoshin kanri
Canvas
Sistema de gestión Lean Six Sigma
Scrum
Gemba
Kata
LSW
Proceso de transformación
Empresa tradicional
Fase de preparación
Fase piloto
Entrenador / Coach
Empresa Lean Six Sigma
Cultura Lean Six Sigma
5'S
Andon
Trabajo estándar
Kaizen
6 σ
Sistema Lean Six Sigma Producción / Servicio
Kanban
SMED
Flujo continuo
TPM
Herramientas tácticas
Gestión del cambio

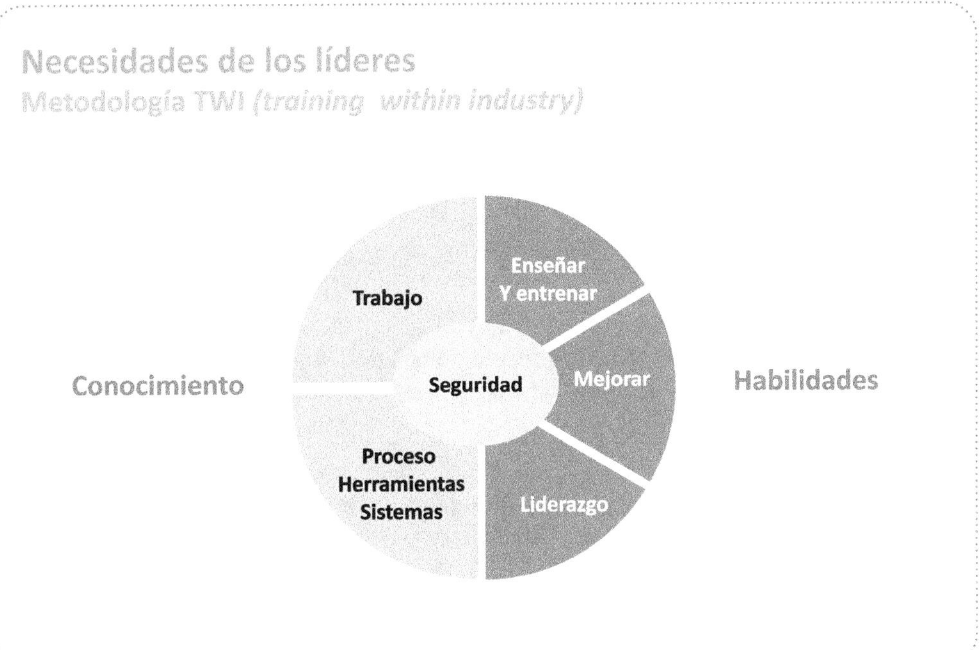

Necesidades de los líderes
Metodología TWI (training within industry)
Conocimiento
Trabajo
Enseñar Y entrenar
Seguridad
Mejorar
Proceso Herramientas Sistemas
Liderazgo
Habilidades

Motivación para el aprendizaje
Entrenador guía

- **Motivación por el contenido:** lo que hay que aprender, en sí mismo, es interesante.

- **Motivación por mediación instrumental:** el alumnado capta la importancia del aprendizaje como instrumento útil para el logro de un objetivo deseado.

- **Motivación por el método didáctico:** el alumnado se siente atraído por la metodología que el profesorado utiliza no solo por la amenidad del método, sino por implicar participación, desafío intelectual, un alto nivel de los procesos mentales, etc.

- **Motivación por el profesorado:** en el contacto entre el docente y el alumno, y de cómo se establece, reside una poderosa razón motivadora en los procesos de enseñanza-aprendizaje.

- **Motivación por experiencia del éxito:** es bien conocido que toda experiencia de éxito representa un refuerzo psicológico motivacional para proseguir la realización de una tarea.

2. Docencia y capacitación

La docencia garantiza que las personas aprendan sobre las herramientas y ayuda a crear un lenguaje común.

El *coaching* guía la correcta implementación de las herramientas para lograr soluciones prácticas (es decir, convertir el conocimiento en soluciones).

Los **Black Belt** tienen un papel importante como entrenadores. Ayudan a:

- Promover el crecimiento personal y el éxito empresarial.

- Producir un ambiente de trabajo positivo y productivo.

- Aumentar las habilidades de los miembros del equipo.

Trabajo estándar de líder

NOMBRE: ___________
Fecha: ___________

	Diario		Situaciones / Interruptores / Seguimiento	Semanal		
✓	Hora	Tarea		Día	Hora	Tarea
	08:00 am	Reunion de pie		Lun		
	08:15 am	Caminata Gemba				
	08:30 am	Revisar LSW de Alicia y Jorge				
	08:45 am	Emails		Mar		
	09:00 am	Preparar para la reunión				
	09:15 am	Reunión				
	09:30 am	Reunión		Mie		
	09:45 am	Tablero de producción / Acciones abiertas				
	10:00 am	Revisar desempeño de producción				
	10:15 am					
	10:30 am	Seguimiento a tareas				
	10:45 am					
	11:00 am	Tiempo de proyecto				
	11:15 am	Tiempo de proyecto				
	11:30 am	Tiempo de proyecto				
	11:45 am	Tiempo de proyecto				
	12:00 pm					
	12:15 pm					
	12:30 pm	Revisar desempeño de producción				
	12:45 pm					
	01:00 pm	Reunión de entrega de resultados				
	01:15 pm	Tiempo para actividades a entregar				
	01:30 pm	Tiempo para actividades a entregar				
	01:45 pm					
	02:00 pm					
	02:15 pm					
	02:30 pm	Revisar desempeño de producción				
	02:45 pm					
	03:15 pm	Coaching a equipo de líderes				
	03:45 pm					
	04:00 pm					
	04:15 pm	Revisar desempeño de entregas				

3. Proceso de comunicación educativa

- **El mensaje:** constituido por el contenido educativo, la materia o conjunto de conocimientos que se pretende transmitir.

- **El emisor:** el profesor actúa como fuente de información y origen de la comunicación.

- **El receptor:** el alumno recibe la comunicación y decodifica el mensaje.

- **El medio:** las explicaciones son recibidas por vía auditiva o visual. Las diversas formas de ayuda visual se deben adaptar a la audiencia y coordinarse adecuadamente con la exposición oral.

Funcionamiento de nuestro cerebro
Los 4 puntos cardinales

¿Cómo aprende nuestro cerebro?

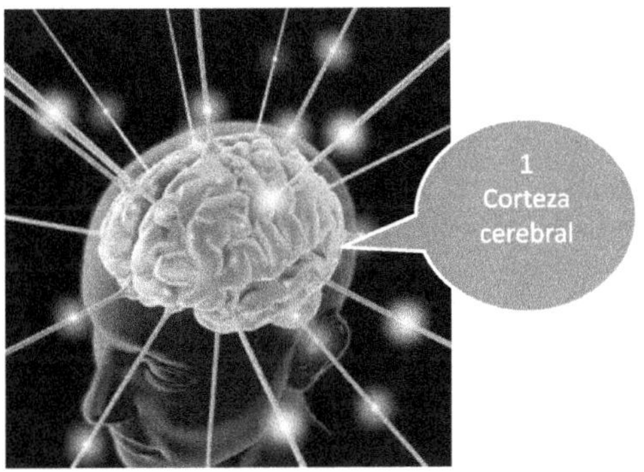

A. Obtener información

- La capa externa de nuestra corteza cerebral recibe insumos del mundo, de la experiencia exterior.

- La corteza cerebral registra experiencias concretas y es la materia prima para el aprendizaje.

B. Crear significado

- Crear significado de la información a través de la reflexión es la esencia de este proceso.

- Básicamente, si podemos encontrar un significado en el tema que se está aprendiendo, la información puede pasar a la memoria de trabajo.

C. Formar abstracciones

- Este proceso se produce cuando el cerebro ejecutivo de la corteza prefrontal está plenamente **comprometido.**

- El alumno recibe y absorbe información y está ya listo para crear nuevo conocimiento, establecer relaciones y formar abstracciones.

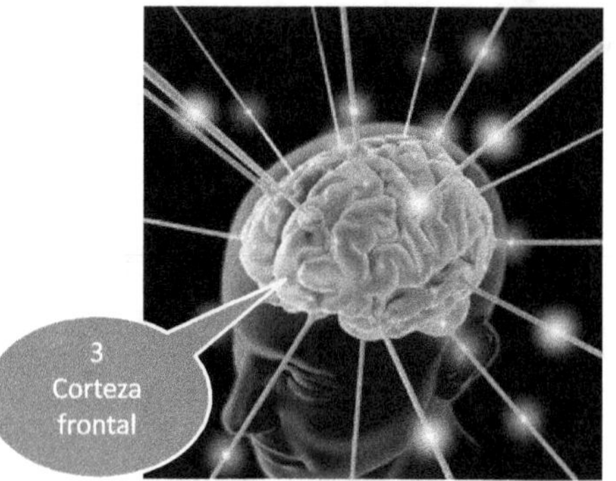

D. Pruebas activas

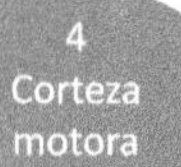

- Las pruebas activas o el probar lo que se ha aprendido implica el uso de la corteza motora.

- En este punto, el cerebro utiliza los conceptos creados como guías para las pruebas activas o experimentación.

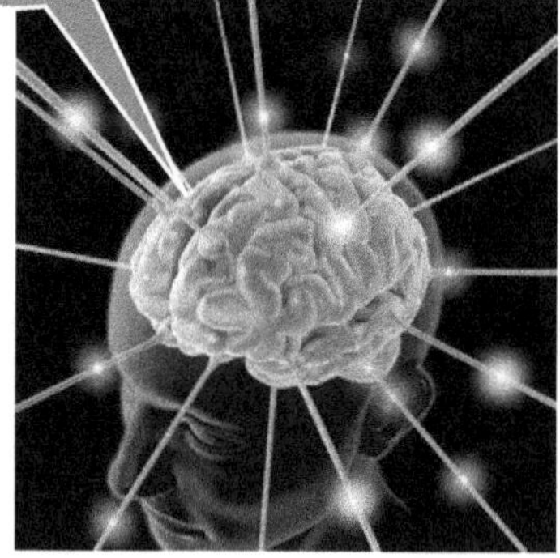

LSSI.
LEAN SIX SIGMA INSTITUTE

I. Antecedentes

II. Preparación de cursos

III. Impartir capacitación

IV. *Coaching*

1. Análisis de la situación
2. Establecer el objetivo
3. Contenido del curso
4. Elección de la técnica didáctica
5. Desarrollo del material
6. Guía didáctica
7. Evaluación
8. Lista de asistencia
9. Lista de verificación
10. Reporte de contingencias

1. Análisis de la situación

1. Situación
2. Objetivo
3. Contenido
4. Técnicas didácticas
5. Material
6. Guía
7. Evaluación
8. Asistencia
9. Verificación
10. Contingencias

- Antes de diseñar un curso, debemos analizar las necesidades de conocimientos que tienen las personas.

- Generalmente, los cursos se diseñan a partir de que se detecta una necesidad específica.

- La diferencia entre el desempeño actual y el desempeño deseado genera una oportunidad de iniciar el diseño de un curso.

Ejemplo

- Dada la entrada de una gran variedad de nuevos productos y servicios, los empleados de la operación se equivocan constantemente en la preparación y procesamiento de los mismos debido a que desconocen sus características. Es por ello que es muy importante impartir cursos de capacitación a los empleados y así mejorar sus niveles de desempeño.

- Son muy comunes las siguientes situaciones:
  - Falta de concienciación sobre una actividad.
  - Errores en algún proceso.
  - Requerimientos del cliente o de la empresa.
  - Resultados pobres en cierta actividad.

2. Establecer objetivos

1. Situación
2. Objetivo
3. Contenido
4. Técnicas didácticas
5. Material
6. Guía
7. Evaluación
8. Asistencia
9. Verificación
10. Contingencias

- Un objetivo es el comportamiento esperado en el alumno como consecuencia de determinadas actividades docentes. Comportamiento que debe ser susceptible de observación y evaluación.

- La formulación de objetivos es una tarea fundamental dentro del proceso de enseñanza-aprendizaje, pudiéndose distinguir entre objetivos generales y otros más específicos. Dichos objetivos deben estar bien delimitados y darse a conocer al alumnado.

Los objetivos, para que sean operativos y útiles en el proceso de enseñanza, deben cumplir los siguientes requisitos:

- Explícitos.
- Precisos.
- Definidos en el tiempo.
- Alcanzables.
- Observables.
- Evaluables.
- Comunicables.

- **Objetivo general:**

  «Al finalizar este curso, los participantes serán capaces de preparar e impartir un curso exitosamente».

- **Objetivos específicos:**
  - Conocer técnicas de comunicación.
  - Conocer técnicas didácticas.
  - Elaboración de material didáctico.

3. Contenido del curso

1. Situación
2. Objetivo
3. Contenido
4. Técnicas didácticas
5. Material
6. Guía
7. Evaluación
8. Asistencia
9. Verificación
10. Contingencias

- Se establecen los puntos generales y específicos del curso que cubrirán los objetivos.

- Se pueden consultar fuentes bibliográficas.

- Los contenidos deben ser muy claros.

- Deben estar adecuadamente ordenados, clasificados y jerarquizados.

Ejemplo

1. Introducción
2. Antecedentes
3. Docencia y capacitación
4. Comunicación
5. Técnicas didácticas
6. Métodos de aprendizaje
7. Preparación de cursos
8. Impartición de cursos
9. Conclusiones

4. Elección de la técnica didáctica

1. Situación
2. Objetivo
3. Contenido
4. Técnicas didácticas
5. Material
6. Guía
7. Evaluación
8. Asistencia
9. Verificación
10. Contingencias

- Los métodos de enseñanza e investigación deben contener reglas flexibles, así como los motivos por los que se adoptan dichas reglas.

- Sin una definición adecuada de las técnicas didácticas de enseñanza, no se lograrán los objetivos del curso.

Ejemplo

1. Exposición
2. Exposición con materiales de apoyo
3. Discusiones
4. Preguntas y respuestas
5. Demostraciones
6. Sesiones de trabajo
7. Método de casos
8. Ejercicios prácticos, experimentos, recorridos y visitas

5. Desarrollo del material

1. Situación
2. Objetivo
3. Contenido
4. Técnicas didácticas
5. Material
6. Guía
7. Evaluación
8. Asistencia
9. Verificación
10. Contingencias

- El material es un elemento clave para la transmisión efectiva de los conocimientos.

- Pueden utilizarse los siguientes materiales:
  - Presentaciones en PowerPoint.
  - Juegos y dinámicas.
  - Vídeos.

PowerPoint

La presentación en PowerPoint es un método sencillo de usar y tiene las siguientes ventajas:

- Permite el ahorro económico.
- Presenta textos, imágenes y películas de manera coordinada.
- La exposición se presenta en forma organizada y dinámica.
- Facilita la presentación de una información específica.
- Presenta en secuencia la exposición de un tema.
- Muestra la información en forma ambientada o animada.
- La presentación puede contener sonido relacionado con el tema expuesto.

Juegos y dinámicas

- Los juegos y dinámicas son un método muy efectivo para transmitir conocimientos, especialmente cuando son interactivos y nos llevan por un camino analógico al conocimiento que se desea transmitir. Se caracteriza por:

  - Enseñanza basada en emociones.
  - Trabajo en equipo a prueba.
  - Ingenio y espontaneidad.
  - Sensación de logro.
  - Claridad en el aprendizaje.

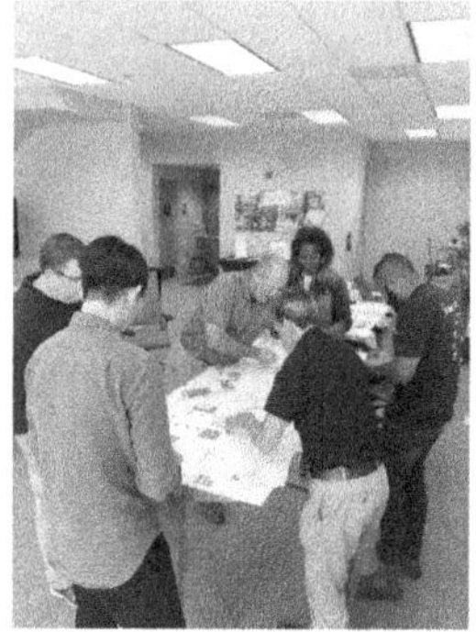

Vídeos

- Los vídeos como material didáctico constituyen un método sencillo, claro y de muy fácil utilización.

- Presentan las siguientes ventajas:

  - Tiempo limitado.
  - Claros y directos.
  - Herramientas probadas en su efectividad.

6. Guía didáctica

1. Situación
2. Objetivo
3. Contenido
4. Técnicas didácticas
5. Material
6. Guía
7. Evaluación
8. Asistencia
9. Verificación
10. Contingencias

La guía didáctica nos permitirá establecer:

- Temas específicos.
- Tiempos destinados a cada tema.
- Tiempo acumulado.
- Materiales utilizados para cada tema.
- Evaluaciones por realizar o ejercicios.
- Equipo necesario.

LSSI.

Guía Didáctica

Curso	White Belt		Duración		2 Horas

No.	Actividad	Duración	T. Acumulado	Material	Notas
1	Introducción	0:20	0:20	Diapositivas 1-6	Lean y Six Sigma se complementan.
2	Productividad y sus limitantes	0:25	0:45	Diapositivas 7-13	Explicación detallada de Desperdicio y Variabilidad.
3	Toyota Production System	0:10	0:55	Diapositiva 14	Dar una breve historia.
4	Herramientas Lean	0:25	1:20	Diapositivas 15-22	Explicarlas brevemente, anotarlas en pintarrón.
5	Orden y Limpieza con 5 S	0:40	2:00	Diapositivas 23-46	Dar ejemplos de cada etapa.
6	Juego de 5 S (Números)	0:20	2:20	Juego 5 S	Sólo si hay tiempo.

7. Evaluación

1. Situación
2. Objetivo
3. Contenido
4. Técnicas didácticas
5. Material
6. Guía
7. Evaluación
8. Asistencia
9. Verificación
10. Contingencias

- Se debe elaborar la evaluación del curso. Esta evaluación tiene como objetivo conocer el nivel de conocimientos obtenidos por el alumnado.

- La evaluación puede ser realizada desde un inicio como evaluación diagnóstica, durante el proceso de enseñanza, y al final.

- Las evaluaciones pueden ser orales o escritas.

- Las preguntas pueden ser:

  - Abiertas.

  - Opción múltiple.

  - Falso o verdadero.

Evaluación de conocimientos

EXAMEN LEAN LOGISTICS

Nombre ____

Parte I – Seleccione la respuesta correcta

1.- ¿Cuáles son las limitantes de la Productividad?

    a) Sobreproducción, Errores Humanos, Inventarios
    b) Tiempo Muerto, Tiempo Planeado y Tiempo Operativo
    c) Sobrecarga, Variabilidad y Desperdicio
    d) Severidad, Ocurrencia y Detectabilidad

2.- Señale tres de los siete desperdicios clásicos:

    a) Defectos, Esperas y Movimientos
    b) Sobrecarga, Variabilidad y Desperdicio
    c) Tiempo Muerto, Fallas de Equipo, Falta de Materiales
    d) Errores Humanos, Fallas en la Programación, Demanda Variable

3.- ¿En cuáles rubros se concentra la mayoría de los costos de Logística?

    a) Transporte y Administración
    b) Transporte e Inventario
    c) Inventario y Administración
    d) Almacenamiento y Administración

4.- ¿Cuáles son las tres preguntas que responde el Pensamiento Estratégico?

    a) Cuál es nuestra demanda, quiénes son nuestros clientes y cuál es nuestra capacidad

Evaluación del curso

- De igual manera, se debe evaluar la percepción y satisfacción del alumno hacia el curso recibido, con el objetivo de detectar oportunidades para la mejora.

LSSI — LEAN SIX SIGMA INSTITUTE

Evaluación del Curso

Institución	
Nombre del Curso	
Fecha	

Marque el número de la opción que mejor describa su nivel de satisfacción en cada uno de los rubros mencionados.

ORGANIZACIÓN DEL EVENTO (Excelente → Pésimo)										
La invitación al curso contenía la información necesaria	10	9	8	7	6	5	4	3	2	1
La invitación llegó con la debida anticipación	10	9	8	7	6	5	4	3	2	1
El lugar donde se realizó el evento le pareció	10	9	8	7	6	5	4	3	2	1
La organización en general fue	10	9	8	7	6	5	4	3	2	1

MATERIALES E INSTALACIONES (Excelente → Pésimo)										
Las instalaciones del curso fueron	10	9	8	7	6	5	4	3	2	1
Los materiales que recibió le parecieron	10	9	8	7	6	5	4	3	2	1
Los materiales que utilizó el instructor fueron	10	9	8	7	6	5	4	3	2	1
Los recursos didácticos utilizados estuvieron	10	9	8	7	6	5	4	3	2	1

TEMAS E INSTRUCTOR (Excelente → Pésimo)										
Los temas tratados cumplieron sus expectativas	10	9	8	7	6	5	4	3	2	1
Los temas tratados fueron explicados de manera	10	9	8	7	6	5	4	3	2	1
Los temas son de utilidad y aplicables para usted	10	9	8	7	6	5	4	3	2	1
La profundidad con que se trataron los temas fue	10	9	8	7	6	5	4	3	2	1
El expositor resolvió sus dudas	10	9	8	7	6	5	4	3	2	1
El expositor propició la participación del grupo	10	9	8	7	6	5	4	3	2	1
El expositor domina el tema tratado	10	9	8	7	6	5	4	3	2	1
En general su nivel de satisfacción con el evento fue	10	9	8	7	6	5	4	3	2	1

COMENTARIOS Y SUGERENCIAS

¿Cuál es su opinión del evento?

¿Qué otros temas de su interés le gustaría que fueran tratados en futuros cursos?

8. Lista de asistencia

1. Situación
2. Objetivo
3. Contenido
4. Técnicas didácticas
5. Material
6. Guía
7. Evaluación
8. Asistencia
9. Verificación
10. Contingencias

- Es importante que el instructor elabore y lleve una lista de asistencia del alumnado.

- Se documenta así a todos los alumnos presentes en el curso, y que hayan cumplido las reglas de puntualidad y asistencia establecidas.

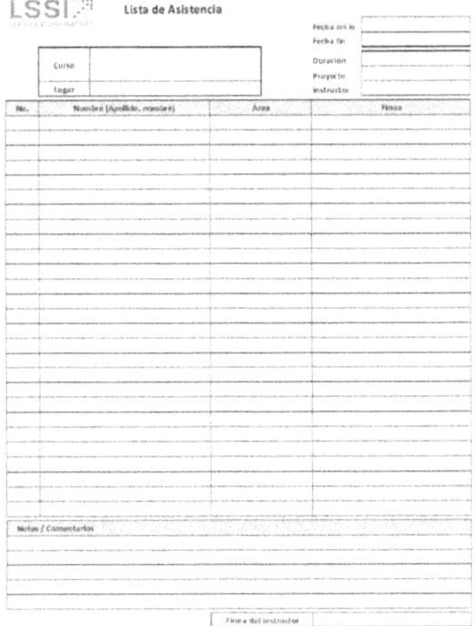

9. Lista de verificación

1. Situación
2. Objetivo
3. Contenido
4. Técnicas didácticas
5. Material
6. Guía
7. Evaluación
8. Asistencia
9. Verificación
10. Contingencias

La lista de verificación es un instrumento muy útil para verificar la logística inicial del curso, y se refiere a establecer:

- Lugar.
- Fecha.
- Alumnos.
- Materiales y equipo necesarios.
- Acomodo del mobiliario.
- Equipo.
- Repuestos.
- Etc.

10. Reporte de contingencias

1. Situación
2. Objetivo
3. Contenido
4. Técnicas didácticas
5. Material
6. Guía
7. Evaluación
8. Asistencia
9. Verificación
10. Contingencias

- El reporte de contingencias es útil para documentar todo aquello que no se efectuó como se tenía planeado.

- En futuros cursos sirve para mejorar o anticipar posibles situaciones no deseadas.

LSSI
Reporte de Contingencias

Institución	
Nombre del Curso	
Organizador del Curso	
Fecha	
No. de Participantes	

CONTINGENCIAS	CÓMO AFECTÓ	CÓMO SE RESOLVIÓ
MATERIALES		
INSTALACIONES		
EQUIPOS		
DESARROLLO DEL CURSO		
RECOMENDACIONES U OBSERVACIONES		

Impartir capacitación

I. Antecedentes

II. Preparación de cursos

III. Impartir capacitación

IV. *Coaching*

1. Preparación
2. Apertura
3. Desarrollo
4. Evaluación

1. Preparación
2. Apertura
3. Desarrollo
4. Evaluación

- El proceso de enseñanza-aprendizaje se desarrolla en varias etapas (de preparación, apertura, desarrollo y evaluación).

- Es un proceso de comunicación entre el docente y el alumno.

1. Preparación

1. Preparación
2. Apertura
3. Desarrollo
4. Evaluación

- El instructor se prepara previamente para ofrecer los mejores resultados en la impartición del curso.

- En esta fase, el instructor **revisa los materiales,** formatos, repasa las presentaciones, **imagina el proceso de enseñanza** y hace la verificación inicial.

- Es muy importante no confiarse, aunque se haya dado muchas veces el mismo curso, y prepararse como si fuera a ser el primero.

2. Apertura

1. **Preparación**
2. **Apertura**
3. **Desarrollo**
4. **Evaluación**

- En esta etapa **se formulan los objetivos educativos y los planes de trabajo** adaptados a los objetivos previstos.

- En la apertura, el entrenador genera el primer momento de la verdad, en el que los participantes reciben el mensaje inicial del curso.

- En esta fase se generan los primeros sentimientos hacia el curso.

En la apertura se debe considerar lo siguiente:

- Bienvenida.
- Presentación del instructor y de los participantes.
- Determinación de las expectativas.
- Explicación de los objetivos.
- Convenios y reglas.
- Rompe hielo (opcional).

3. Desarrollo

1. Preparación
2. Apertura
3. Desarrollo
4. Evaluación

Una vez hecho el **planteamiento,** el profesor pone en práctica los **recursos y métodos didácticos,** con lo que empieza a desarrollar el **proceso de enseñanza.**

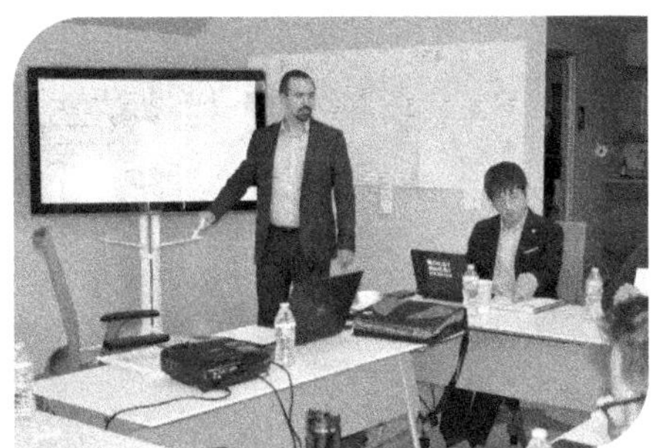

Cómo se desarrolla la sesión

E. Transformación
El alumno se ha convertido en maestro.

A. Sensibilización
En la introducción y antecedentes se debe captar la atención, con información relevante y datos que despierten el interés de los alumnos.

D. Práctica
Los alumnos son motivados para que apliquen de manera práctica lo que han aprendido.

B. Información
Cuando los alumnos están listos, se suministra Información (qué, cómo, para qué, metodologías, técnicas, etc.).

C. Demostración
Desarrollar ejemplos, prácticas o dinámicas para la aplicación de conceptos y metodologías.

- Los instructores deben usar una variedad de métodos y técnicas para ayudar a los participantes a aprender.

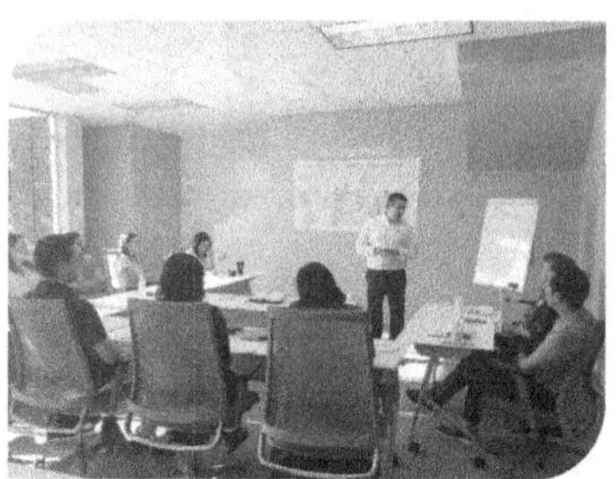

- Deben preguntarse a sí mismos qué es lo que quieren enseñar y qué deben hacer para ayudar a que los alumnos comprendan los materiales.

- Cuando se está enseñando, trate de usar los cinco sentidos. No se puede conocer el aroma de una flor simplemente leyendo acerca de ella. Tampoco se puede juzgar la textura del suelo solamente mirándolo.

  - Los cinco sentidos (la vista, el oído, el olfato, el gusto y el tacto) son las puertas de entrada a la mente.

Buenas prácticas

- Utilizar un tono de voz adecuado al hablar con los participantes.

- Posicionarse (corporalmente) de manera que siempre se tenga de frente a todos los participantes.

- Continuamente *escanear* al grupo con la mirada.

- Caminar hacia los participantes.

- Mantener expresiones faciales agradables.

- Asentir afirmativamente.

- Usar un tono de voz adecuado cuando se habla con los participantes.

- Cuando se escriba, dirigirse al alumnado.

Malas prácticas

- Hablar dirigiendo principalmente la vista a las ayudas visuales o confiar demasiado en las notas.
- Mirar fijamente a algunas personas o evitar el contacto visual.
- Ignorar a algunas personas.
- Poner demasiada distancia con el grupo.
- Manipular papeles o notas constantemente.
- Estar en la misma posición o moverse por el aula demasiado rápido.
- Comprobar el reloj o inquietarse con los objetos.
- Dar la espalda durante cualquier período a una parte del grupo.

Herramientas útiles

El videoproyector

Las presentaciones con cañón o videoproyector permiten:

- Ahorrar tiempo en la exposición.
- Retomar temas tratados anteriormente.
- Señalar directamente sobre lo proyectado.

El pizarrón

- El pizarrón es el medio clásico utilizado por la mayoría del profesorado y es el único que tiene asegurada su existencia en el aula.
- Acompañado de una correcta exposición, constituye un medio operativo de fácil utilización.
    - Emplear colores suficientemente fuertes para que todos los participantes puedan verlo bien.
    - Hacer letra grande y legible.
- No tapar el pizarrón con el cuerpo.
- Mirar a los participantes cuando se ha escrito.

El uso adecuado del pizarrón requiere ciertas consideraciones:

- **Presentación completa y organizada:** es recomendable comentar la forma en que se utilizará el tablero de escritura antes de la sesión de capacitación. Una combinación desorganizada de presentaciones escritas y orales dificultará la asimilación de los conocimientos.

- **Escritura clara y legible:** las descripciones y explicaciones claras y legibles son fundamentales para ayudar a los estudiantes a comprender los contenidos de las materias.

- **Coordinación entre la presentación oral y las ayudas visuales:** el equipo docente debe ofrecer explicaciones verbales mientras escriben en la pizarra.

4. Evaluación

1. Preparación
2. Apertura
3. Desarrollo
4. Evaluación

En esta etapa, **se verifica si se ha logrado el aprendizaje,** y si este ha sido de alto valor para los participantes.

- Evaluación de conocimientos final.
- Evaluación del curso.
- Entrega de reconocimientos.

Coaching

I. Antecedentes

II. Preparación de cursos

III. Impartir capacitación

IV. *Coaching*

1. ¿Qué es *coaching*?
2. Objetivos del *coaching*
3. Beneficios del *coaching*
4. Cualidades de un buen *coach*
5. Tu rol como *coach* exitoso
6. La sesión de *coaching*

1. ¿Qué es *coaching*?

- Interacción informal uno-a-uno o en grupos pequeños.

- Oportunidad de alentar, asesorar, motivar y desarrollar.

- Herramienta esencial de supervisión.

- Filosofía de gestión del personal.

Coaching para un desempeño superior del personal.

2. Objetivos del *coaching*

3. Beneficios del *coaching*

- Mejora la calidad y productividad.

- Aumenta el entusiasmo y la moral.

- Fortalece las relaciones y la comunicación.

- Aumenta la satisfacción en el trabajo.

- Mejora el trabajo en equipo.

- Genera confianza y aumenta la lealtad.

LSSI
LEAN SIX SIGMA INSTITUTE

El *coaching* es una parte importante del trabajo.

- Ayuda a mantener el contacto con los colaboradores.

- Permite mantenerse cerca del equipo.

- Permite trabajar con el personal.

- Aprovecha situaciones cotidianas para mejorar la actuación.

4. Cualidades de un buen *coach*

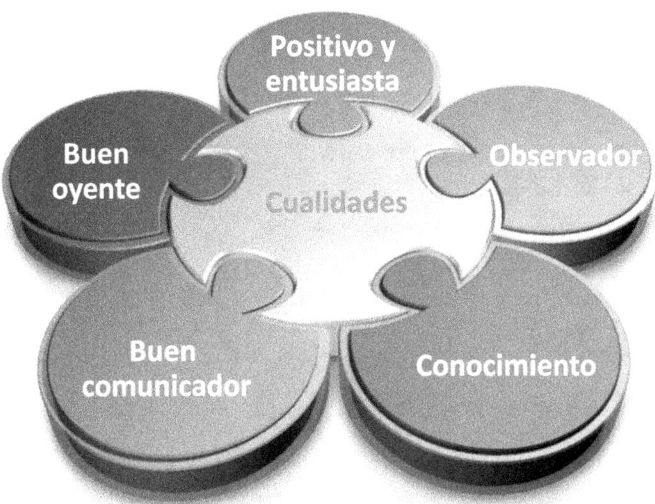

El *coaching* efectivo es inmediato

- El *coaching* es espontáneo.

- Es más efectivo cuando se da seguimiento cercano a eventos y comportamientos.

El *coaching* efectivo es específico

- Lo que se hace bien y lo que necesita mejorar.

- Habilidades y conocimientos requeridos.

- Normas de buen desempeño.

- Importancia del trabajo.

- Acción correctiva.

El *coaching* efectivo es interactivo

- Discutir sanamente en lugar de dar lecciones.

- Hacer preguntas.

- Escuchar lo que los colaboradores quieren decir.

- Poner atención al lenguaje corporal.

5. Tu rol como *coach* exitoso

- Observar a los colaboradores en su trabajo.

- Mostrar preocupación por ellos como individuos.

- Encontrar qué los motiva.

- Enfocarlos en cooperación y no en competencia.

- Generar desarrollo y crecimiento.

- Generar nuevos retos.

- Dar soporte y asistencia.

- Crear un ambiente positivo.

6. La sesión de *coaching*

- Determina la agenda.
- Enfócate en una cosa a la vez.
- Inicia evaluando el progreso.
- Muestra aprecio por su avance.
- Mirar hacia el futuro.
- Apuntar alto, pero manteniendo las metas alcanzables.
- Agradecer a los colaboradores por sus ideas y participación.
- Definir la fecha de la siguiente sesión de *coaching*.

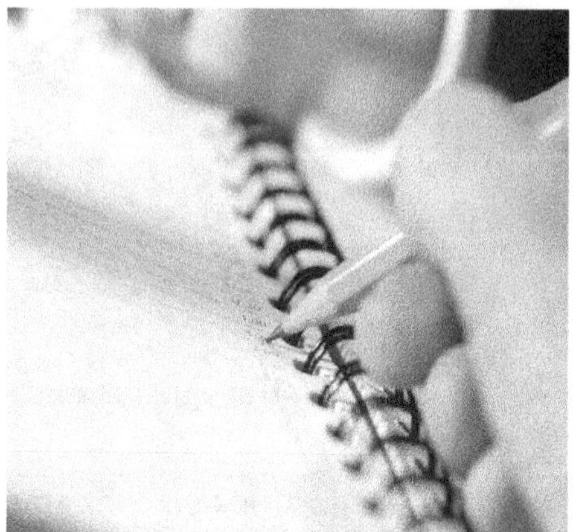

- Pide retroalimentación.
- Discute problemas y posibles soluciones.
- Deja tiempo para preguntas.
- Acuerden un plan de acción.

Coaching a los mejores en desempeño

- Proveer retroalimentación.
- Ser específico.
- Pedir opinión.
- Mantener los desafios.
- Dar adecuado reconocimiento y recompensas.

Coaching para personas con rendimientos promedio

- Determinar el potencial de los colaboradores.

- Investigar por qué no logran su máximo potencial.

- Reforzar sus fortalezas.

- Clarificar los estándares.

- Desarrollar un plan.

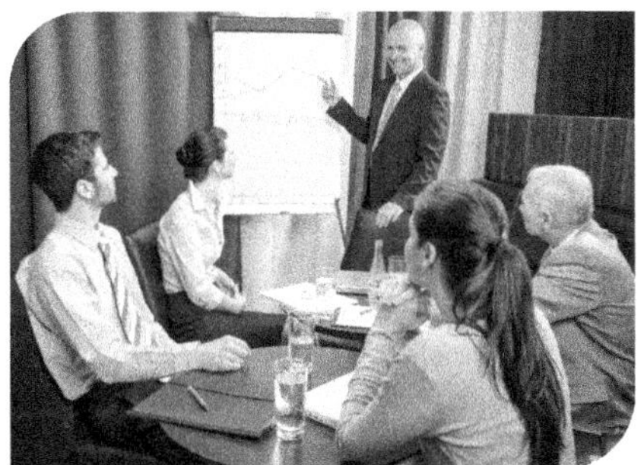

Coaching para personas con rendimientos bajos

- Considerar las causas.
- Animar a la opinión de los empleados.
- Desarrollar soluciones.
- Renegociar metas y objetivos.
- Crear un plan de acción.
- Programar sesiones de seguimiento.

Coaching para empleados en períodos de cambio

- Explicar lo que está pasando.
- Transmitir tranquilidad.
- Involucrar a los empleados en el proceso de cambio.
- Enseñar nuevas habilidades.
- Establecer metas claras.
- Monitorear el desempeño.

Coaching efectivo

Entender:

- Tu papel como *coach* de éxito.
- Cómo llevar a cabo el *coaching* de entrenamiento.
- Técnicas para alto, medio y bajo desempeño como *coach*.
- Entrenar a los empleados a través de tiempos de cambio.

Puntos importantes para recordar

Lean Management

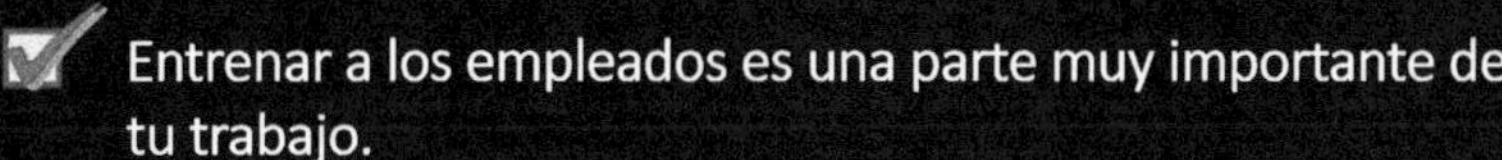 Entrenar a los empleados es una parte muy importante de tu trabajo.

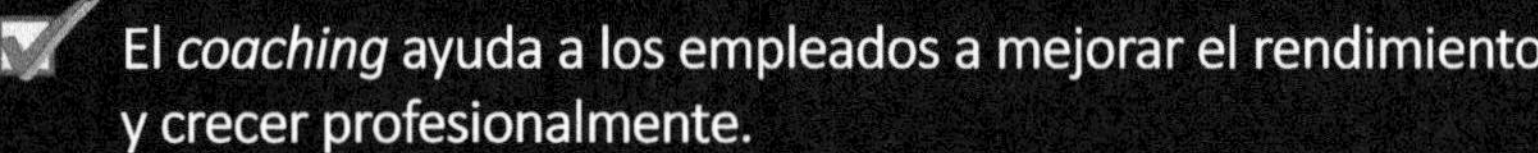 El *coaching* ayuda a los empleados a mejorar el rendimiento y crecer profesionalmente.

El *coaching* contribuye a desarrollar relaciones más cercanas y de trabajo más eficaces con los empleados.

Tú ya tienes las cualidades que te harán un buen *coach*.

Evaluación financiera de proyectos

Objetivos

1. Demostrar cómo los proyectos LSS impactan financieramente en la organización.
2. Comprender el modelo de valor.
3. Analizar las 5 claves financieras de proyectos.

Contenidos

> Antecedentes
> Modelo de valor
> Las 5 claves financieras de proyectos
  - Reducir los costos de conversión
  - Aumentar la capacidad
  - Incrementar la demanda
  - Incrementar la contribución variable
  - Reducir la estructura de capital

Antecedentes

- En muchas ocasiones, los métodos contables ofrecen informes indescifrables.

- Las finanzas rara vez abordan la necesidad del líder empresarial de **comprender el impacto financiero de las decisiones**, así como de las que se tomarán.

> Resulta de gran importancia demostrar cómo los proyectos LSS impactan financieramente en la organización.

Modelo de valor

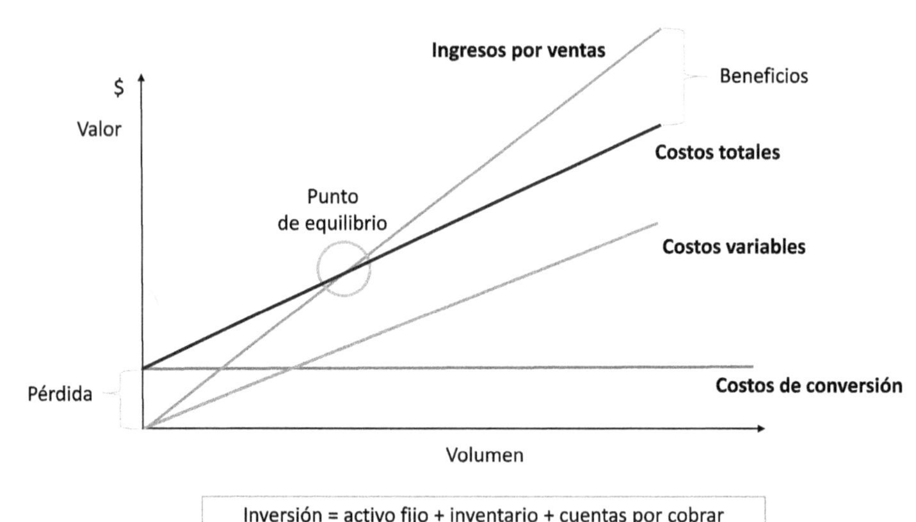

Dimensiones

- Horizontal: costos de conversión que no cambian con el volumen de ventas.

  Ejemplo: renta, sueldos y beneficios, servicios (agua, electricidad, teléfono, etc.).

- Inclinada: costos variables que cambian de acuerdo al volumen. El ángulo es equivalente al porcentaje de margen variable a diferentes niveles de volumen.

  Ejemplo: material, transporte, aranceles, etc.

Cálculo de margen variable

Cuando entrega un servicio o fabrica un producto y deduce los costos variables de entregar ese servicio o producto, los ingresos sobrantes son el margen de contribución.

- Valor de las ventas: $100.000
- Costos variables: $25.000
- Margen variable: $75.000
- Porcentaje de margen variable: 75 %

Punto de equilibro

Ejercicio 1

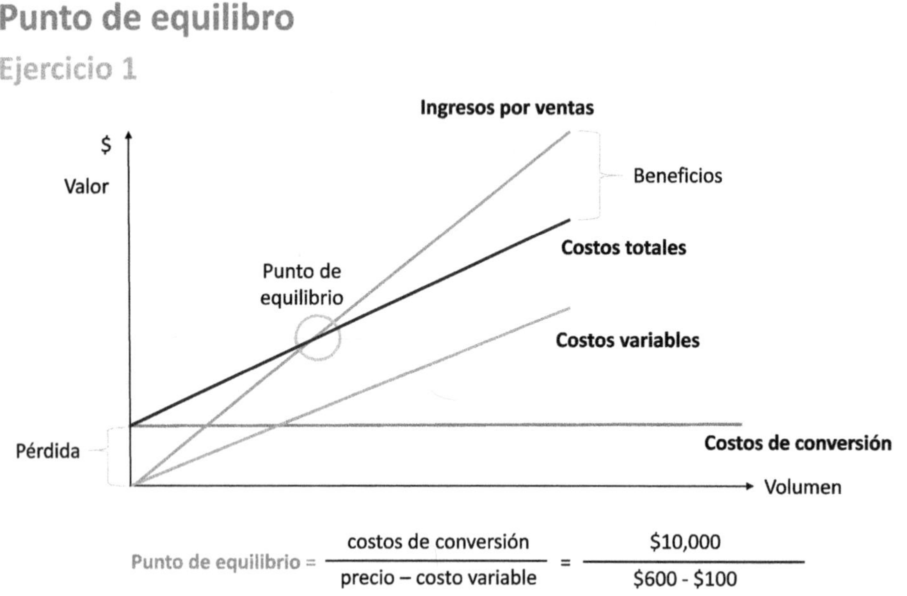

$$\text{Punto de equilibrio} = \frac{\text{costos de conversión}}{\text{precio} - \text{costo variable}} = \frac{\$10{,}000}{\$600 - \$100}$$

Lean Six Sigma impacta económicamente en:

1. Reducir los costos de conversión.

2. Aumentar la capacidad.

3. Incrementar la demanda.

4. Incrementar la contribución variable.

5. Reducir la estructura de capital.

Fuente: Jean Cunninngham, *The value add accountant*.

1. Reducir los costos de conversión

Una reducción de los costos de conversión es **cuando un costo actual del negocio es eliminado** (la compañía no vuelve a pagar).

Algunos ejemplos de ello son:

- Eliminar o reducir el pago por envíos tarde.
- Eliminar materiales utilizados para reparar productos defectuosos.
- Eliminar costos de envío por devoluciones y reemplazos.

Modelo de valor para la reducción de costos de conversión
Ejercicio 2

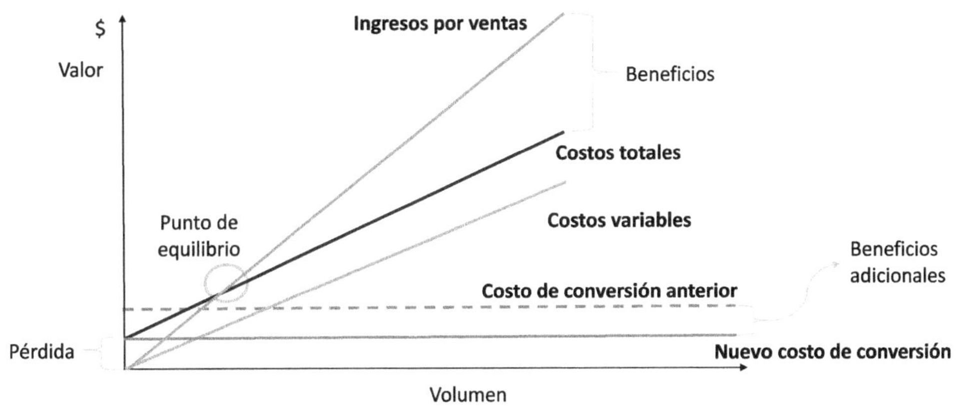

Ahora los costos eliminados aportan a los beneficios y se requiere menos volumen para cubrir los gastos.

Ejemplos de reducción de costos de conversión

- Eliminar o reducir horas extras debido a reducción de tiempo de entrega.

- No volver a contratar cuando una persona ha renunciado, debido a que se ha aumentado la capacidad.

- Reducir gasto de renta de espacio de producción o almacenaje al reducir espacio requerido.

Reducir costos de energía

- Iluminación.
- Motores y bombas.
- Aire comprimido.
- Climatización y refrigeración.
- Aislamientos térmicos.
- Transformadores.
- Vapor y agua caliente.
- Hornos.
- Equipo de oficina.

- Análisis de consumo – correlaciones.
- Tipos de contratos.
- Uso de energía en horarios específicos.
- Hábitos y buenas prácticas.
- Arranque escalonado.
- Factor de potencia.

10 - 20 % del costo total es energía.

Errores al calcular la reducción de costos

- La reducción de tiempo de preparación por sí mismo no reduce los costos. Generalmente se asigna un costo a las preparaciones cuando se producen lotes.

- Esto lleva a aumentar la capacidad disponible, que es el segundo factor en la creación de valor, pero esto no reduce los costos.

- La implementación de un diseño mejorado, que reduce el espacio necesario para realizar operaciones, no necesariamente tiene un impacto en los costos.

  - Este es un cambio que aumenta la capacidad pero no necesariamente reduce el costo.

Costo objetivo

La siguiente tabla muestra la relación entre las mejoras de productos, las adquisiciones y los procesos respecto el logro del costo objetivo y la mejora de la rentabilidad.

	Actual	*Kaikaku* de producto	*Kaizen* de compras	*Kaizen* de proceso
Precio	$400,00	$400,00	$400,00	$400,00
Margen requerido	57,00%	57,00%	57,00%	57,00%
Costo objetivo	**$172,00**	**$172,00**	**$172,00**	**$172,00**
Costo de conversión	$50,84	$49,12	$49,12	$43,75
Costo de material	$155,00	$135,00	$128,25	$128,25
Costo total	**$205,84**	**$184,12**	**$177,37**	**$172,00**
Diferencia	**$33,84**	**$12,12**	**$5,37**	**$0,00**
Demanda	500	500	500	500
Ventas	$200.000	$200.000	$200.000	$200.000
Costo total actual	$102.920	$92.060	$88.685	$86.000
Costo total objetivo	$86.000	$86.000	$86.000	$86.000
Diferencia	**$16.920**	**$6.060**	**$2.685**	**$0**
Margen real	**48,54%**	**53,97%**	**55,66%**	**57,00%**

Evaluación de beneficios de productos/servicios

Ejercicio:
¿Qué producto elegirías vender?

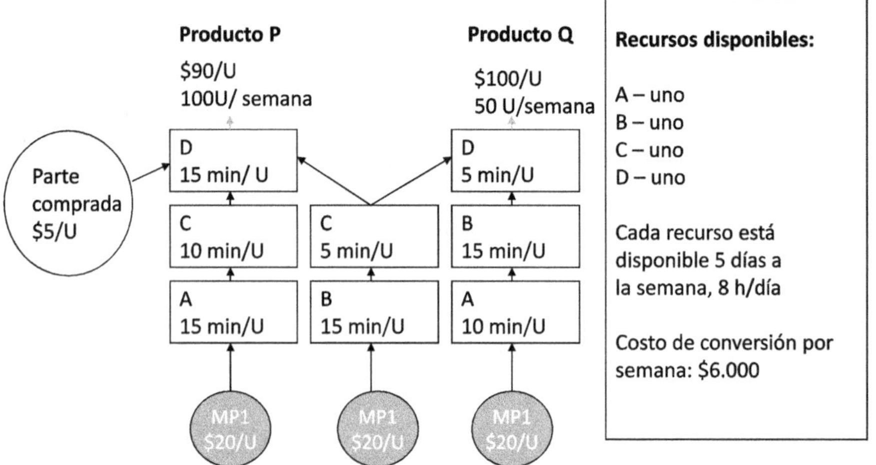

	P	Q
Precio	$90	$100
Material	$45	$40
Throughput	**$45**	**$60**

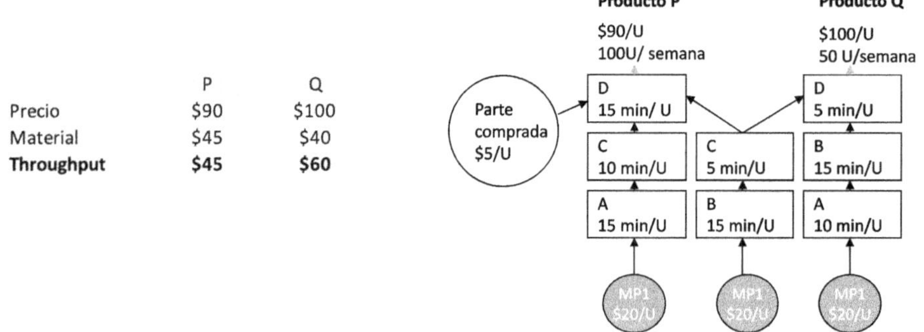

LSSI
LEAN SIX SIGMA INSTITUTE

Opción: Q y después P

Ventas

	Cant.	Precio	subtotal
Q:	50	$100	5000
P:	60	$90	5400
			10400

Costos

Material Q:	50	$40	$2,000
Material P:	60	$45	$2,700
			$4,700
Conversión			**$6,000**
Utilidad			-$300

Restricción	Utilizamos	Totales	Quedan
30	1500	2400	900

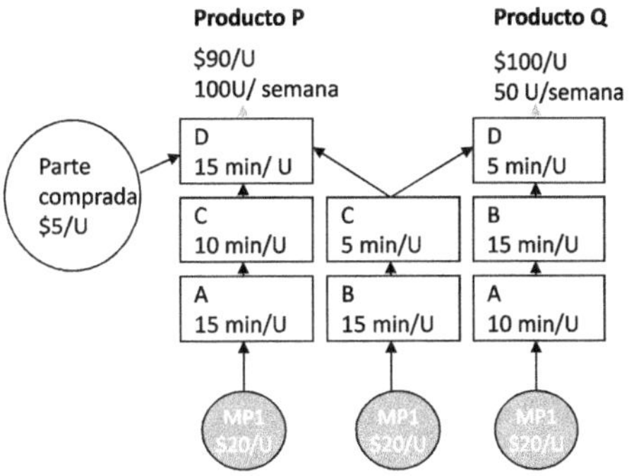

Producto P — $90/U — 100U/ semana

Producto Q — $100/U — 50 U/semana

Parte comprada $5/U

D 15 min/ U		D 5 min/U
C 10 min/U	C 5 min/U	B 15 min/U
A 15 min/U	B 15 min/U	A 10 min/U

MP1 $20/U — MP1 $20/U — MP1 $20/U

Opción: P y después Q

Ventas

	Cant.	Precio	subtotal
Q:	30	$100	3000
P:	100	$90	9000
			12000

Costos

Material Q:	30	$40	$1,200
Material P:	100	$45	$4,500
			$5,700
Conversión			**$6,000**
Utilidad			**$300**

Restricción	Utilizamos	Totales	Quedan
15	1500	2400	900

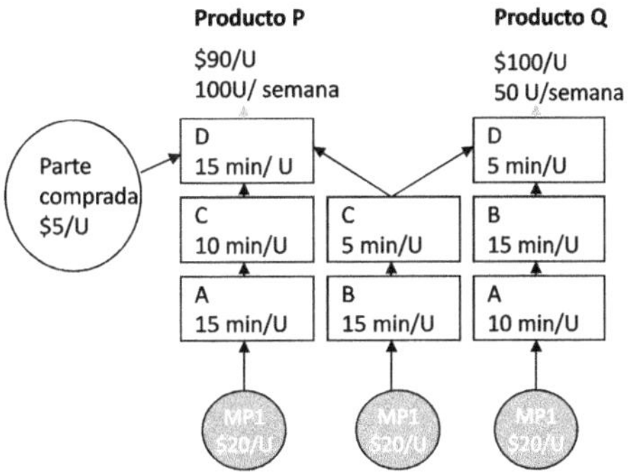

Producto P — $90/U — 100U/ semana

Producto Q — $100/U — 50 U/semana

Parte comprada $5/U

D 15 min/ U		D 5 min/U
C 10 min/U	C 5 min/U	B 15 min/U
A 15 min/U	B 15 min/U	A 10 min/U

MP1 $20/U — MP1 $20/U — MP1 $20/U

	P	Q
Precio	$90	$100
Material	$45	$40
Throughput	**$45**	**$60**
Restricción (min)	**15**	**30**
Throughput / min	**$3.00**	**$2.00**

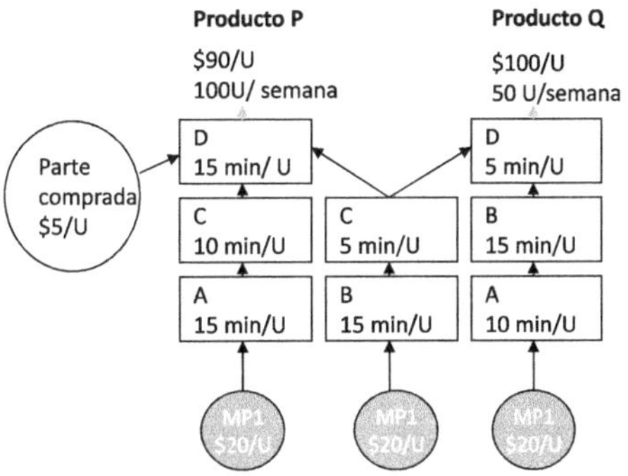

Producto P — $90/U — 100U/ semana

Producto Q — $100/U — 50 U/semana

Parte comprada $5/U

D 15 min/ U		D 5 min/U
C 10 min/U	C 5 min/U	B 15 min/U
A 15 min/U	B 15 min/U	A 10 min/U

MP1 $20/U — MP1 $20/U — MP1 $20/U

2. Aumentar la capacidad

- Cuando la capacidad de personas, equipo y procesos se incrementa, también aumenta la oportunidad de cumplir la demanda con los recursos actuales.

- Aumentar la capacidad incrementa el valor solo cuando se generan más ganancias.

- Es importante considerar que crear capacidad impacta en la creación de valor aunque este cambio no se vea en los estados financieros en el corto plazo.

Modelo de valor para la creación de capacidad
Ejercicios 3 y 4

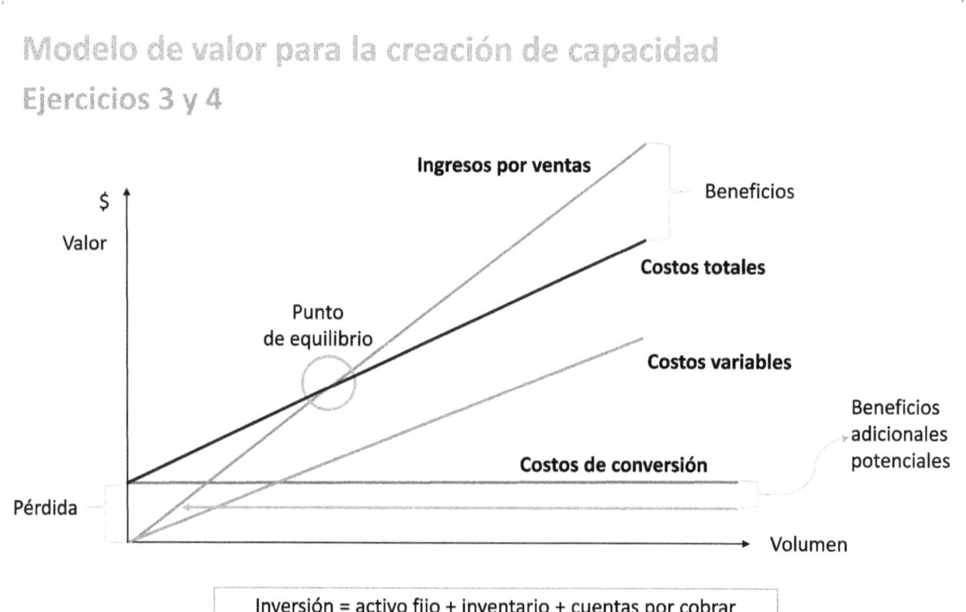

Ejemplos de incremento de capacidad

Reducir tiempos de preparación:

- Producir más para cumplir las necesidades de clientes sin aumentar gastos.

- Reducir el tamaño de los lotes y por lo tanto reducir inventario de producto terminado (PT) y trabajo en curso (WIP).

Reducir espacio:

- Reducir el espacio utilizado permite crecer sin invertir en espacio.

- El espacio adicional se puede utilizar para incrementar la capacidad.

Reducción entre un 30 y 65 %.

Reducir defectos de calidad
en productos y servicios:

- Permite reducir la repetición
  de trabajos.

- El tiempo y recursos
  necesarios para identificar y
  corregir errores ahora está
  disponible para cumplir las
  necesidades de los clientes.

Reducir tiempo de trabajo:

- La esencia de LSS es eliminar
  actividades que agregan tiempo y
  costos innecesarios.

- Permite liberar tiempo a las
  personas y equipos para producir
  más productos o servicios.

- Con el mismo tiempo y costo ahora
  podemos producir más unidades.

3. Incrementar la demanda

- Cuando se incrementa la demanda, las ventas también se incrementan y el margen variable aumenta.

- Estrategias para incrementar las ventas permiten que las mejoras LSS hagan una mancuerna perfecta.

- De hecho, las mejoras Lean pueden ayudar a captar más clientes:

  Ejemplo: reducir tiempo de entrega motiva a los clientes a comprar, ya que mejora el valor sin incrementar el precio.

Modelo de valor para el incremento de la demanda
Ejercicio 5

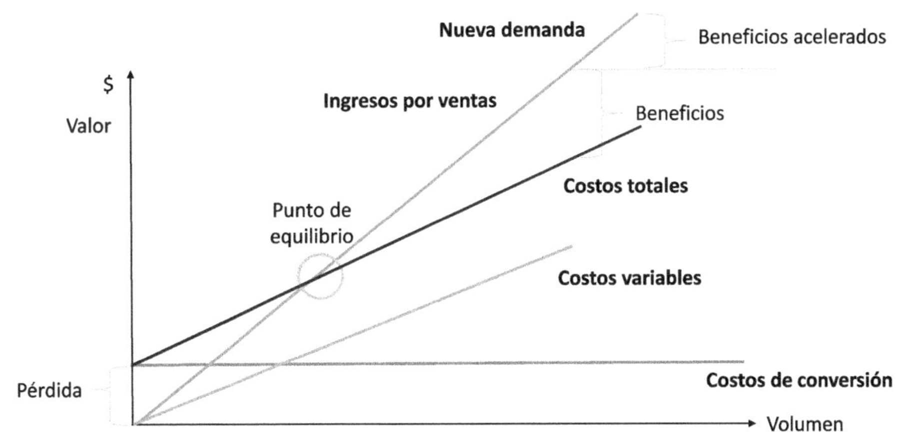

Incremento de demanda

- Un incremento de demanda y la capacidad generada por los proyectos LSS contribuyen al incremento de los beneficios.

- Los beneficios de los proyectos LSS (velocidad con calidad) generan un alto nivel de satisfacción al cliente, lo cual hace que aumente la demanda.

- La motivación en las personas crece cuando las mejoras se comunican dando a conocer la productividad lograda sin tener que trabajar más duro o generar más estrés.

¿Cómo LSS ayuda a incrementar la demanda?

- Entregas en tiempo récord.

- Excelente calidad.

- Personalización de productos o servicios.

- Excelente servicio al cliente.

- Menores costos.

- Mejor imagen de la compañía.

LSSI.
LEAN SIX SIGMA INSTITUTE

Casos: **Proveedor de material de empaque**

- *Lead time* inicial = 42-45 días.
- *Lead time* final = 12 días.

- Incremento de la capacidad.
- Incremento de la demanda.
- Incremento del precio.

Casos: **Tienda de conveniencia**

- Antes: Sistema de ventas *push.*

- Después: Sistema *kanban.*
  - Surtir lo vendido.
  - Cobrar solo por lo vendido.
  - Elegir los espacios de anaquel.

4. Incrementar la contribución variable

- Cuando la relación entre precio y costo variable aumenta, la inclinación de los beneficios también se incrementa, aumentando las ganancias.

- Formas para mejorar el margen variable:
  - Incrementar el precio.
  - Reducir costo variable (partes compradas, comisiones, envíos, etc.).
  - Reducir costo de materiales.

Modelo de valor para el incremento en margen variable
Ejercicio 6

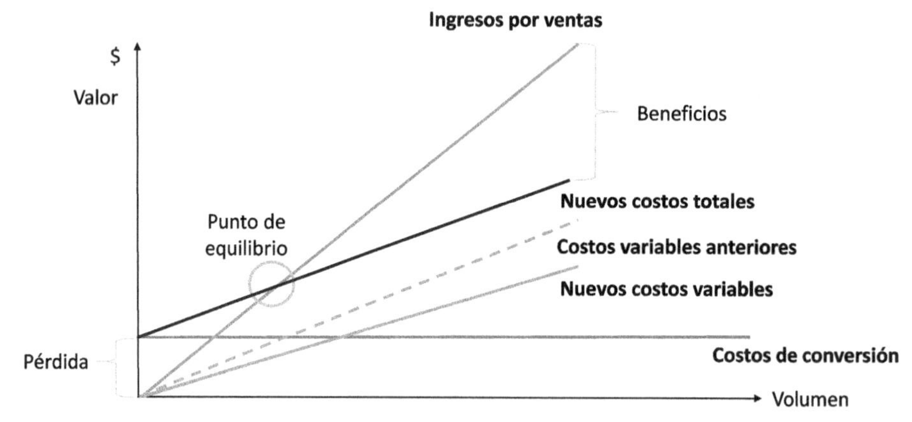

LSSI.
LEAN SIX SIGMA INSTITUTE

¿Cómo LSS mejora el margen variable?

Al mejorar el precio de venta se consiguen:

- Ventajas significativas ante la competencia gracias a un excelente servicio al cliente.
- Productos de gran calidad.
- Bajas quejas.

Al mejorar el precio de venta:

- Eliminar barreras que los vendedores enfrentan cuando discuten un aumento en precios.
- Desarrollar una estrategia de personalización al mejorar la capacidad y la velocidad.

Al reducir el contenido de material se consigue:

- Evitar errores en la elaboración del producto o servicio, utilizando solo los materiales directos necesarios.
- Trabajar con menos proveedores e identificar las oportunidades de compra.

Al reducir costo de materiales:

- Eventos de diseño de producto en el que se mantenga o mejore el valor, reduciendo el costo de los componentes.

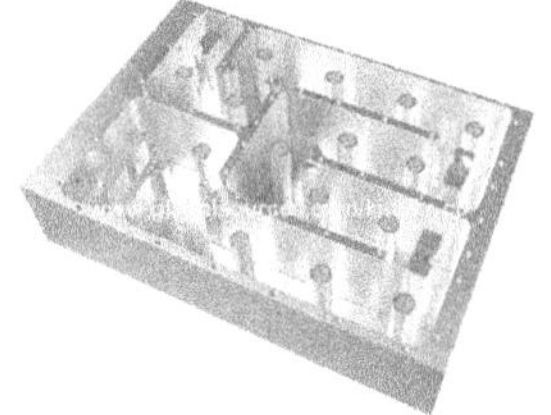

Ejemplo de reducción de contenido de materiales

Reducir el costo de los materiales modificando el diseño de los productos

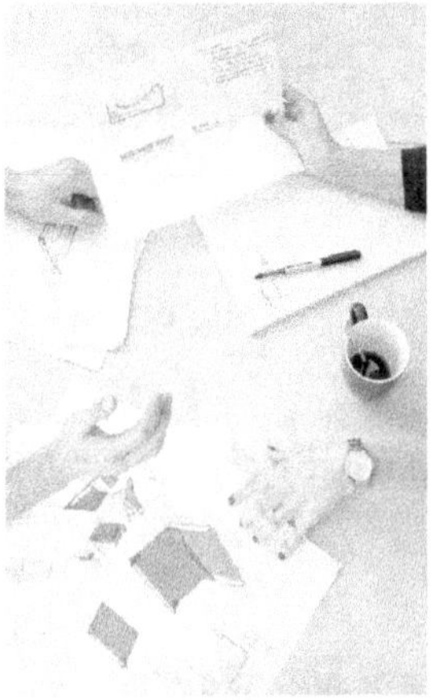

Diseño para Six Sigma
y diseño para fabricación

Reducir el costo de materiales debido a un mejor diseño

Ingeniería del valor

5. Reducir la estructura de capital

- Cuando los recursos necesarios para entregar cierta cantidad de productos o servicios disminuyen, el retorno del capital invertido (ROI, de *return of inversion)* aumenta.

- La implementación de Lean Six Sigma impacta principalmente en los siguientes componentes de la estructura de capital:

  - Inventario.
  - Activos fijos (edificios, plantas, equipos).
  - Cuentas por cobrar.

Reducir las inversiones de capital

Cálculo de ROI

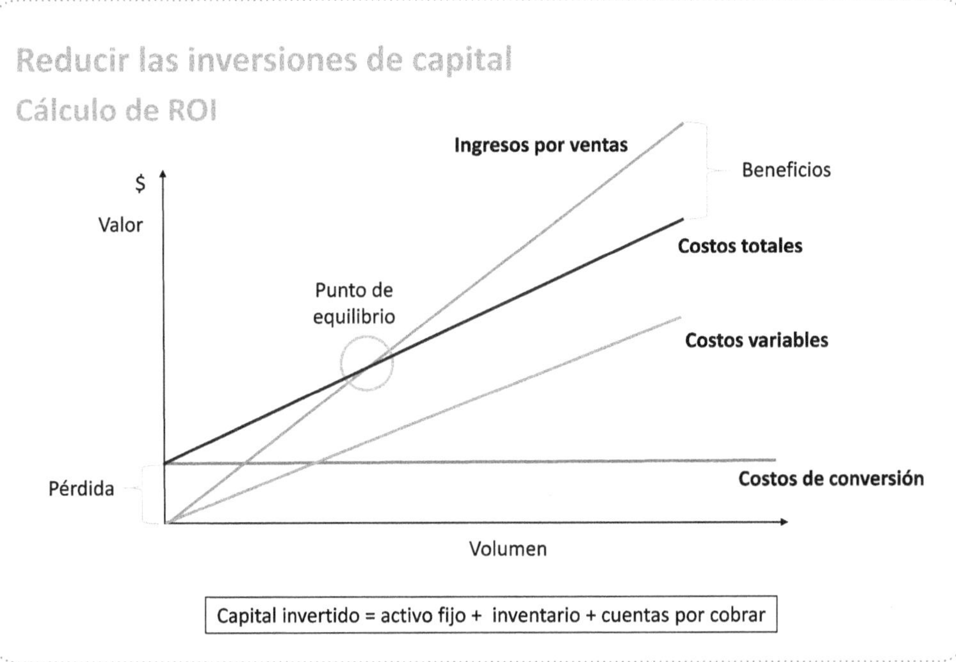

¿Cómo LSS mejora la inversión de capital?

Inventario:

- Cuando se implementa flujo continuo, la primera mejora significativa es la reducción de inventario en material, en proceso y producto terminado.

- Al reducir el inventario se simplifica el trabajo de contar el inventario significativamente.

- Si el inventario en proceso se elimina o reduce y además es estable, entonces la contabilidad no requiere un sistema complejo de costeo debido a que la asignación de los costos genera inventarios en proceso altos o sin control.

- *Kanban* contribuye a mantener los inventarios bajos y estables.

- Inventarios Lean.

- Tener solo lo necesario con las 5'S.*

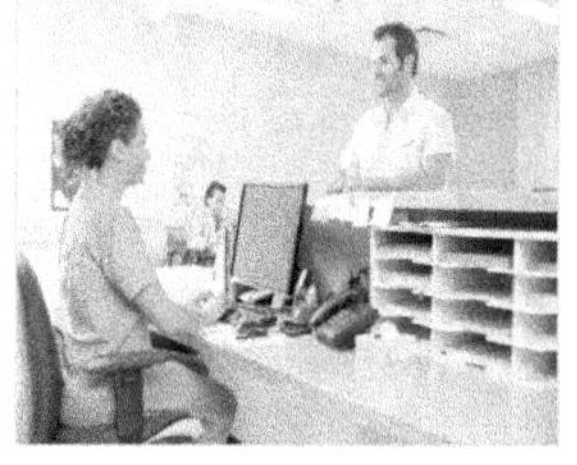 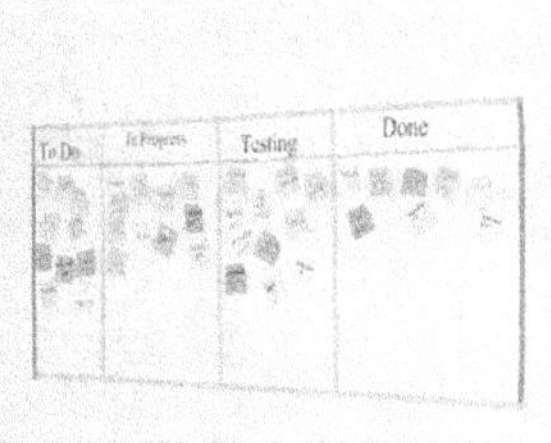

* L.V. Socconini, M. Barrantes: *Manual práctico de las 5'S para ganar en calidad y productividad,* Marge Books, 2023.

Cuentas por cobrar:

- Facturación acorde a las entregas.

- Rediseño de facturas.

- Descuentos por pronto pago.

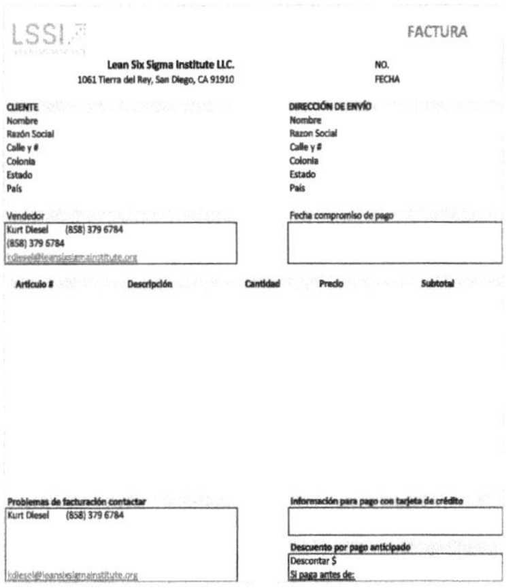

- Mediante eventos *kaizen* para mejorar el proceso de cuentas por cobrar, aplicando flujo continuo desde la recepción de órdenes del cliente hasta la cobranza.

  - Captura directa de órdenes en el sistema.

  - *Poka yoke* para eliminar errores en órdenes, facturas, etc. (código de barras, etc.).

  - Descuentos por pronto pago.

Cobranza efectiva:

- Pago sobre la mercancía recibida y no sobre el monto de la factura.

- Pago por anticipado.

- Enfocarse en las facturas de mayor cantidad.

- Notificar al personal de ventas.

- Contactar nuevos clientes.

- Equipo de trabajo centrado en identificar los problemas internos.

Activos fijos: **«Todas las cosas que se necesita comprar para mantener el trabajo».**

Ejemplo: edificio, vehículos, máquinas, computadoras, etc.

Las compañías Lean ya no requieren grandes *máquinas monumentos*. Ahora se utilizarán equipos acorde a la necesidad.

Máquinas

Comparador óptico

Línea de embotellado

Las 5'S, el flujo continuo y *kanban*, entre otras herramientas, ayudarán a reducir significativamente el espacio que ocupaban inventarios en exceso, espacio para transporte, máquinas, herramientas, materiales, equipos obsoletos, etc.

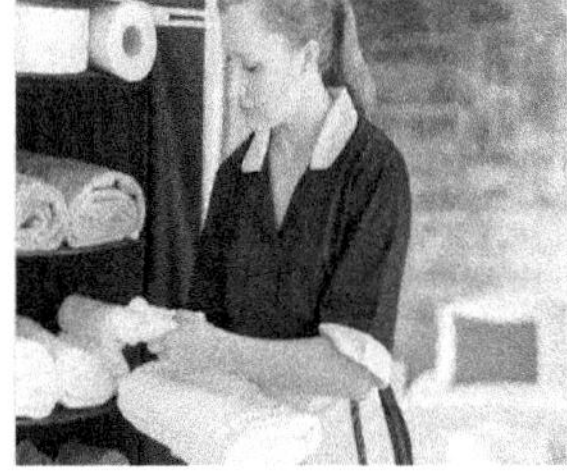

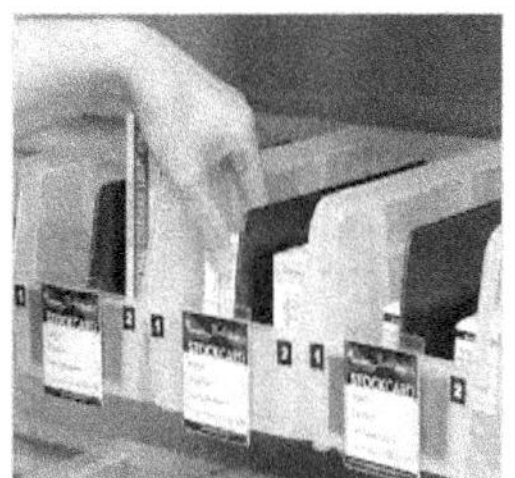

Métricos tradicionales

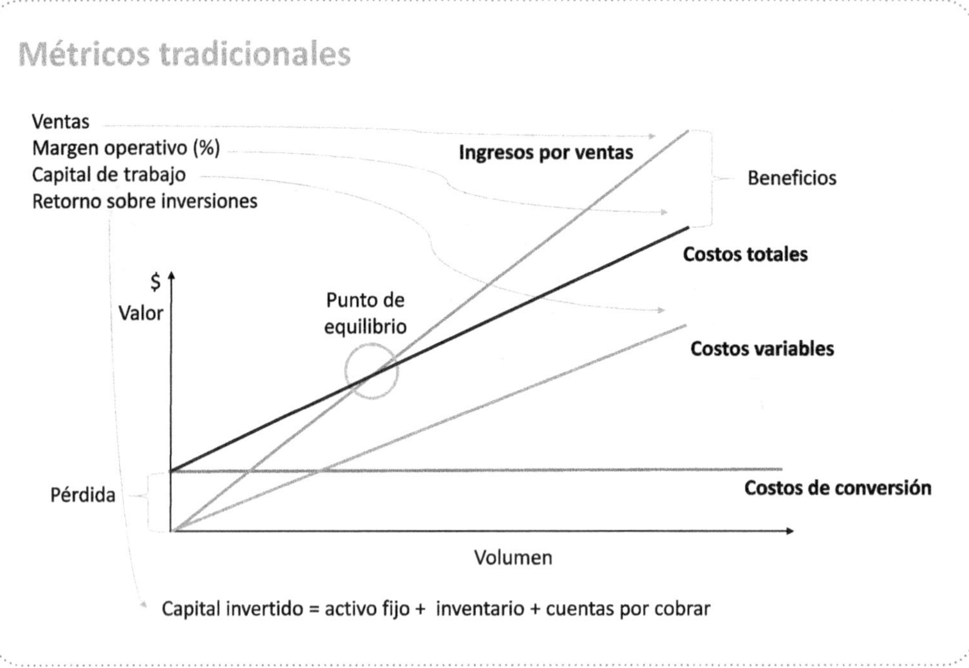

Modelo de ganancias

Ejercicio 7

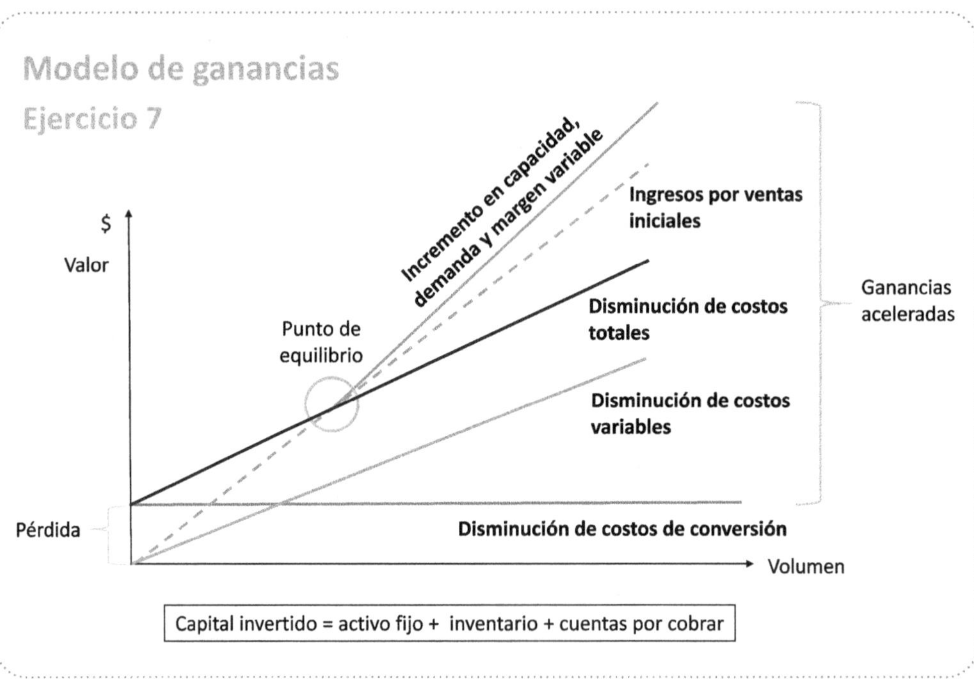

Conclusiones

Lean Six Sigma no es magia.

Es una forma probada de mejorar los resultados financieros de la compañía a través de un enfoque en el cliente.

Los contadores y los *Black Belt* tienen la oportunidad y obligación de ayudar a justificar todas las mejoras, utilizando el modelo de ganancias como una plantilla visual para comunicar cambios.

Teoría de las restricciones

El enfoque en el 1 % de los recursos ayuda a resolver el 99 % de los problemas.

Objetivos

1. Entender los conceptos básicos de la teoría de restricciones (TOC).
2. Comprender los beneficios de utilizar TOC.
3. Aprender el procedimiento para identificar y eliminar la restricción.

Contenidos

> Antecedentes
> ¿Qué es TOC?
> ¿Para qué sirve?
> Tipo de restricciones
> ¿Quiénes participan?
> ¿Cuándo se utiliza?
> Procedimiento
> Ejercicio

Antecedentes

- La **teoría de las restricciones (TOC)*** fue desarrollada por Eliyahu M. Goldratt en la década de 1980.

- E.M. Goldratt planteó la TOC en *La meta,* una historia de ficción sobre la administración de organizaciones.

- La teoría de las restricciones ayuda a las empresas a comprender dónde realizar mejoras a través de un enfoque sistémico.

* TOC: siglas de *theory of constraints.*

Luis Socconini con Rami Goldratt

Algo es productivo solo cuando se obtienen ganancias.

¿Qué es el cuello de botella?

Restricción

- Una restricción es lo que limita a una organización a lograr su máximo potencial.

- Es el punto en cualquier proceso en donde el flujo es más lento.

- El rendimiento de cualquier sistema real está limitado por sus restricciones.

Restricciones

(cuello de botella)

$\left.\begin{array}{l} \text{Tiempo} \\ \text{Dinero} \\ \text{Recursos} \end{array}\right\}$

 LSSI
LEAN SIX SIGMA INSTITUTE

¿Qué es TOC?

- La teoría de las restricciones es una **filosofía de la dirección** para establecer prioridades y trabajar en las áreas o actividades que limitan o evitan a la organización alcanzar su máximo potencial.

- Es una **metodología de mejora** que busca ayudar a las organizaciones a alcanzar sus metas mediante la eliminación de las restricciones que limitan el desempeño.

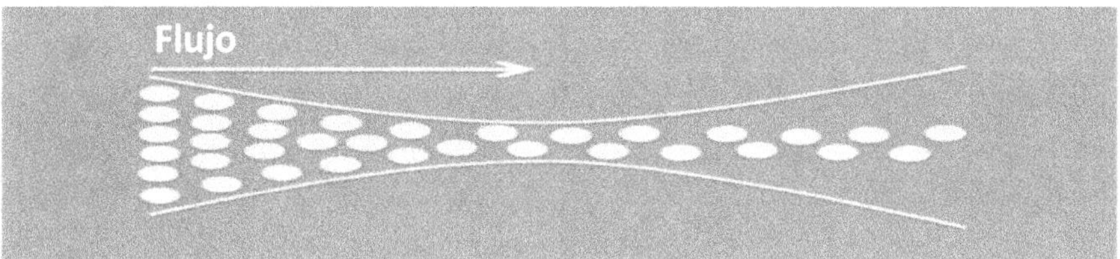

Teoría de las restricciones

En las organizaciones tradicionales, los distintos departamentos tienen metas e indicadores independientes; sin embargo, todos ellos son interdependientes, ya que cumplen una función dentro de un sistema.

Si se logra juntar a todos los miembros directivos de una organización y se formula la pregunta:

- *¿Cuál es el principal problema de su organización?*

¿Cuál sería la probabilidad de que todos respondieran lo mismo?

¿Para qué sirve?

- Aumentar la capacidad de cualquier sistema.

- Reducir el inventario.

- Aumentar el beneficio marginal *(throughput)*.

- Mejorar el trabajo en equipo.

- Reducir gastos de operación.

Throughput = ventas − costo directo

Ejemplos de aplicaciones

Enfoque sistémico por función:

- **Logística** → Exceso de inventarios.

- **Servicio** → Gran cantidad de quejas de clientes.

- **Finanzas** → Período de recuperación demasiado largo.

- **Recursos humanos** → Malas relaciones humanas internas.

- **Operaciones** → Entregas tarde y altos costos.

- **Estrategia** → Mal entendimiento de lo que es importante.

- **Mercadotecnia** → Atraer más clientes.

- **Ventas** → Vender más.

Tipos de restricciones

Físicas

- Capacidad para producir partes o servicios.
- Tamaño del almacén.
- Número de trabajadores.
- Cantidad de materia prima.

No físicas

- Demanda del mercado.
- Procedimientos.
- Políticas.
- Forma de pensar de la administración de la empresa.

¿Quiénes participan?

- **Los líderes de procesos:** para lograr un aumento en la capacidad de cualquier sistema, reducir inventarios, mejorar el trabajo en equipo y aumentar los ingresos.

- **Los líderes de la compañía o de las unidades de negocio *(Champion):*** identifican oportunidades para facilitar y lograr el desarrollo de la correcta aplicación de la TOC como una estrategia de la compañía.

- **Los integrantes de los equipos de trabajo:** desarrollan ideas de mejora y proponen la mejor forma de implementar la TOC.

- **Los líderes implementadores *(Black Belt* y *Master Black Belt):*** guían en la correcta aplicación de las herramientas y se aseguran que los proyectos generen resultados, aprovechando al máximo los recursos utilizados.

¿Cuándo se utiliza?

- La teoría de las restricciones se utiliza constantemente en el proceso de mejora continua en la organización, con el fin de optimizar el proceso más débil y, como consecuencia, lograr mejoras en la actividad integral de la organización.

- Utilizar TOC de la siguiente forma:
  - En la fase de DEFINIR: para establecer la *situación actual.*
  - En la fase de MEDIR y MAPEAR: para *identificar la restricción.*
  - En la fase de ANALIZAR: para *identificar causas de la restricción* y analizar la mejor manera de aprovechar los recursos.
  - En la fase de MEJORAR: para *subordinar los recursos a la restricción y elevarla.*
  - En la fase de CONTROLAR: para asegurar la *identificación y eliminación continua de la restricción.*

Procedimiento

Identificar y eliminar restricciones en cinco pasos

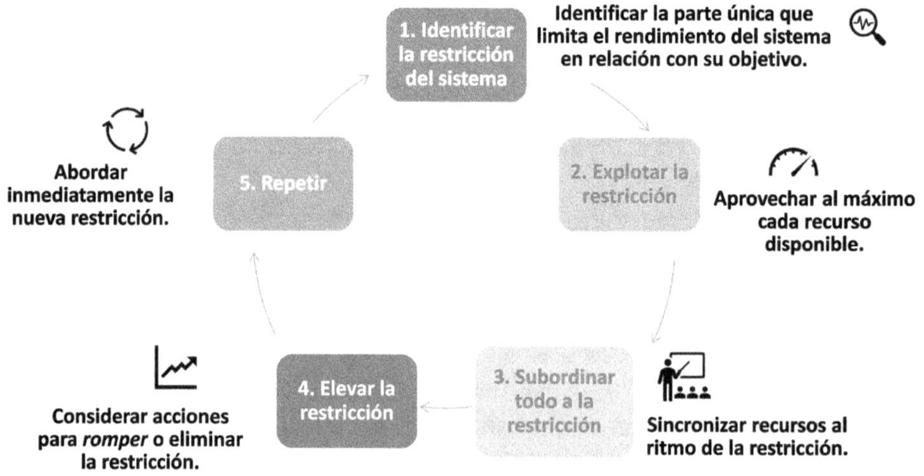

1. Identificar la restricción del sistema
Identificar la parte única que limita el rendimiento del sistema en relación con su objetivo.

2. Explotar la restricción
Aprovechar al máximo cada recurso disponible.

3. Subordinar todo a la restricción
Sincronizar recursos al ritmo de la restricción.

4. Elevar la restricción
Considerar acciones para *romper* o eliminar la restricción.

5. Repetir
Abordar inmediatamente la nueva restricción.

1. Identificar la restricción

La restricción puede ser interna o externa:

- Si la *demanda* es mayor que la *capacidad*, la restricción es interna.
- Si el proceso tiene más *capacidad* que *demanda*, la restricción es el mercado.

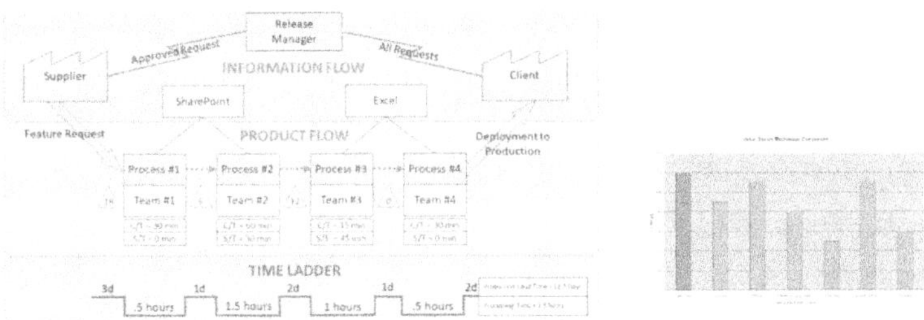

Utilizar el mapa de valor y la gráfica de balance para identificar las restricciones de cualquier sistema.

2. Explotar la restricción

Aprovechar los recursos

- Asegurar que el cuello de botella esté continuamente operando, al aprovechar los recursos existentes tales como:

  - Personal.
  - Información.
  - Material.
  - Mantenimiento.

- Establecer el control de calidad antes del cuello de botella.
- Maximizar el tiempo en el cual el cuello de botella está generando valor al cliente y así aumentar el rendimiento.

3. Subordinar todo a la restricción

Establecer prioridades

- Administrar mejor otros recursos (personas, máquinas, materiales, etc.) para apoyar las necesidades del cuello de botella y mantener el flujo continuo de las operaciones.

- Sincronizar otros recursos al ritmo del cuello de botella.

- Dar prioridad a las necesidades del cliente y no a la acumulación del inventario.

4. Elevar la restricción

- Considerar qué acciones se pueden llevar a cabo para eliminar o romper la restricción.

- Mejorar el desempeño de la restricción al incrementar su capacidad.

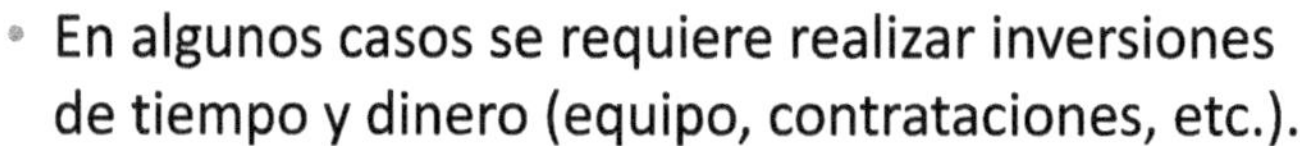

  - En algunos casos se requiere realizar inversiones de tiempo y dinero (equipo, contrataciones, etc.).

  - Asignar personas, equipos, dinero, etc., para ayudar a la restricción a cumplir con la demanda.

5. Repetir

Asegurarse de que el procedimiento no sea una implementación única, sino más bien un proceso de *mejora continua*.

- **Si la restricción se mejora,** otra parte del sistema se convierte en la nueva restricción. Es necesario reiniciar el procedimiento.

- **Si la restricción no ha sido resuelta,** es necesario reevaluarla para mejorarla.

El desempeño del sistema como un todo se reevalúa al buscar nuevas restricciones, explotándolas, subordinándolas y mejorándolas.

La regla del *correcaminos*

«Cuando tengas trabajo, trabaja tan rápido como puedas. De lo contrario, espera a tener trabajo o ayuda a alguien más.»

Fuente: Richard Moore y Lisa Scheinkopf, en *Teoría de restricciones y manufactura esbelta: ¿amigos o enemigos?*

El sistema DBR *(drum, buffer, rope)*

Método para sincronizar los recursos e incrementar el *throughput*

*D*rum (tambor):

- Restricción/cuello de botella.
- La velocidad de la restricción determina el ritmo del proceso y el rendimiento.

*B*uffer (amortiguador):

- Nivel de inventario, tiempo o espacio requerido para mantener la producción o el flujo de servicio de manera ininterrumpida.
- Asegura que las variaciones de los recursos no afecten al ritmo definido por la restricción.

*R*ope (cuerda):

- Lo que controla la liberación de trabajo para que coincida con la restricción.
- Evita una acumulación de exceso de inventario, tiempo, espacio, etc.

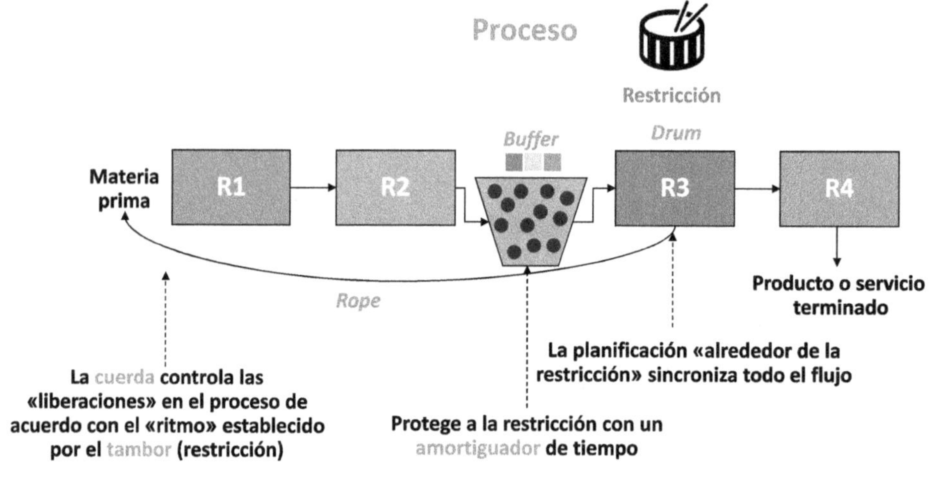

Conclusiones

- La teoría de las restricciones es un proceso que inicia y no tiene fin, porque realmente siempre existirán las restricciones en cualquier sistema.

- Es muy importante ser consciente de que existe una restricción y que esta puede ser interna o externa.

- Los equipos deben trabajar para identificar las limitaciones y eliminarlas continuamente.

> TOC no es una implementación única, sino más bien un proceso de mejora continua.

Ejercicio

Aplicar el proceso de cinco pasos de mejora en TOC en un proceso de producción, servicio o actividad de soporte.

1. Identificar la restricción del sistema **(cuello de botella)** y explicar por qué. Asumir una capacidad interna menor a la demanda.

2. Explicar qué **recursos** existentes se pueden **aprovechar.**

3. Proponer cómo establecer **prioridades.**

4. Sugerir cómo **elevar la restricción** del sistema (elevar = eliminar).

5. Indicar cuál sería la **nueva restricción** por eliminar en el sistema.

Distribuciones

6

Objetivos

1. Conocer la importancia de las distribuciones en la estadística.
2. Entender los diferentes tipos de datos.
3. Aplicar el modelo de distribución normal para calcular la probabilidad de defectos.
4. Entender los diferentes defectos.

Contenidos

> Tipos de datos
> Distribuciones estadísticas
> Distribución normal
> Distribución lognormal
> Distribución weibull
> Identificar el tipo de distribución
> Transformación de datos no normales a normales
> Distribución binomial
> Distribución de Poisson
> Ejemplos y ejercicios

Tipos de datos

La característica puede expresarse en números:
- Minutos por clase
- Piezas buenas
- Temperatura del agua

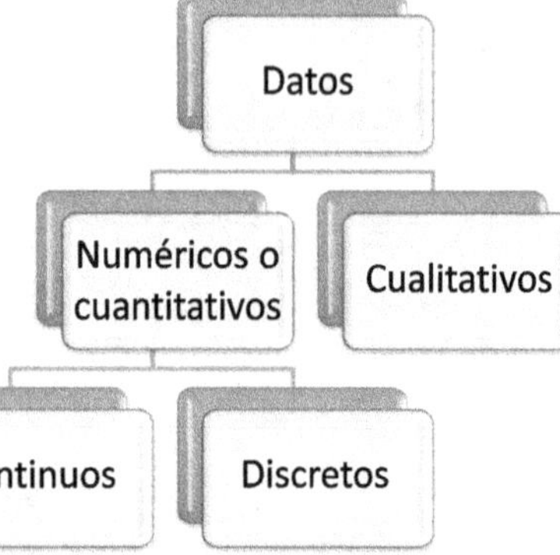

La característica no es numérica:
- Género
- Religión
- Tipo de vehículo
- Lugar de nacimiento
- Color de los ojos

Variables que se pueden medir:
- Metros
- Minutos
- Grados

Atributos que se pueden contar:
- Pasa/no pasa
- Botellas rotas
- Piezas correctas

Distribuciones estadísticas

- La **probabilidad** de que un proceso cumpla con los requerimientos del cliente, en otras palabras, su capacidad de producir productos y servicios libres de defectos, está fuertemente ligada con la **distribución** de los datos obtenidos del proceso.

- Una alta probabilidad de defectos en la producción o en el servicio significa niveles relativamente altos de insatisfacción del cliente.

Datos continuos:
 Normal
 Lognormal
 Weibull
Datos discretos:
 Binomial
 Poisson
Datos de muestra:
 Chi-cuadrado
 F
 t
Otras distribuciones
de probabilidad:
 Exponencial
 Hipergeométrica

Para facilitar la manipulación y el análisis de los datos, estos deberían seguir una **distribución normal.**

Si los datos siguieran otro tipo de distribución, entonces existe una gran variedad de transformaciones matemáticas para transformar los datos originales de manera que se acerquen a una distribución normal.

Otro tipo de distribuciones estadísticas son las llamadas **distribuciones de muestra.**

La **distribución de muestra** de un parámetro estadístico, como la **media** o la **desviación estándar,** basándose en n observaciones, es la distribución de frecuencias relativas de los valores del parámetro estadístico, generados al tomar repetidas muestras aleatorias de tamaño n y calculando el valor del parámetro estadístico para cada muestra.

Distribución normal

Definición

Es la distribución de probabilidad más utilizada para modelar variables continuas. Se caracteriza por su bien conocida forma de campana. Se aplica en un gran número de situaciones donde valores aleatorios e independientes tienen la misma probabilidad de ocurrir en ambos lados de un valor **medio** esperado, y donde los extremos son valores más moderados en su ocurrencia. La **distribución normal** se describe perfectamente definiendo la **media** y la **desviación estándar.**

Usos

En la mayoría de los procesos continuos, la primera distribución de probabilidad que se asume es la normal.

Ejemplos

- Alturas o pesos de un grupo de personas.
- Resultados en procesos de fabricación o servicio.
- Indicadores económicos de un país o de una compañía.
- Tiempo de vida de una muestra de baterías.

Reglas empíricas de probabilidad

- Los siguientes valores son las reglas teóricas y empíricas de la probabilidad normal:

Número de desviaciones estándar	Probabilidad normal teórica	Probabilidad empírica
± 1σ	68,27%	60 - 75%
± 2σ	95,45%	90 - 98%
± 3σ	99,73%	99 - 100%

La distribución normal de variable continua se caracteriza por su conocida forma de campana.

Gráficos de probabilidad normal

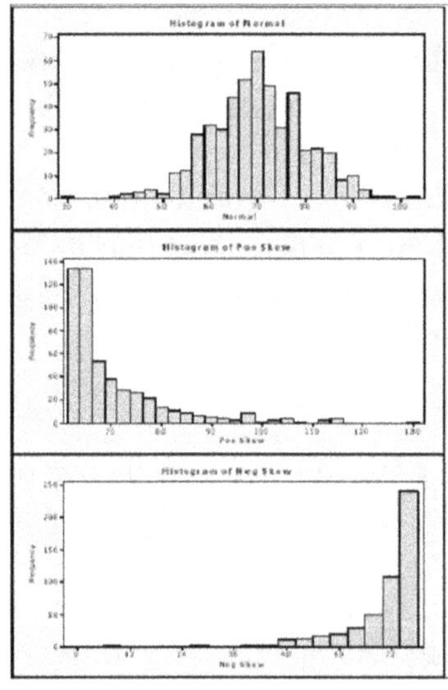

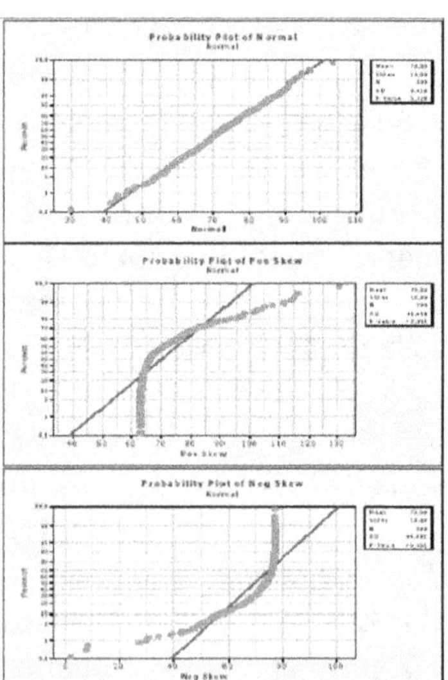

- Propiedad 1: La distribución puede ser descrita completamente conociendo solo la media y la desviación estándar.

- Propiedad 2: El área bajo las secciones de la curva puede ser utilizada para estimar la probabilidad acumulada de que ocurra un cierto evento.

- Propiedad 3: La curva señala una perfecta simetría alrededor de la media (exactamente el 50 % de los datos está por encima de la media y el 50 % restante está debajo de la media), por lo tanto, la media y la mediana son idénticas.

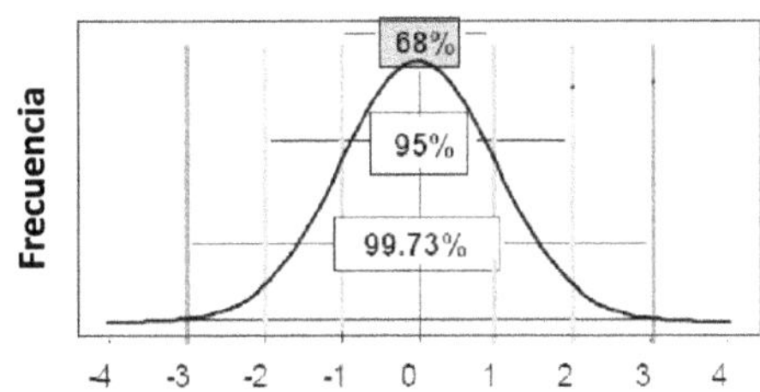

Recordando la transformación Z

$$Z = \frac{(X - \bar{x})}{s} \quad \text{o} \quad Z = \frac{(X - \mu)}{\sigma}$$

- Esta transformación produce un valor de una distribución donde la media $\mu = 0$ y $\sigma = 1$.

- El valor indica qué tan lejos está el número de la media en desviaciones estándar.

- Por ejemplo, si $Z = 2$ esto representará que el número en cuestión está a 2 desviaciones estándar de la media.

Ejemplo de la transformación Z

- Predecir la calidad de un producto: longitud de un tornillo.
- Se realizan 150 mediciones con los siguientes resultados:
  - Media = 1.03
  - Desviación estándar = 0.0573
- Las especificaciones* son:
  - LIE = 0.9
  - LSE = 1.1

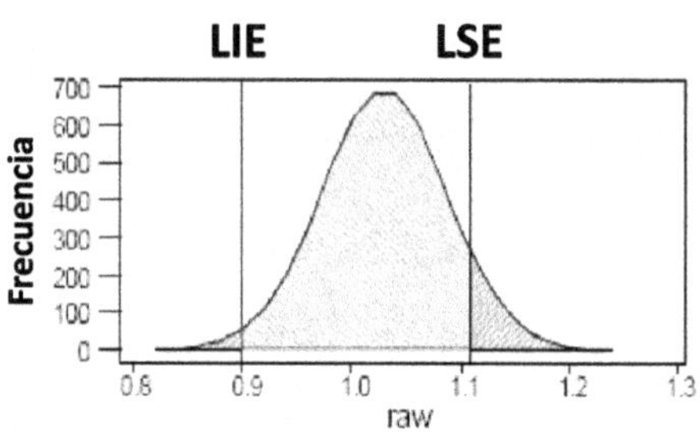

* LIE y LSE son, respectivamente, el límite inferior y el límite superior de especificación.

La tarea consiste en determinar la porción de la curva normal que está fuera de los límites inferior y superior de la especificación.

1. Calcular el valor de Z para cada límite de especificación:

$$Z_I = \frac{(LIE - \overline{X})}{S} \qquad Z_S = \frac{(LSE - \overline{X})}{S}$$

$$= \frac{0.9 - 1.03}{0.0573} \qquad = \frac{1.1 - 1.03}{0.0573}$$

$$= -2.27 \qquad = 1.22$$

2. Obtener el porcentaje para cada Z con Excel:

distribución normal estándar (−2.27) = 1.16 %

1 − distribución normal estándar (1.22) = 11.10 %

3. Sumar los dos valores y obtener el valor total:

Este número representa el porcentaje de datos que está fuera de los límites.

Porcentaje fuera de los límites de especificación =
= 11.10 + 1.16 =12.26 %

Ejercicio de la transformación Z

El coeficiente intelectual humano presenta una distribución normal donde $\mu = 100$ y $\sigma = 16$.

Pregunta 1

¿Cuál es la probabilidad de encontrar una persona con un coeficiente intelectual igual o mayor al de Albert Einstein (estimado en IQ = 180)?

Pregunta 2

¿Qué porcentaje de la humanidad tiene un IQ menor que el de Forrest Gump (IQ = 75)?

Distribución lognormal

Definición

La distribución **lognormal** tiene una relación básica pero crítica con la **distribución normal.** Una variable aleatoria sigue esta distribución si el logaritmo de la variable aleatoria se distribuye normalmente.

Si X tiene una **distribución lognormal** (μ, σ), entonces $Y = ln(X)$ sigue una **distribución normal** (μ, σ).

Usos

- La **distribución lognormal** se usa en situaciones en las que el tiempo es un factor crítico.

- Modela el tiempo de fallo de procesos de degradación (fatiga, desgaste) y puede servir cuando los tiempos de fallo son el resultado de muchos efectos pequeños que actúan de manera multiplicativa.

Ejemplos

- Tiempos de ciclo.
- Horas persona necesarias para dar mantenimiento a un equipo.
- Diferencia entre el tiempo estándar y el tiempo real para ejecutar una operación.

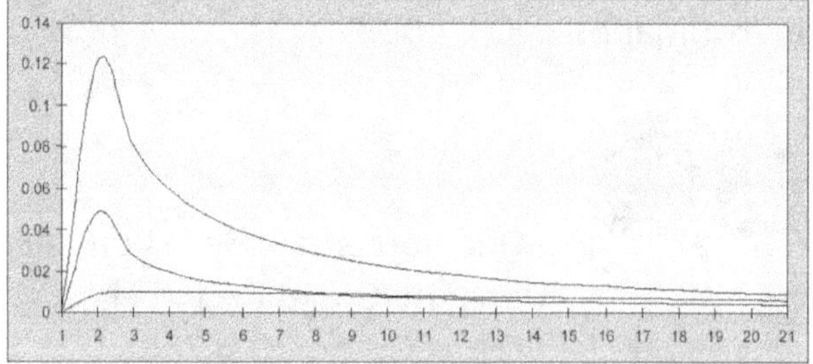

Ejemplo: distribución lognormal

Suponer que la duración de un producto en el mercado, en años, después de su lanzamiento (tiempo que pasa hasta la descatalogación del mismo), sigue una distribución lognormal de **ubicación** (posición de la media de la distribución normal del *ln x)* de 2.32 y de **escala** (desviación estándar de la distribución normal del *ln x)* de 0.20.

Calcular la probabilidad de que la duración en el mercado sea más de 12 años:

$$\text{Ubicación } (\mu) = 2.32 \qquad \text{Escala } (\sigma) = 0.20 \qquad P\,(X > 12) = ?$$

$P\,(X \leq 12) = \text{DISTR.LOGNORM}(x,\ \text{media, desviación estándar, verdadero})$

$P\,(X \leq 12) = \text{DISTR.LOGNORM}(12,\ 2.32,\ 0.20,\ \text{verdadero}) = 0.795182$

$P\,(X > 12) = 1 - 0.795182 = 0.204818 \;\Rightarrow\; 20.48\,\%$

Usando el programa Minitab, se obtiene la misma respuesta:

Lognormal con ubicación = 2.32 y escala = 0.2

x	P(X ≤ x)
12	0.795182

Distribución weibull

Definición

Es realmente una familia de distribuciones, la cual puede ser usada para calcular probabilidad de la población. Comúnmente se hace referencia a este tipo de distribución como de *dos parámetros* o *tres parámetros,* dependiendo del número de factores usados para definir matemáticamente la distribución.

Usos

En la práctica se aplica extensivamente en ingeniería de confiabilidad, para modelar patrones de fallo de sistemas complejos.

Ejemplos

- Naturaleza de patrones de fallo de un equipo debido a su uso.
- Número esperado de fallos en un período de tiempo determinado, usando datos históricos. Esto sirve para estimar los repuestos que se deben tener disponibles.

Gráfica: distribución weibull

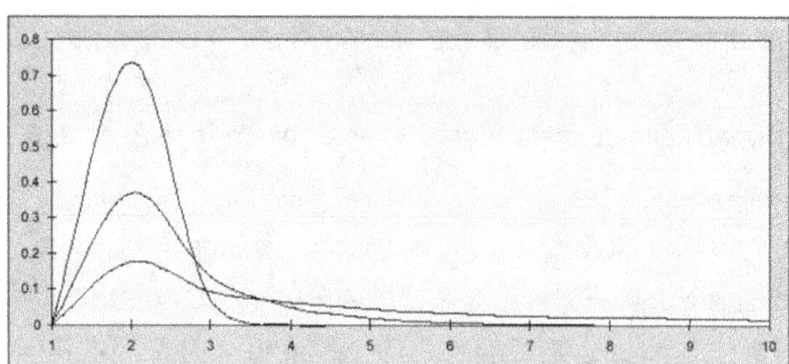

Ejemplo: distribución weibull

La distribución weibull se utiliza para modelar la distribución de fallos de un circuito integrado, usando:

$$\text{Forma } (\alpha) = 0{,}5 \qquad \text{Escala } (\beta) = 2\,000.$$

Calcular la probabilidad de que la vida del circuito integrado sea menor o igual a 5 000 horas:

$P\,(X \leq 5\,000) = ?$

$P\,(X \leq 5\,000) = $ DISTR.WEIBULL$(X,\ \alpha,\ \beta,\ \text{verdadero})$

$P\,(X \leq 5\,000) = $ DISTR.WEIBULL$(5\,000,\ 0.5,\ 2\,000,\ \text{verdadero}) = 0.794259$

$P\,(X \leq 5\,000) = 0.794259 \quad \Rightarrow \quad 79.43\,\%$

Usando Minitab, se obtiene la misma respuesta.

Weibull con forma = 0.5 y escala = 2000

x	P(X ≤ x)
5000	0.794259

Prueba de normalidad en Minitab

Abrir el programa informático Minitab:

Estadísticas ➪ **Estadística básica** ➪ **Prueba de normalidad**

Si el valor $p > 0.05$, asumir que los datos siguen una **distribución normal.**
Si el valor $p < 0.05$, entonces los datos **no** siguen una distribución normal.

Si los datos resultan ser no normales, probar usando:

Estadísticas ➪ **Herramientas de calidad** ➪ **Identificación de la distribución individual**

Se recomienda iniciar con todas las distribuciones disponibles e identificar aquellas que muestren valores $p > 0.05$. De entre ellas, asignar la distribución correspondiente, de acuerdo con el origen de los datos. Por ejemplo, si se trata de tiempos, será una distribución lognormal. Posteriormente, para determinar los parámetros de la distribución, usar:

Gráficas ➪ **Gráfica de probabilidad**

Ejemplo 1: tipo de distribución

En **Manufacturera Química** se anotan los siguientes 50 datos de peso envasado:

Pesos en la línea de envasado (en kg)				
25,405	25,595	25,616	25,376	25,459
25,558	25,557	25,398	25,750	25,448
25,452	25,710	25,472	25,499	25,523
25,609	25,495	25,223	25,478	25,424
25,771	25,599	25,554	25,443	25,261
25,701	25,516	25,414	25,597	25,476
25,587	25,589	25,402	25,560	25,624
25,361	25,595	25,527	25,607	25,649
25,504	25,587	25,499	25,585	25,558
25,549	25,539	25,564	25,513	25,637

Determinar qué tipo de distribución siguen estos datos, la probabilidad de obtener un dato fuera de especificaciones si LIE = 25,000 y LSE = 26,000 y el nivel σ de corto plazo del proceso.

Respuesta al ejemplo 1: tipo de distribución

Prueba de normalidad:

- Valor p = 0.392 ⇨ distribución normal
- Media = 25.53
- Desviación estándar = 0.1097
- Probabilidad por debajo del LIE = 0.0000007
- Probabilidad por encima del LSE = 0.0000092
- Probabilidad total fuera de especificación = 0.0000099 ⇨ 0.00099 %
- Probabilidad de producto dentro de especificación =

  1 − 0.0000099 = 0.9999901
- Nivel σ de largo plazo: DISTR.NORM.ESTAND.INV(0.9999901) = 4.27
- Nivel σ de corto plazo = 4.27 + 1.5 = 5.77

Ejemplo 2: tipo de distribución

En **Operadores Logísticos del Golfo** se anotaron los siguientes 35 datos para el tiempo de reparación del montacargas o carretilla (en min.):

Tiempo de reparación (en min.)			
2,77	1,33	3,76	3,90
5,57	29,58	15,21	89,22
1,30	2,01	113,36	8,08
2,27	4,48	11,83	14,54
10,26	3,14	102,63	7,16
8,59	6,93	136,48	
1,64	2,66	10,53	
74,72	1,32	13,37	
3,52	20,34	30,88	
48,47	26,92	121,26	

Determinar qué tipo de distribución siguen estos datos y la probabilidad de tener un tiempo de reparación mayor a 2 horas (120 min.).

Respuesta al ejemplo 2: tipo de distribución

Prueba de normalidad:

- Valor $p < 0.005$ ⇨ no siguen una distribución normal.

Identificación de distribución individual:

- Para la distribución lognormal (los datos son tiempos), el valor es de $p = 0.180$.

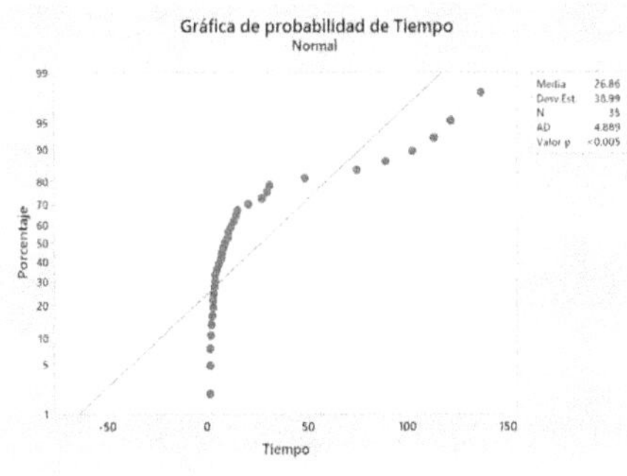

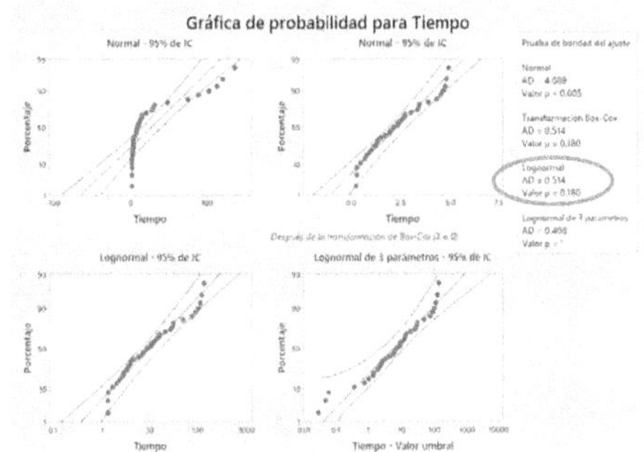

Parámetros para la distribución lognormal:

- Ubicación = 2.323
- Escala = 1.429

Probabilidad de $X > 120$ minutos:

- $P\,(X \leq 120)$:

  Lognormal con ubicación = 2.323 y escala = 1.429

x	P(X ≤ x)
120	0.957703

- $P\,(X > 120$ min.$) = 1 - 0.9577 = 0.0423$
- 0.0423 ⇨ 4.23%

Ejercicio: tipo de distribución

En **Banco del Pacífico** se obtuvieron los siguientes datos para el número de fallos en el sistema que se tuvieron en promedio por día en las últimas 30 semanas:

Fallas promedio por día en una semana		
0.388	1.241	4.591
0.609	0.444	1.794
1.718	0.284	0.347
4.463	2.277	0.931
0.034	0.001	0.146
0.143	1.060	0.365
0.065	0.371	0.074
3.593	0.059	0.640
0.868	1.786	0.665
0.685	5.203	1.895

Determinar qué tipo de distribución siguen estos datos y la probabilidad de tener más de 10 fallos en un día determinado.

Transformación de datos no normales a normales

- Algunas veces los datos no siguen una **distribución normal.** En muchos de estos casos, es posible aplicar una transformación matemática a los datos para producir un nuevo grupo de datos que sean relativamente "**normales**".

  Las transformaciones deben ser consideradas como el último recurso.

- El primer paso para analizar una distribución extraña, *antes* de aplicar una transformación matemática, es determinar si algún efecto físico ha hecho que los datos no sean normales.

- Luego podemos analizar los datos en términos de sus promedios, en lugar de datos individuales. Gracias al **teorema del límite central,** los promedios de las muestras se acercan a una **distribución normal** aun cuando la población de valores de donde se calcularon los promedios no siga una distribución normal.

  Este tipo de transformación revela interpretaciones; sin embargo, estas son solo aplicables a los promedios, y no pueden aplicarse a la distribución original.

- Si ninguna de las estrategias anteriores da un resultado favorable, entonces podemos aplicar una transformación matemática a los datos para que sigan una distribucion relativamente normal.

- Estas son algunas de las transformaciones matemáticas que pueden ser aplicadas a los datos no normales para transformarlos en datos relativamente normales:
  - Sacar la raíz cuadrada de cada observación.
  - Obtener el logaritmo (base 10 o base *e*) de cada observación.
  - Sacar la raíz cúbica a cada observación.
  - Obtener el seno inverso de la raíz cuadrada de cada observación.
  - Método de Box-Cox (Minitab: **Estadísticas** ⇨ **Gráficas de control** ⇨ **Transformación Box-Cox**).
- Es muy importante recordar que cuando se transforma la información de la distribución original en una que sea más normal, los límites de especificación también deben ser matemáticamente transformados de la misma forma y con la misma fórmula que los datos originales del proceso.

Ejemplo: transformación

Para la siguiente serie de 100 datos, determinar si siguen una distribución normal. Si no es así, determinar cuál sería la transformación adecuada (usando Box-Cox) para ajustarlos a una distribución normal:

Datos									
1.60103	2.31426	0.52829	2.8953	0.44426	5.3123	1.22095	4.24464	1.12465	0.28186
0.84326	2.55635	1.01497	2.86853	2.48648	1.92282	6.32858	3.21267	0.78193	0.57069
3.00679	4.72347	1.12573	2.18607	3.91413	1.22586	3.80076	3.48115	4.14333	0.70532
1.29923	1.75362	2.56891	1.05339	2.28159	0.76149	4.22622	6.66919	5.30071	2.84843
2.24237	1.62502	4.23217	1.2556	0.96705	2.3993	4.33233	2.44223	3.79701	6.25825
2.63579	5.63857	1.34943	1.97268	4.98517	4.96089	0.42845	3.51246	3.2477	3.37523
0.34093	4.64351	2.84684	0.84401	5.79428	1.96775	1.2041	8.03245	5.04867	3.23538
6.96534	3.95409	0.76492	3.32894	2.52868	1.35006	3.44007	1.13819	3.068	6.08121
3.46645	4.38904	2.78092	4.15431	3.08283	4.79076	2.51274	4.27913	2.45252	1.66735
1.41079	3.24065	0.63771	2.57873	3.82585	2.20538	8.09064	2.05914	4.69474	2.12262

Si los límites de especificación son de 0.80 a 5.60, ¿cuál es la probabilidad de tener datos fuera de especificación?

Respuesta al ejemplo: transformación

Prueba de normalidad:

- Valor p = 0.010 < 0.05 ⇨ no siguen una distribución normal.

Transformación Box-Cox:

- Indica que los datos deben elevarse a la potencia 0.50 (raíz cuadrada de los datos).

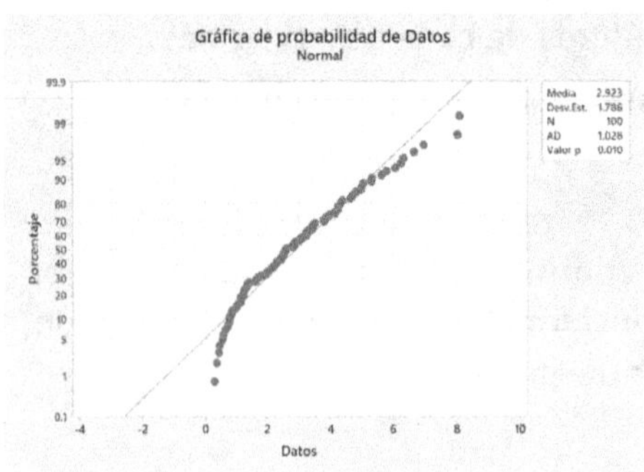

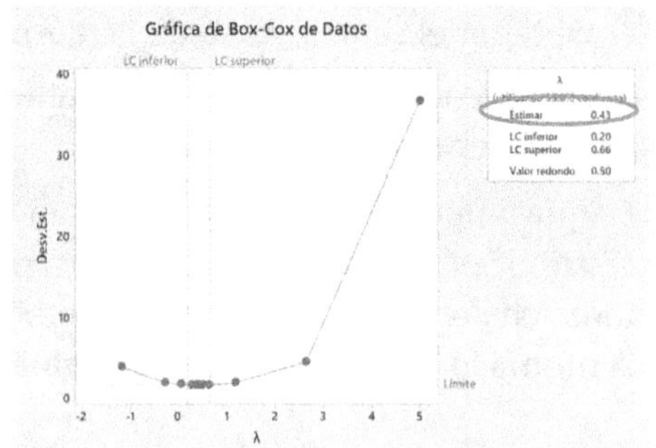

Prueba de normalidad para datos transformados: p = 0.574

- Media transformada = 1.624
- Desviación estándar transformada = 05380

Porcentaje de datos fuera de especificación:

Límite inferior	0.8
Límite inferior transformado	0.894
Media transformada	1.624
Desviación estándar transformada	0.538
Límite superior transformado	2.366
Límite superior	5.60
Z (límite inferior transformado) =	−1.36
Probabilidad de datos por abajo del límite inferior	0.08754
Z (límite superior transformado) =	1.38
Probabilidad de datos por arriba del límite superior	0.08380
Probabilidad de datos fuera de límites	0.17133
Porcentaje de datos fuera de límites	17.13%

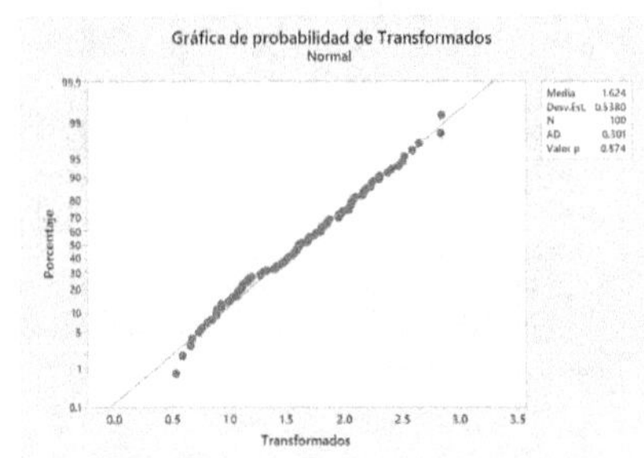

Ejercicio: transformación

Para la siguiente serie de 50 datos, determinar si siguen una distribución normal. Si no es así, determinar cuál sería la transformación adecuada (usando Box-Cox) para ajustarlos a una distribución normal:

Datos				
14,90	4,95	3,86	1,29	2,33
2,15	1,37	0,65	1,52	4,23
3,88	1,21	2,29	4,80	2,98
0,44	3,47	1,69	2,55	1,59
1,84	0,55	2,99	3,01	0,85
0,81	2,99	3,08	6,71	4,64
1,01	1,55	0,15	1,96	2,08
5,20	3,91	1,41	4,05	3,96
2,27	2,38	7,41	3,52	2,20
4,14	2,51	2,40	1,08	0,48

Si los límites de especificación son de 0.50 a 6.00, ¿cuál es la probabilidad de tener datos fuera de especificación?

Distribución binomial

Definición

Distribución de probabilidad para datos discretos. Se utiliza en situaciones en que se realizan muchas pruebas independientes en las que cada una tiene dos posibles resultados, que generalmente se refieren como: "fallo" o "éxito". Debido a que solo hay dos posibles resultados en cada prueba, la probabilidad de éxito se denomina p y la probabilidad de fallo es igual a $1 - p$.

Usos

Se aplica en los casos en los que se cuentan las ocurrencias y la población no es muy grande.

Ejemplos

- Número de preguntas que una persona espera sacar bien o mal de un examen de opción múltiple.
- Número de reclamaciones de garantías que se pueden pagar.
- Número de piezas con apariencia inaceptable en un *batch* o lote.
- Número de faros defectuosos en un *batch* o lote.

Se caracteriza por:

- La salida de un proceso es clasificada en una de dos categorías mutuamente excluyentes (éxito o fracaso).

- La probabilidad de éxito es la misma para cada muestra.

- Las muestras son tomadas aleatoriamente.

- Cada pieza tiene la misma oportunidad de ser incluida en la muestra.

- La fórmula es:

$$P(x) = \frac{n!}{x!(n-x)!}\, p^{x}(1-p)^{n-x}$$

n: número de ensayos/tamaño de muestras
p: probabilidad de éxito

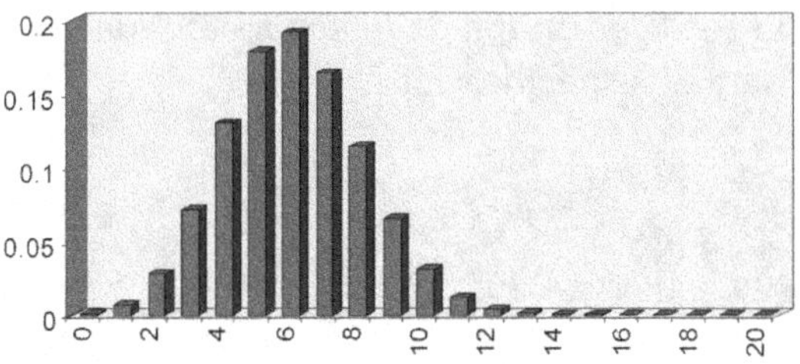

Aproximación de la distribución binomial a través de la normal:

Usando la **distribución normal** (distribución continua) es posible aproximarse la **distribución binomial**.

Cuando n es grande y p es constante, el comportamiento de una distribución binomial B(n,p) es aproximadamente igual a una distribución normal de media $\mu = n \cdot p$ y desviación estándar $\sigma = \sqrt{n \cdot p \cdot q}$ (donde $q = 1 - p$).

Suele considerarse que
la aproximación es
buena cuando

$n \cdot p \geq 5$ y $n \cdot q \geq 5$

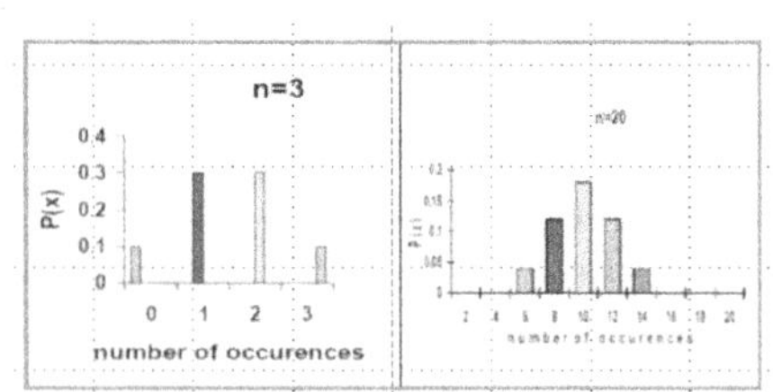

Ejemplo: distribución binomial

Calcular la probabilidad de encontrar *30 piezas defectuosas* en una producción de 500 unidades, si históricamente se tiene un porcentaje de defectuosos del 5 %.

Sin acumular

DISTR.BINOM(núm_éxito, ensayos, prob_éxito, falso)

$P\ (X = 30)$ = DISTR.BINOM(30, 500, 0.05, falso) = 0.0456 ⇨ 4.56 %

Calcular la probabilidad de encontrar como *máximo 30 piezas* defectuosas en una producción de 500 unidades, si históricamente se tiene un porcentaje de defectuosos del 5 %.

Acumulada

DISTR.BINOM(núm_éxito, ensayos, prob_éxito, verdadero)

$P\ (X \leq 30)$ = DISTR.BINOM(30, 500, 0.05, verdadero) = 0.8691 ⇨ 86.91 %

> **Distribución de Poisson**

Definición

Es la más importante de las distribuciones para datos discretos. Cubre las características de la **distribución binomial,** por lo que en muchos casos se convierte en una aproximación aceptada y cómoda de la misma.

Esta aproximación es crítica para la determinación del rendimiento de proceso, la capacidad del proceso y los defectos por unidad.

Usos

En la práctica se utiliza cuando el número de oportunidades para no-conformidades (defectos) es grande y la probabilidad de que un evento ocurra es baja.

Ejemplos

- Número de errores por página en un manual.
- Número de llamadas que se reciben en un centro de atención al cliente.

La **distribución binomial** requiere que un valor dado solo puede asumir un estado (fallo o éxito).

En los casos en los que una unidad puede tener más de un defecto, el uso de la distribución binomial para representar esta situación ocasionaría una pérdida de información.

En tales casos, es posible usar la **distribución de Poisson,** también denominada distribución de defectos por unidad.

$$P(x) = \frac{\mu^{x} e^{-\mu}}{x!} = \frac{\lambda^{x} e^{-\lambda}}{x!}$$

X = número de ocurrencias del evento o fenómeno (la función nos da la probabilidad de que el evento suceda precisamente x veces).

λ es un parámetro positivo que representa el número de veces que se espera que ocurra el fenómeno durante un intervalo dado.

Por ejemplo, si el suceso estudiado tiene lugar en promedio 4 veces por minuto y estamos interesados en la probabilidad de que ocurra k veces dentro de un intervalo de 10 minutos, se usará un modelo de distribución de Poisson con $\lambda = 10 \times 4 = 40$.

Tanto el **valor esperado** como la **varianza** de una variable aleatoria con distribución de Poisson son iguales a λ.

Los requisitos del experimento **Poisson** son:

- El intervalo se puede subdividir de tal manera que la probabilidad de ocurrencia en el subintervalo sea pequeño.
- La probabilidad de una ocurrencia única en un subintervalo es una constante dentro de todos los subintervalos.
- La ocurrencia de un evento en un subintervalo es independiente de la ocurrencia en otro.

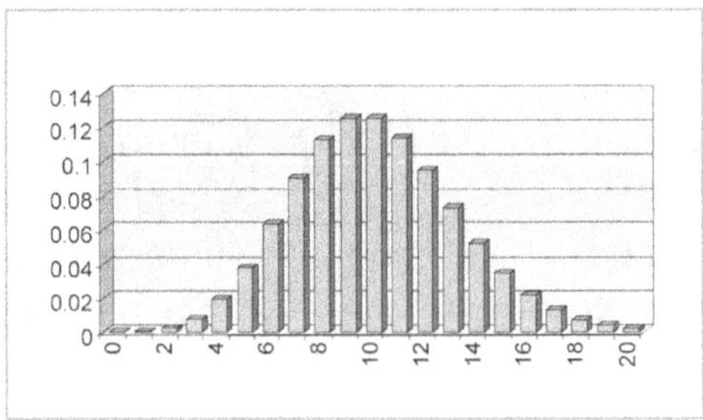

Ejemplo y ejercicio: distribución de Poisson

Ejemplo

Calcular la probabilidad de encontrar *exactamente* 5 agujeros en un metro cuadrado de lámina de aluminio, si existe un promedio de 3 defectos por unidad.

POISSON*(x,* media, falso)

$P\ (X = 5)$ = POISSON(5, 3, falso) = 0.1008 ⇨ 10.08 %

Ejercicio

Calcular la probabilidad de encontrar como *máximo* 5 agujeros en un metro cuadrado de lámina de aluminio, si existe un promedio de 3 defectos por unidad.

Diseños fraccionados

Objetivos

1. Conocer los diseños de experimentos fraccionados.
2. Conducir experimentos fraccionados para probar factores y niveles que optimicen el proceso o producto.

Contenidos

> Definición
> ¿Cuándo utilizarlos?
> ¿Por qué utilizarlos?
> Resolución
> Ejemplo
> Ejercicio

Son diseños de experimentos en los que se elige adecuadamente una parte o fracción de los tratamientos de un factorial completo, con la intención de poder estudiar el efecto de los factores utilizando menos pruebas experimentales.

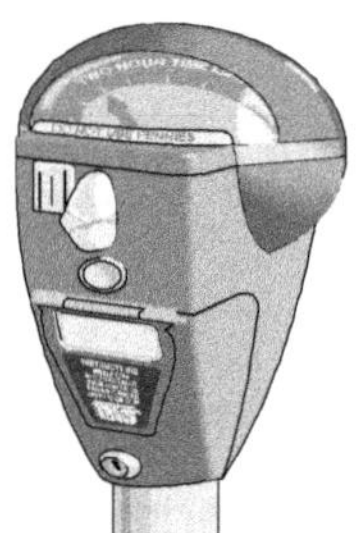

Diseños fraccionados

- Es probable que en las primeras etapas de una investigación nos interese estudiar varios factores, tal vez 9, por ejemplo.

  Los **diseños fraccionados** son la estrategia que permite reducir de manera importante el número de pruebas y que, al hacerlo, no se pierde información valiosa.

- Los diseños factoriales fraccionados, como su nombre indica, son una parte o una fracción de los diseños factoriales completos que permite reducir el número de pruebas experimentales y al mismo tiempo obtener la información acerca de los efectos considerados de antemano relevantes.

¿Cuándo utilizarlos?

- Cuando crece el número de factores, también crece el número de tratamientos en los diseños completos 2^k.

- Por ejemplo, para $k = 6$ factores, una sola réplica del diseño factorial completo implica realizar 64 pruebas, mientras que en un factorial con $k = 7$ son 128.

- En la práctica no es posible hacer tantas pruebas o réplicas experimentales, porque además el costo es innecesario.

Teoría de los diseños fraccionados

- La teoría de los diseños fraccionados se basa en una jerarquización de los efectos: son más importantes los **efectos principales,** seguidos de las interacciones dobles, luego de las triples, cuádruples, etc.

Diseño	Total de efectos	Efectos no ignorables	Efectos ignorables
$k = 2$	3	3	0
$k = 3$	7	6	1
$k = 4$	15	10	5
$k = 5$	31	15	16
$k = 6$	63	21	42
$k = 7$	127	28	99

Se observa que para 5 factores o más $(k \geq 5)$, los efectos ignorables superan en número a los efectos no ignorables, lo que significa que estos diseños se pueden fraccionar sin perder información valiosa.

- El primer diseño factorial que genera un importante exceso de información es el factorial completo 2^5.

- Este diseño permite estimar 31 efectos, de los cuales 15 son potencialmente importantes (los 5 efectos principales más las 10 interacciones dobles) y los 16 efectos restantes, conformados por las interacciones de tres o más factores, prácticamente se pueden ignorar.

Así, con un diseño factorial fraccionado 2^{5-1} se puede obtener esencialmente la misma información que con el factorial completo 2^k, pero con la mitad del costo experimental.

Diseño	Total de efectos	Efectos no ignorables	Efectos ignorables
$k = 2$	3	3	0
$k = 3$	7	6	1
$k = 4$	15	10	5
$k = 5$	31	15	16
$k = 6$	63	21	42
$k = 7$	127	28	99

Diseños fraccionados 2^{k-p}

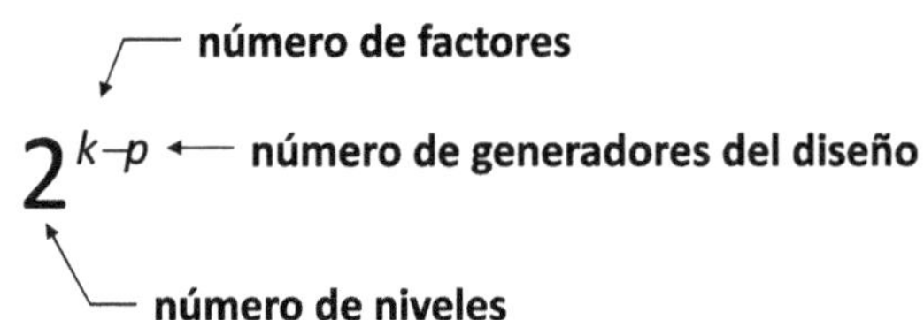

- Cuando el número de factores es mayor o igual a cinco, la cantidad de experimentos por realizar, aun para diseños de dos niveles, aumenta considerablemente.

- Los diseños fraccionados son una alternativa para poder experimentar con más variables.

Fracciones mitad *(p = 1)*

- El diseño 2^{5-1} se realiza de la siguiente manera:

$$\frac{1}{2}\,(2^5) = 2^{5-1}$$

- Se pueden estimar limpiamente los 15 efectos importantes sacrificando la información relativa a las interacciones de alto orden, que no interesan.

  Tomaremos como ejemplo el diseño 2^{3-1} (aunque en realidad no es aconsejable fraccionarlo), el cual se realiza de la siguiente manera:

  $2^{3-1} = 2^2$ = cuatro pruebas con tres factores, que corresponde a la mitad de un diseño con ocho pruebas porque:

$$\frac{1}{2}\,(2^3) = \frac{2^3}{2} = 2^3\,2^{-1} = 2^{3-1}$$

¿Qué pruebas escoger?

Prueba	A	B	C	AB	AC	BC	ABC
1	-1	-1	-1	1	1	1	-1
2	1	-1	-1	-1	-1	1	1
3	-1	1	-1	-1	1	-1	1
4	1	1	-1	1	-1	-1	-1
5	-1	-1	1	1	-1	-1	1
6	1	-1	1	-1	1	-1	-1
7	-1	1	1	-1	-1	1	-1
8	1	1	1	1	1	1	1

¿Y cómo las eliges?

- Con el diseño 2^3 se pueden estimar 7 efectos: A, B, C, AB, AC, BC y ABC. De acuerdo con su jerarquía, el efecto menos importante *a priori* es la interacción triple. La generación se hace con base en los signos del contraste ABC: los + conforman la fracción principal y los − la fracción complementaria.

A	B	C
-1	-1	-1
1	-1	-1
-1	1	-1
1	1	-1
-1	-1	1
1	-1	1
-1	1	1
1	1	1

Contraste

ABC
-
+
+
-
+
-
-
+

Fracción +

Generador:
Efecto cuyo contraste es utilizado para generar la fracción factorial.

- Observar que todos los factores están dos veces en el nivel + y dos en el nivel −.

- Además:

  - Observar, por ejemplo, los dos primeros tratamientos de la fracción 1.

  - Al correr cualquiera de las fracciones no se podrá estimar el efecto de ABC. Podemos decir que el contraste ABC se confunde o se alía con el total de los datos o el efecto ABC se confunde con la media global.

Fracción +

Fracción 1		
A	B	C
1	-1	-1
-1	1	-1
-1	-1	1
1	1	1

Fracción -

Fracción 2		
A	B	C
-1	-1	-1
1	1	-1
1	-1	1
-1	1	1

¿Por qué utilizarlos?

- Los factoriales fraccionados se conocen como «experimentos de cribado». Esto sugiere que se pueden investigar números relativamente grandes de factores en relativamente pequeñas cantidades de pruebas.

- Los experimentos de cribado se suelen realizar en las primeras etapas de la fase de mejoramiento del proceso.

Resolución

- La resolución tiene que ver con el nivel de confusión de los efectos al fraccionar un experimento.

- La resolución de un experimento es igual al número de «letras» del generador, ya que este, al mismo tiempo, establece la relación definidora del experimento.

- Así, las fracciones: 2^{3-1}, 2^{4-1}, 2^{5-1}, tienen resolución III, IV y V, respectivamente, ya que sus generadores se componen de 3, 4 y 5 «letras».

Es mejor un diseño con una resolución mayor.

- La resolución de un diseño es la longitud de la «palabra» más corta del generador completo. La resolución tiene que ver con el tipo de patrón de confusión de un diseño.

- La resolución III confunde efectos principales con interacciones dobles.

- La resolución IV confunde efectos principales con interacciones triples e interacciones dobles con ellas mismas.

- La resolución V confunde los efectos principales con interacciones cuádruples, e interacciones dobles con triples.

Notación factorial-fraccional

La notación general para designar un diseño factorial fraccionado es:

$$2_R^{k-p}$$

Donde:

k = número de factores a investigar.
2^{k-p} = número de pruebas.
R = resolución del diseño (III, IV, V…).

Nota:
Si $p = 1$, entonces: factorial fraccionado a la media.
Si $p = 2$, entonces: factorial fraccionado a la un cuarto.

Construcción de fracciones

Una manera de construir en dos pasos diseños factoriales con la más alta resolución posible es la siguiente:

1. Se lista el diseño factorial completo para $k - 1$ factores, y de esta forma se tienen las primeras $k - 1$ columnas de la fracción deseada.

2. La columna faltante (la k-ésima) se construye multiplicando entre sí las columnas previas.

Ejemplo de media fraccional 2^{4-1}

1. Listar la tabla del diseño factorial completo:

A	B	C	D
-	-	-	
+	-	-	
-	+	-	
+	+	-	
-	-	+	
+	-	+	
-	+	+	
+	+	+	

$$2^{4-1} = 2^3$$

Dejando en blanco los espacios para los niveles del factor D.

2. La columna faltante de niveles para el factor D se obtiene al multiplicar las columna A, B y C de acuerdo al generador. En este caso el generador es D = ABC, obteniendo:

A	B	C	D = ABC
-	-	-	+
+	-	-	-
-	+	-	-
+	+	-	+
-	-	+	-
+	-	+	+
-	+	+	+
+	+	+	-

- Por tanto, esta será la fracción de experimentos que se va a realizar. Se puede observar que en todos los casos el resultado de A*B*C*D es **negativo.**

- De esta manera, se tendrán que **hacer solo 8 pruebas para un diseño con 4 factores** (A, B, C y D), en lugar de las 16 pruebas que deberían efectuarse para el diseño factorial completo, con lo que el costo y tiempo invertidos en la experimentación se reduce a la mitad y de cualquier modo se obtiene exactamente la misma información.

Ejemplo

- **Calzado Chelsea.** El equipo de **Brenda Ávalos** lleva a cabo un experimento para determinar las condiciones óptimas de operación en la máquina de moldeado de suelas, con objeto de obtener la menor cantidad posible de defectos. Para ello, deciden probar con cinco factores y dos niveles para cada uno de ellos. Encontrar los niveles para cada factor que minimizan el porcentaje de merma, utilizando un diseño fraccionado 5 − 1.

Factor		Nivel bajo	Nivel alto
A	Temperatura de moldeo (en °C)	180	220
B	Tiempo de moldeo (en min)	6	10
C	Tiempo de enfriamiento (en min)	3	6
D	Temperatura de enfriamiento (en °C)	100	120
E	Tipo de materia prima	Molida	Sin moler

Temp M	Tiempo M	Tiempo E	Temp E	Mat Prima
180	6	6	120	Sin moler
180	10	6	100	Sin moler
220	6	3	120	Sin moler
220	10	3	100	Sin moler
220	10	6	120	Sin moler
180	6	3	120	Molida
180	6	6	120	Sin moler
180	10	6	100	Sin moler
220	6	6	100	Sin moler
220	6	6	100	Sin moler
220	6	6	120	Molida
220	10	6	100	Molida
180	10	3	100	Molida
220	6	3	100	Molida
220	10	3	100	Sin moler
220	10	3	120	Molida
220	10	6	100	Molida
180	6	3	120	Molida
180	10	3	120	Sin moler
180	10	3	120	Sin moler
220	10	3	120	Molida
220	10	6	120	Sin moler
220	6	6	120	Molida
180	10	6	120	Molida
180	10	3	100	Molida
180	6	3	100	Sin moler
180	6	6	100	Molida
220	6	3	100	Molida
180	10	6	120	Molida
180	6	6	100	Molida
180	6	3	100	Sin moler
220	6	3	120	Sin moler

- En primer lugar, dejar que Minitab elija la fracción que se debe tener en cuenta.

Temp M	Tiempo M	Tiempo E	Temp E	Mat. prima	Desperdicio
180	6	6	120	Sin moler	0,16
180	10	6	100	Sin moler	0,44
220	6	3	120	Sin moler	0,15
220	10	3	100	Sin moler	0,53
220	10	6	120	Sin moler	0,63
180	6	3	120	Molida	0,09
180	6	6	120	Sin moler	0,16
180	10	6	100	Sin moler	0,4
220	6	6	100	Sin moler	0,21
220	6	6	100	Sin moler	0,23
220	6	6	120	Molida	0,21
220	10	6	100	Molida	0,59
180	10	3	100	Molida	0,36
220	6	3	100	Molida	0,14
220	10	3	100	Sin moler	0,55
220	10	3	120	Molida	0,55
220	10	6	100	Molida	0,61
180	6	3	120	Molida	0,07
180	10	3	120	Sin moler	0,35
180	10	3	120	Sin moler	0,32
220	10	3	120	Molida	0,54
220	10	6	120	Sin moler	0,63
220	6	6	120	Molida	0,21
180	10	6	120	Molida	0,4
180	10	3	100	Molida	0,32
180	6	3	100	Sin moler	0,08
180	6	6	100	Molida	0,17
220	6	3	100	Molida	0,15
180	10	6	120	Molida	0,43
180	6	6	100	Molida	0,15
180	6	3	100	Sin moler	0,09
220	6	3	120	Sin moler	0,14

- Estas son las 32 pruebas que se deben realizar.

- Se puede observar que, en realidad, se trata de 16 combinaciones, cada una de ellas con dos réplicas. Asimismo, Minitab las despliega en orden aleatorio, que es el que se debe seguir.

- Con estos resultados, la tabla Anova es la siguiente:

Análisis de Varianza

Fuente	GL	SC Ajust.	MC Ajust.	Valor F	Valor p
Modelo	15	1.08009	0.072006	311.38	0.000
Lineal	5	1.03846	0.207692	898.13	0.000
Temp M	1	0.13520	0.135200	584.65	0.000
Tiempo M	1	0.85805	0.858050	3710.49	0.000
Tiempo E	1	0.04500	0.045000	194.59	0.000
Temp E	1	0.00001	0.000012	0.05	0.819
Mat Prima	1	0.00020	0.000200	0.86	0.366
Interacciones de 2 términos	10	0.04162	0.004162	18.00	0.000
Temp M*Tiempo M	1	0.04061	0.040612	175.62	0.000
Temp M*Tiempo E	1	0.00011	0.000112	0.49	0.496
Temp M*Temp E	1	0.00020	0.000200	0.86	0.366
Temp M*Mat Prima	1	0.00011	0.000113	0.49	0.496
Tiempo M*Tiempo E	1	0.00001	0.000012	0.05	0.819
Tiempo M*Temp E	1	0.00020	0.000200	0.86	0.366
Tiempo M*Mat Prima	1	0.00001	0.000013	0.05	0.819
Tiempo E*Temp E	1	0.00005	0.000050	0.22	0.648
Tiempo E*Mat Prima	1	0.00031	0.000313	1.35	0.262
Temp E*Mat Prima	1	0.00000	0.000000	0.00	1.000
Error	16	0.00370	0.000231		
Total	31	1.08379			

Los efectos significativos son:

- A: temperatura de moldeo.

- B: tiempo de moldeo.

- C: tiempo de enfriamiento.

- Interacción AB: temperatura de moldeo × tiempo de moldeo.

- Todos ellos con valores $p = 0.000$. El resto de los efectos, tanto individuales como interacciones, presentan valores $p > 0.050$.

También se debe notar que en esta tabla ya solo aparecen los efectos individuales y las interacciones dobles (las interacciones triples y mayores no se consideran en un diseño fraccionado).

- El diagrama de Pareto corrobora el resultado:

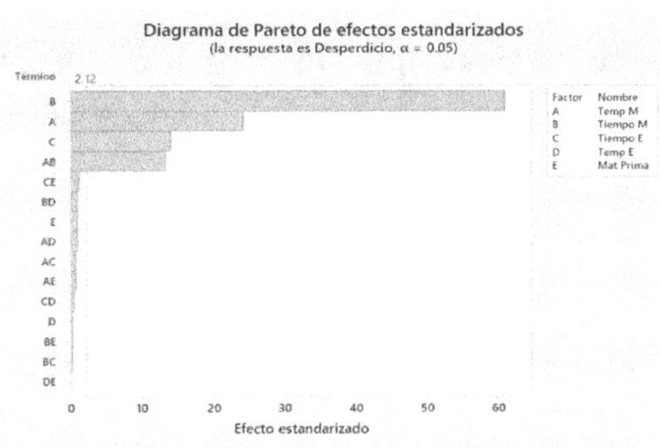

Las gráficas que resultan se muestran a continuación y de ellas se concluye que la combinación óptima de factores es:

- Factor A: temperatura de moldeo   **180 °C**
- Factor B: tiempo de moldeo   **6 minutos**
- Factor C: tiempo de enfriamiento   **3 minutos**
- Factor D: temperatura de enfriamiento   **La más económica**
- Factor E: tipo de materia prima   **La más económica**

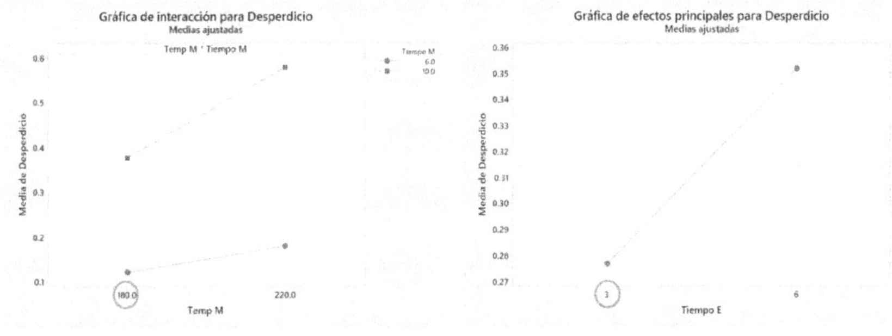

- Este ejemplo demuestra la gran utilidad de los diseños fraccionados cuando se desea hacer **experimentos con 4 o más factores,** ya que realizando solo una fracción de las pruebas (en este caso la mitad), se obtienen las mismas conclusiones que si se realizara el diseño factorial completo. Esto implica también que el tiempo y el costo invertidos para la experimentación se reducen considerablemente.

- En **Operadores Logísticos del Golfo** se realiza un experimento con el propósito de minimizar el porcentaje de merma por producto dañado durante el proceso de *picking* o preparación de pedidos.

- Los factores analizados y sus niveles son:

A	Número de *pickeadores*	4	6
B	Método de *picking*	cubos	piezas
C	Acomodo en almacén	vertical	horizontal
D	Ruta de *picking*	A	B
E	Número de estibas por tarima o palé	5	8

A	B	C	D	E	Porc. de Merma	
Pickeadores	Método	Acomodo	Ruta	Estibas	R1	R2
4	Cubos	Vertical	A	5	0.97	0.96
6	Cubos	Vertical	A	5	0.55	0.50
4	Piezas	Vertical	A	5	0.26	0.26
6	Piezas	Vertical	A	5	0.22	0.20
4	Cubos	Horizontal	A	5	0.71	0.74
6	Cubos	Horizontal	A	5	0.48	0.42
4	Piezas	Horizontal	A	5	0.18	0.20
6	Piezas	Horizontal	A	5	0.11	0.11
4	Cubos	Vertical	B	5	0.79	0.82
6	Cubos	Vertical	B	5	0.53	0.57
4	Piezas	Vertical	B	5	0.28	0.28
6	Piezas	Vertical	B	5	0.21	0.22
4	Cubos	Horizontal	B	5	0.73	0.71
6	Cubos	Horizontal	B	5	0.42	0.45
4	Piezas	Horizontal	B	5	0.20	0.20
6	Piezas	Horizontal	B	5	0.12	0.09
4	Cubos	Vertical	A	8	0.86	0.82
6	Cubos	Vertical	A	8	0.58	0.53
4	Piezas	Vertical	A	8	0.28	0.30
6	Piezas	Vertical	A	8	0.21	0.20
4	Cubos	Horizontal	A	8	0.70	0.73
6	Cubos	Horizontal	A	8	0.49	0.44
4	Piezas	Horizontal	A	8	0.21	0.20
6	Piezas	Horizontal	A	8	0.11	0.12
4	Cubos	Vertical	B	8	0.83	0.83
6	Cubos	Vertical	B	8	0.57	0.51
4	Piezas	Vertical	B	8	0.29	0.24
6	Piezas	Vertical	B	8	0.21	0.21
4	Cubos	Horizontal	B	8	0.73	0.71
6	Cubos	Horizontal	B	8	0.46	0.42
4	Piezas	Horizontal	B	8	0.20	0.18
6	Piezas	Horizontal	B	8	0.11	0.09

La tabla muestra los resultados para cada combinación de factores.

- Encontrar los niveles para cada factor que minimizan el producto dañado, utilizando un diseño fraccionado 5 − 1.

Análisis de regresión

Objetivos

1. Aplicar el análisis de regresión en la toma de decisiones de negocio.
2. Analizar e interpretar los resultados de programas estadísticos para modelos de regresión lineal, múltiple y polinomial.
3. Evaluar la significancia de las variables independientes en un modelo de regresión.

Contenidos

> ¿Qué es el análisis de regresión?
> Regresión lineal simple
> Regresión lineal múltiple
> Regresión polinomial
> Ejemplos y ejercicios

¿Qué es el análisis de regresión?

El análisis de regresión es la técnica usada para relacionar a través de un modelo, una o más variables independientes con una variable dependiente (respuesta).

Usos de la regresión:

1. Descripción: representar el comportamiento de un proceso.

2. Predicción y estimación: **predicción** es en base a un valor conocido de x. **Estimación** es en base a un valor desconocido de x.

3. Control: para obtener cierta respuesta deseada del proceso.

Regresión lineal simple

$$y = \beta_0 + \beta_1 x + \varepsilon$$

Donde:

- y = variable dependiente a modelar (respuesta).

- x = variable independiente (predictor de y).

- ε = componente de error (medición + natural). Variable aleatoria.

- β_0 = intersección. Si los datos incluyen el cero, representa la media de la distribución de **y** cuando **x = 0**. No tiene sentido si los datos no incluyen el cero.

- β_1 = pendiente. Es el cambio en la media de **y** por cada cambio unitario de **x**.

1. Estimación de los parámetros del modelo

Por medio del método de mínimos cuadrados, que consiste en minimizar el error de modelo, se obtienen:

$$\hat{\beta}_1 = \frac{Sxy}{Sxx}$$

$$Sxy = \sum xy - \frac{\left(\sum x\right)\left(\sum y\right)}{n}$$

$$Sxx = \sum x^2 - \frac{\left(\sum x\right)^2}{n}$$

$$\hat{\beta}_0 = \bar{y} - \hat{\beta}_1 \bar{x}$$

$$\hat{y} = \hat{\beta}_0 + \hat{\beta}_1 \bar{x}$$

Ejemplo

En **Operadores Logísticos del Golfo** se compara la cantidad de faltantes en almacén con el OTIF* en las últimas doce semanas:

Semana	Faltantes (X)	OTIF (Y)
7	10	88
8	6	93.9
9	5	95.5
10	8	90.5
11	7	92.6
12	3	96.3
13	0	99.8
14	1	99.1
15	2	97
16	7	92.2
17	11	85.8
18	8	90,9
	68	1.121,6

$$Sxy = \sum xy - \frac{(\sum x)(\sum y)}{n} = 6191.5 - \frac{68 \cdot 1121,6}{12} = -164.23$$

$$Sxx = \sum x^2 - \frac{(\sum x)^2}{n} = 522 - \frac{68^2}{12} = 136.67$$

$$\hat{\beta}_1 = \frac{Sxy}{Sxx} = \frac{-164.23}{136.67} = -1.202$$

$$\hat{\beta}_0 = \bar{y} - \hat{\beta}_1 \bar{x} = \frac{1121.6}{12} - (-1.202) \cdot \frac{68}{12} = 100.278$$

OTIF (Y) = 100.3 − 1.202 Faltantes (X)

* OTIF (siglas de *on-time, in full):* indicador de rendimiento logístico que calcula el porcentaje total de envíos que un proveedor entrega a tiempo y completos.

La gráfica de dispersión muestra lo siguiente:

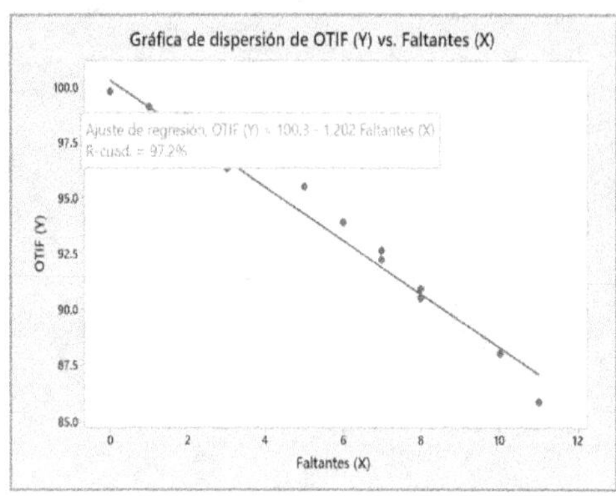

- La relación es negativa fuerte.
- El modelo de regresión es:
  OTIF (Y) = 100.3 − 1.202 Faltantes (X)
- Por cada unidad de aumento en los faltantes, el OTIF disminuye 1.202 unidades en promedio.
- Debido a que el cero está en el intervalo, el OTIF tendrá un valor cercano al 100 % cuando se tengan 0 faltantes.

2. Pruebas estadísticas al modelo resultante

Previo al **uso del modelo,** hay que realizar las siguientes pruebas:

2.1 Significancia de la regresión.

2.2 Significancia de la variable X.

2.3 Coeficiente de determinación R^2.

2.4 Coeficiente de correlación R.

2.5 Normalidad de los residuos.

2.6 Varianza constante de los residuos.

2.7 Independencia de los residuos.

2.8 Falta de ajuste *(lack of fit)*.

2.9 Relación PRESS/SCE.

2.10 Estadístico de Durbin-Watson.

2.1. Prueba de la significancia de la regresión

Ho: $\beta_1 = 0$ No existe relación lineal entre **x** e **y**. La regresión **no** tiene sentido.

Ha: $\beta_1 \neq 0$ **x** es valiosa para explicar la variación de **y**.

Elementos necesarios para obtener el **estadístico de prueba (F) para el significado (o sentido) de la regresión:**

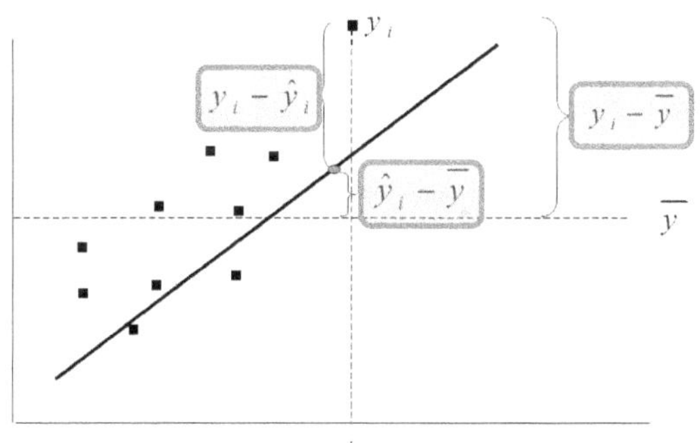

Considerando todos los puntos:

$$\sum (y_i - \overline{y})^2 = \sum (\hat{y}_i - \overline{y})^2 + \sum (y_i - \hat{y}_i)^2$$

$$\text{SCT} = \text{S}yy = \text{SCR} + \text{SCE}$$

SCT = Syy = variación total de los datos.

SCR = variación representada por el modelo de regresión.

SCE = variación residual no representada por la regresión.

$$\text{SCT} = \text{S}yy = \sum y_i^2 - \frac{(\sum y_i)^2}{n} \qquad \begin{aligned} \text{SCR} &= \hat{\beta}_1 \cdot \text{S}xy \\ \text{SCE} &= \text{SCT} - \text{SCR} \end{aligned}$$

Tabla Anova

Fuentes de variación	GL	SC	MC	F
Regresión	1	SCR	MCR = SCR/1	MCR/MCE
Error	$n-2$	SCE	MCE = SCE/$(n-2)$	
Total	$n-1$	SCT		

Se rechaza Ho si F > F (tablas) = $F_{\alpha;1;n-2}$ o si el valor $p < 0.05$

Ho: $\beta_1 = 0$

Ha: $\beta_1 \neq 0$

Es decir, la regresión tiene sentido y se cumple **Ha: $\beta_1 \neq 0$**

Resultado gráfico de la prueba:

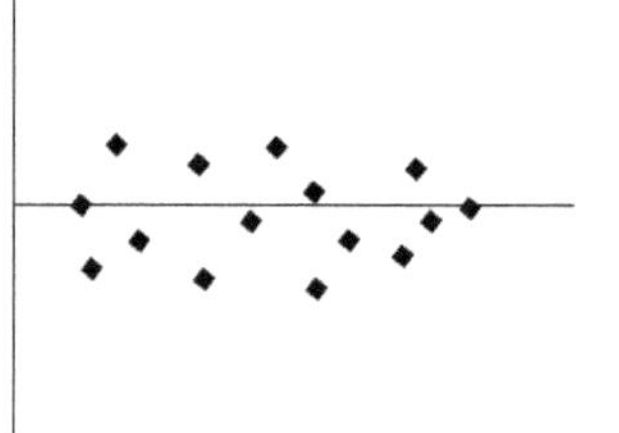

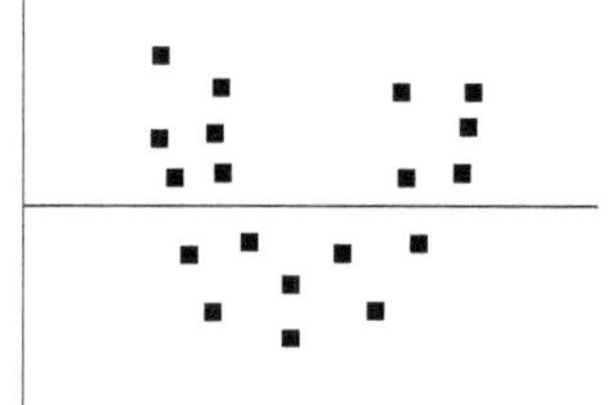

$\beta_1 = 0$. La regresión **no** tiene sentido.

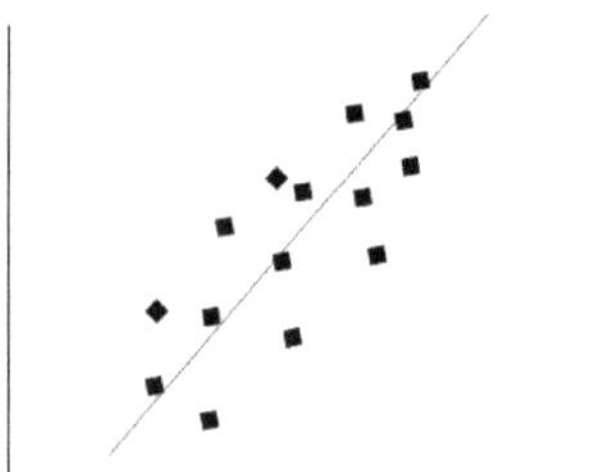

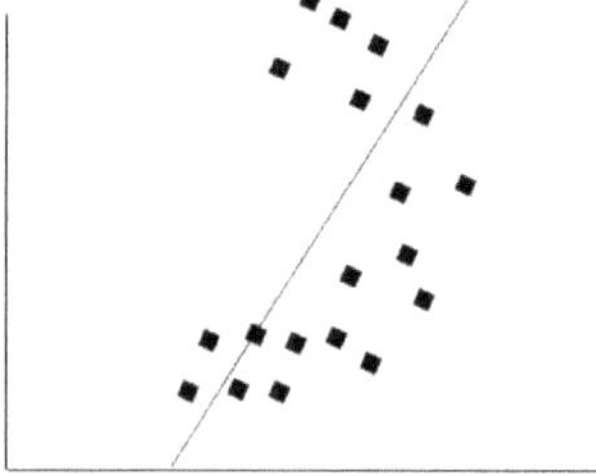

$\beta_1 \neq 0$. La regresión **sí** tiene sentido.

Ejemplo

Para el caso de **Operadores Logísticos del Golfo:**

$$\text{SCT} = Syy = \sum_i y^2 - \frac{(\sum y_i)^2}{n} = 105{,}035.3 - \frac{(1121.6)^2}{12} = 203.087$$

$$\text{SCR} = \hat{\beta}_1 \cdot Sxy = -1.202 \cdot (-164.23) = 197.404$$

$$\text{SCE} = Syy - \text{SCR} = 203.087 - 197.404 = 5.683$$

Fuentes de Variación	GL	SC	MC	F
Regresión	1	197.404	197.404	347.359
Error	10	5.683	0.5683	
TOTAL	11	203.087		

$$F_{\alpha;\, gl(R);\, gl(E)} = F_{0.05;\, 1;\, 10} = 4.965.$$

Como $347.359 > 4.965$ la regresión **sí** tiene sentido.

La tabla Anova elaborada con Minitab muestra lo siguiente:

Análisis de Varianza

Fuente	GL	SC Ajust.	MC Ajust.	Valor F	Valor p
Regresión	1	197.360	197.360	344.66	0.000
Faltantes (X)	1	197.360	197.360	344.66	0.000
Error	10	5.726	0.573		
Falta de ajuste	8	5.566	0.696	8.70	0.107
Error puro	2	0.160	0.080		
Total	11	203.087			

Para la regresión, el valor $p = 0.000 < 0.05$ por lo tanto la regresión sí tiene sentido. El valor F es el mismo ya calculado.

2.2. Prueba de la significancia de la variable X

Mediante el valor p correspondiente a la variable X, es posible determinar si debe permanecer en el modelo.

El valor p debe ser menor a 0.05 (α).

Ejemplo

La tabla Anova elaborada con Minitab muestra lo siguiente:

Coeficientes

Término	Coef	EE del coef.	Valor T	Valor p	FIV
Constante	100.276	0.427	234.88	0.000	
Faltantes (X)	-1.2017	0.0647	-18.56	0.000	1.00

Para los Faltantes (X), el valor $p = 0.000 < 0.05$; por lo que debe permanecer en el modelo.

2.3. Coeficiente de determinación R^2

$$R^2 = r^2 = \frac{\text{SCR}}{\text{SCT}} \quad 0 \le R^2 \le 1 \quad R^2 = \frac{197.360}{203.087} = 0.9718$$

Es la proporción de la variación explicada (representada) por el modelo de regresión.

Para el caso de **Operadores Logísticos del Golfo,** el 97.20 % de la variación en el **OTIF** es explicada por los **Faltantes**.

Se considera que el **coeficiente de determinación** es adecuado cuando se encuentra por arriba del 80 %.

2.4. Coeficiente de correlación

$$r = \frac{S_{xy}}{\sqrt{S_{yy} \cdot S_{xx}}} = \frac{n\sum xy - \sum x \sum y}{\sqrt{\left[n\sum x^2 - \left(\sum x\right)^2\right]\left[n\sum y^2 - \left(\sum y\right)^2\right]}} = \sqrt{R^2}$$

$$-1 \leq r \leq 1$$

Representa una medida del grado de asociación lineal entre **x** e **y**. Para el caso de **Operadores Logísticos del Golfo**:

$$r = \frac{-164.23}{\sqrt{(203.087) \cdot (136.67)}} = -0.986$$

Se confirma que la relación es fuerte y negativa.

Una **correlación** (positiva o negativa) es adecuada si su valor absoluto es mayor a 0.8 (Wheeler, 1995).

Suposiciones del modelo

El modelo a considerar incluye el término del error, y se supone que dichos errores siguen una distribución normal con varianza constante y que son independientes entre sí.

El incumplimiento de las suposiciones puede generar un modelo inestable desde el punto de vista de que diferentes muestras pueden producir modelos diferentes con conclusiones opuestas.

Los **residuos** representan al término del error en el modelo (ε):

- Regular: $e_i = y_i - \hat{y}_i$
- Estandarizado: $d_i = \dfrac{e_i}{\sqrt{\text{MCE}}}$

- Eliminado estudentizado: $r_i = \dfrac{e_i}{\sqrt{\text{MCE}\left[1 - \left(\frac{1}{n} + \frac{(x_i - \bar{x})^2}{S_{xx}}\right)\right]}}$

2.5. Prueba de normalidad

Si los residuos siguen una trayectoria aproximadamente lineal, se acepta su **normalidad**.

Para el caso de **Operadores Logísticos del Golfo**:

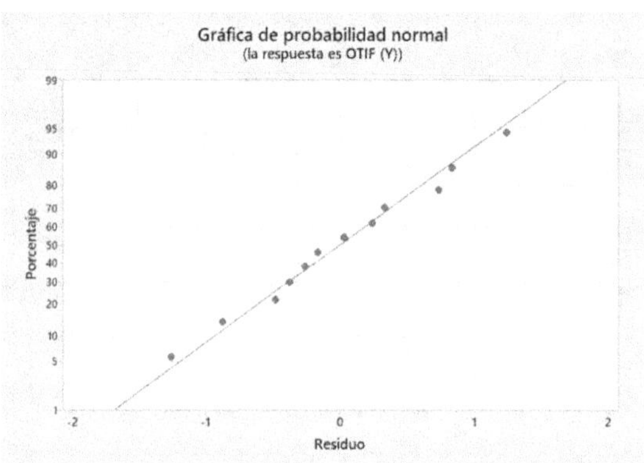

Se acepta la **normalidad.**

Ejemplo de no-normalidad

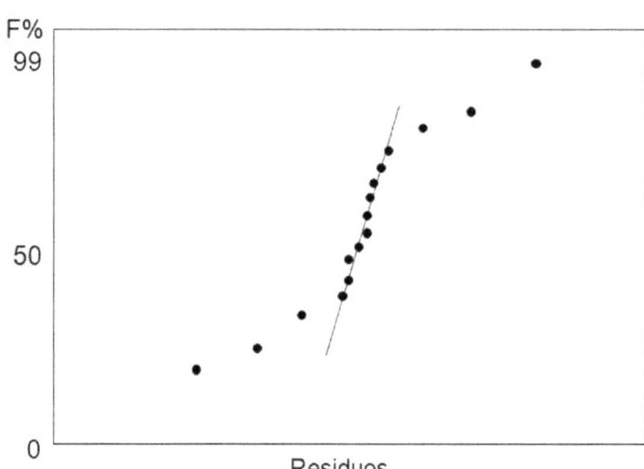

2.6. Prueba de varianza constante

1. Elaborar un gráfico de residuos versus $\hat{y}$.

2. Se acepta que la varianza es constante si la dispersión de los puntos es aproximadamente la misma (es decir, aproximadamente la misma cantidad de puntos por arriba y por debajo de la línea central).

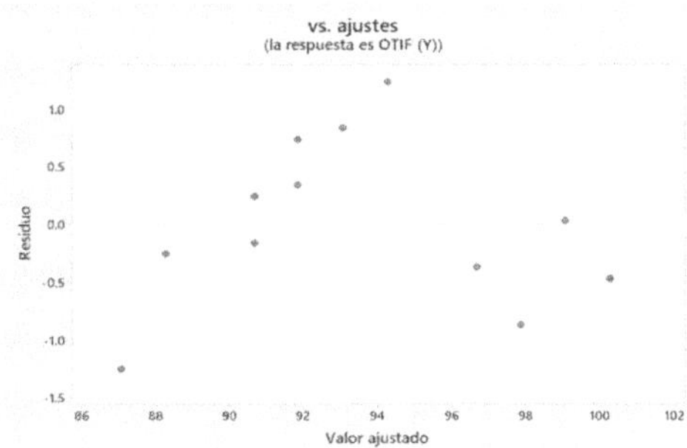

Para **Operadores Logísticos del Golfo** se acepta la **varianza constante.**

2.7. Prueba de independencia

- Al efectuar experimentos, se deberá registrar el orden en el que fueron realizados.

- La **prueba de independencia** consiste en elaborar un gráfico de los residuos versus el orden de cada experimento.

- Si se observan fluctuaciones aleatorias en una banda horizontal, la **independencia** se acepta.

- En caso contrario (es decir, si se observa un patrón en la gráfica), se deberá repetir el experimento prestando atención a la aleatorización de las pruebas.

- En caso de que el estudio no sea experimental, es importante buscar el orden en que se obtuvieron las observaciones.

Ejemplo

Para **Operadores Logísticos del Golfo:**

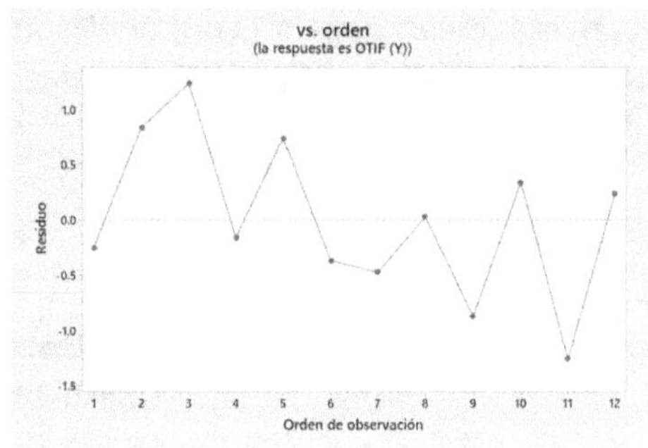

No se rechaza la **independencia.**

Ejemplos de no-independencia

Ejemplo de no-independencia

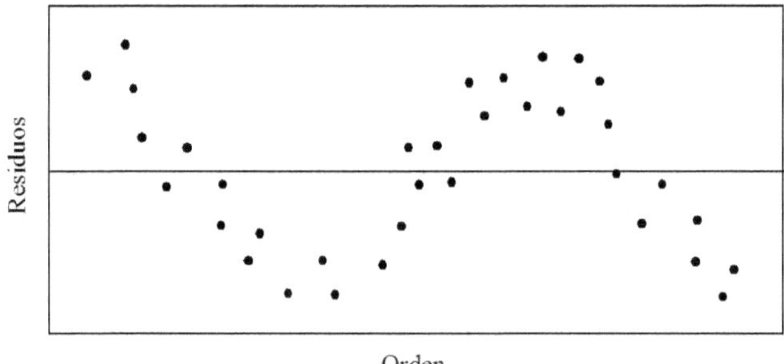

2.8. Prueba de falta de ajuste del modelo *(lack-of-fit)*

- La prueba de falta de ajuste asume que se cumplen las suposiciones del modelo.

- Se quiere probar:

$$\text{Ho: } y = \beta_0 + \beta_1 x + \varepsilon \qquad\qquad \text{Ha: } y \neq \beta_0 + \beta_1 x + \varepsilon$$

(El modelo lineal es el adecuado)   (El modelo lineal no es el adecuado)

Para realizar esta prueba se requiere tener observaciones repetidas de **y** para algunos valores de **x.**

En este caso queremos **ACEPTAR Ho:** ya que el **modelo lineal es apropiado.**
Por tanto, buscamos **p > 0,05.**

Procedimiento

El desarrollo de la prueba es el siguiente:

- Sea **m** el número de niveles totales de **x** (en este caso $m = 10$, ya que hay dos valores repetidos, el 7 y el 8).

- Sea n_i el número de observaciones en x_i $(i = 1...m)$.

- Sea y_{ij} la *j*-ésima observación de x_i $(j = 1...n_i)$.

- **n** = número total de observaciones. $n = \sum_{1}^{m} n_i$

El principio básico es la partición del error en dos componentes:

- Falta de ajuste (LOF).

- Error puro (PE).

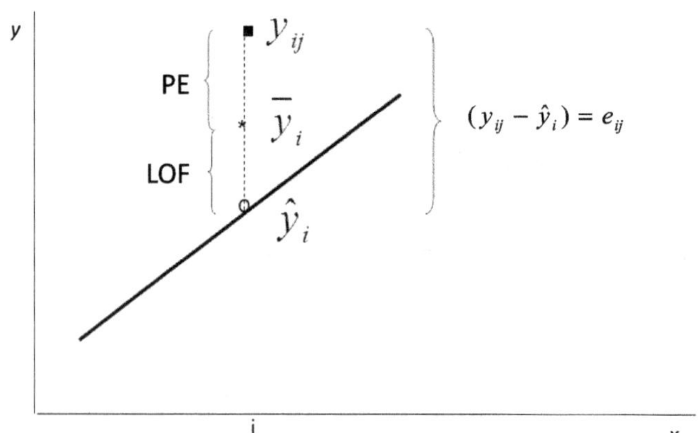

La tabla Anova elaborada con Minitab muestra lo siguiente:

Análisis de Varianza

Fuente	GL	SC Sec.	Contribución	SC Ajust.	MC Ajust.	Valor F	Valor p
Regresión	1	197.360	97.18%	197.360	197.360	344.66	0.000
Faltantes (X)	1	197.360	97.18%	197.360	197.360	344.66	0.000
Error	10	5.726	2.82%	5.726	0.573		
Falta de ajuste	8	5.566	2.74%	5.566	0.696	8.70	0.107
Error puro	2	0.160	0.08%	0.160	0.080		
Total	11	203.087	100.00%				

$$\text{EP:} \quad F = \frac{MC(LOF)}{MC(PE)} = \frac{0.696}{0.080} = 8.70$$

Rechazar Ho si, $F > F_{\alpha;m-2;n-m} = F_{0.05;9;1} = 250.54$ o si el valor $p < 0.05$.

Como 8.70 no es mayor que 250.54 y el valor $p = 0.107 > 0.05$, **no se rechaza** que el modelo lineal propuesto sea el adecuado.

Si F < F tablas (p > 0.05) no rechazamos Ho: el modelo lineal propuesto es apropiado (LOF < PE).

2.9. Relación PRESS/SCE

PRESS *(Predicted SSE):*

- Evalúa la **capacidad de predicción** del modelo.

- Se compara **PRESS contra SCE**, y de manera empírica, si la relación es menor a **2,** se considera que **el modelo es bueno para predecir.**

En el caso de **Operadores Logísticos del Golfo:**

Resumen del modelo

S	R-cuad.	R-cuad. (ajustado)	PRESS	R-cuad. (pred)	AICc	BIC
0.756721	97.18%	96.90%	8.62965	95.75%	34.18	32.63

Análisis de Varianza

Fuente	GL	SC Sec.	Contribución	SC Ajust.	MC Ajust.	Valor F	Valor p
Regresión	1	197.360	97.18%	197.360	197.360	344.66	0.000
Faltantes (X)	1	197.360	97.18%	197.360	197.360	344.66	0.000
Error	10	5.726	2.82%	5.726	0.573		
Falta de ajuste	8	5.566	2.74%	5.566	0.696	8.70	0.107
Error puro	2	0.160	0.08%	0.160	0.080		
Total	11	203.087	100.00%				

$$\text{PRESS/SCE} = \frac{8.62965}{5.726} = 1.507$$

El modelo se considera adecuado para hacer predicciones.

2.10. Estadístico de Durbin-Watson

Detecta **autocorrelación** entre los errores (falta de independencia de manera analítica).

Esta prueba supone que los errores siguen una distribución normal:

Ho: No existe correlación positiva, $p = 0$.

Ha: Existe correlación positiva, $p > 0$.

También se puede probar:

Ho: No existe correlación negativa, $p = 0$.

Ha: Existe correlación negativa, $p < 0$.

El estadístico de prueba es: $$\text{EP}: d = \frac{\sum_{t=2}^{n} (e_t - e_{t-1})^2}{\sum_{t=1}^{n} e_t^2}$$

Buscar **dL** y **dU** en las tablas de **Durbin-Watson** y llegar a una conclusión con base en la siguiente figura:

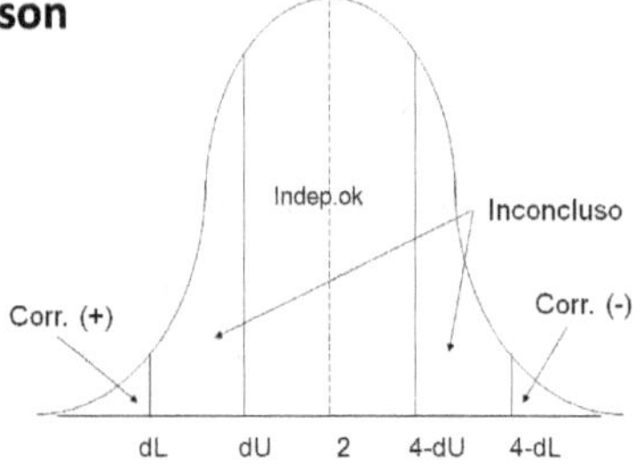

Se puede sospechar **autocorrelación** cuando una de las variables es el tiempo.

Para usar las tablas de **Durbin-Watson (DW)** es necesario conocer n (si es menor a 6, considerar $n = 6$), definir p (p = número de parámetros, βs, incluyendo el término independiente, es decir, la constante) y el nivel de α (que por lo general se fija en 5 %).

Ejemplo

En el caso de **Operadores Logísticos del Golfo**, con **Minitab** se obtiene:

$$\text{Estadístico de Durbin-Watson} = 2.20640$$

Para $n = 12$, $p = 2$ y $\alpha = 5$ % se obtiene de la tabla DW: dL = 0.97076 y dU = 1.33137, por lo tanto $4 - dU = 2.66863$ y $4 - dL = 3.02924$ y se concluye que **no** existe **autocorrelación** entre los errores.

La **autocorrelación** también puede detectarse al graficar los residuos contra el orden **(prueba de independencia)** y observar grupos de puntos de un solo lado de la línea central.

La **autocorrelación** en general es **provocada** cuando no se incluyen una o más variables importantes en el modelo; por ejemplo, al relacionar las ventas anuales de refresco contra los gastos en publicidad, la variable crecimiento poblacional (en el tiempo) debería estar incluida.

Los efectos de la **autocorrelación** son:

- estimadores ineficientes del modelo,
- se subestima el error, y
- los resultados de pruebas de hipótesis e intervalos de confianza pueden ser erróneos.

3. Predicción de nuevas observaciones

Previo a su uso en predicciones, verificar si el modelo aprobó todas las pruebas:

2.1 Significancia de la regresión. ✓

2.2 Significancia de la variable X. ✓

2.3 Coeficiente de determinación R^2. ✓

2.4 Coeficiente de correlación R. ✓

2.5 Normalidad de los residuos. ✓

2.6 Varianza constante de los residuos. ✓

2.7 Independencia de los residuos. ✓

2.8 Falta de ajuste *(lack of fit)*. ✓

2.9 Relación PRESS/SCE. ✓

2.10 Estadístico de Durbin-Watson. ✓

(diferente valor de **x** –dentro del rango– o un valor de los datos originales), se tienen dos intervalos de confianza: uno es para observaciones individuales y el otro es para la predicción promedio.

$$x_0 \rightarrow \hat{y}_0$$

- **Intervalo de prediccion para un** valor individual **(IP)**

$$\hat{y}_0 \pm t_{\alpha/2\,;\,n-2} \sqrt{\text{MCE}\left(1 + \frac{1}{n} + \frac{(x_0 - \bar{x})^2}{Sxx}\right)}$$

- **Intervalo de confianza para el** promedio **(IC)**

$$\hat{y}_0 \pm t_{\alpha/2\,;\,n-2} \sqrt{\text{MCE}\left(\frac{1}{n} + \frac{(x_0 - \bar{x})^2}{Sxx}\right)}$$

Ejemplo

En **Operadores Logísticos del Golfo** se desea predecir el valor del OTIF para un nivel de faltantes de 9:

Configuración

Variable	Valor de configuración
Faltantes (X)	9

Predicción

Ajuste	EE de ajuste	IC de 95%	IP de 95%
89.4610	0.307041	(88.7768, 90.1451)	(87.6414, 91.2806)

- Para el promedio el intervalo es: de 88.7768 a 90.1451.

- Para un valor individual, el intervalo es: de 87.6414 a 91.2806.

- Con una confianza del 95 %.

Ejercicio

En **Calzado Chelsea,** se realizan pruebas con diferentes tiempos de solidificación y se mide la dureza de la suela obtenida:

T-Solid (X)	Dureza (Y)
10	4.5
11	4.2
12	3.8
13	3.6
14	3.4
15	3.0
16	2.9
17	2.4
18	2.2
19	2.1
20	1.8

- Elaborar una **gráfica de dispersión** y determinar el tipo y grado de relación entre la variable de entrada y la variable de salida.

1. Construir un modelo de regresión y exponer interpretación sobre el mismo.
2. Realizar al modelo las 10 pruebas que aplican e interpretar cada una de ellas.
3. Predecir el intervalo de confianza para la dureza de la suela que se obtendrá con un tiempo de solidificación de 10 minutos y 30 segundos.

Consiste en generar modelos de regresión con más de una variable independiente *(Xs)*.

$$y = \beta_0 + \beta_1 x_1 + \beta_2 x_2 + \cdots + \beta_k x_k + \varepsilon$$

- n = número de datos.
- p = número de parámetros (βs).
- k = número de variables (Xs).
- ε = componente de error (medición + natural). Variable aleatoria.

La relación entre el número de parámetros y el número de variables es:

$$p = k + 1$$

β_i (i = 1...k) representa el cambio esperado en la respuesta **y** cuando x_i cambia una unidad, manteniendo constantes las demás **Xs**.

A las βs se les llama coeficientes de **correlación parcial.**

β_0 representa la intersección del hiperplano de regresión.

Si el rango de los datos **Xs** incluye $x_1 = x_2 = \ldots = x_k = 0$, β_0 representa la media de **y** cuando $x_1 = x_2 = \ldots = x_k = 0$.

El modelo en forma matricial es:

$$\vec{y} = \vec{X}\vec{\beta} + \vec{\varepsilon}$$

1. Estimación de los parámetros del modelo

Donde:

$$\vec{y} = \begin{bmatrix} y_1 \\ y_2 \\ \cdots \\ y_n \end{bmatrix} \qquad \vec{x} = \begin{bmatrix} 1 & x_{11} & x_{12} & \cdots & x_{1k} \\ 1 & x_{21} & x_{22} & \cdots & x_{2k} \\ \cdots & \cdots & \cdots & \cdots & \cdots \\ 1 & x_{n1} & x_{n2} & \cdots & x_{nk} \end{bmatrix} \qquad \vec{\beta} = \begin{bmatrix} \beta_0 \\ \beta_1 \\ \cdots \\ \beta_k \end{bmatrix} \qquad \vec{\varepsilon} = \begin{bmatrix} \varepsilon_1 \\ \varepsilon_2 \\ \cdots \\ \varepsilon_n \end{bmatrix}$$

La solución matricial es: $\hat{\vec{\beta}} = (\vec{X}'\vec{X})^{-1}\vec{X}'\vec{y}$

Para obtener el modelo: $\hat{\vec{y}} = \vec{x}\,\hat{\vec{\beta}}$

Ejemplo

En **Manufacturera Química** se realizan pruebas con diferentes temperaturas (en °C), velocidades de agitación (en rpm) y presiones (en psi) y se mide su efecto sobre el flujo de filtración (en litros/hora):

Temperatura (X1)	Velocidad (X2)	Presión (X3)	Flujo filtrado (Y)
101	848	10	49
120	845	12	44
115	847	26	46
140	837	34	38
123	844	23	43
107	847	11	47
130	840	32	41
135	838	12	38
105	846	21	47
110	845	23	45
118	845	32	44
138	836	25	37
125	845	31	44
132	840	19	40

Donde:

$$\vec{y} = \begin{bmatrix} 49 \\ 44 \\ \cdots \\ 40 \end{bmatrix} \qquad \vec{x} = \begin{bmatrix} 1 & 101 & 848 & 10 \\ 1 & 120 & 845 & 12 \\ \cdots & \cdots & \cdots & \cdots \\ 1 & 132 & 840 & 19 \end{bmatrix} \qquad \vec{\beta} = \begin{bmatrix} \hat{\beta}_0 \\ \hat{\beta}_1 \\ \cdots \\ \hat{\beta}_k \end{bmatrix}$$

$$\hat{\vec{y}} = \vec{x}\,\hat{\vec{\beta}}$$

Ecuación de regresión

Flujo filtrado(Y) $= -360{,}7 - 0{,}1455$ Temperatura$(X_1) + 0{,}4994$ Velocidad $(X_2) + 0{,}0177$ Presión (X_3)

2. Pruebas estadísticas al modelo resultante

En el caso de regresión múltiple, al modelo se le deben realizar las siguientes pruebas:

2.1 Significancia de la regresión.

2.2 Significancia de cada variable X.

2.3 Regresión por pasos (selección de variables).

2.4 Mejores subconjuntos (selección de variables).

2.5 Coeficiente de determinación R^2.

2.6 Coeficiente de determinación múltiple ajustado.

2.7 Normalidad de los residuos.

2.8 Varianza constante de los residuos.

2.9 Independencia de los residuos.

2.10 Relación PRESS/SCE.

2.11 Estadístico de Durbin-Watson.

2.12 Multicolinealidad.

2.1. Prueba de la significancia de la regresión

$$\text{Ho: } \beta_1 = \beta_2 = \ldots = \beta_k = 0$$

$$\text{Ha: } \beta_j \neq 0 \text{ para al menos una j}$$

El estadístico de prueba es:

$$EP : F = \frac{SCR \ / k}{SCE \ /(n - k - 1)} = \frac{MCR}{MCE}$$

- p = número de parámetros (βs).
- k = número de variables (Xs).
- $p = k + 1 \qquad n - k - 1 = n - p \qquad k = p - 1$

Rechazar Ho si $\ F > F_{\alpha ; k ; n - k - 1}$

2.2. Prueba de la significancia de cada variable X

$$Ho:\ \beta_j = 0$$

$$Ha:\ \beta_j \neq 0$$

El estadístico de prueba es:

$$EP : t = \frac{\hat{\beta}_j}{se(\hat{\beta}_j)} = \frac{\hat{\beta}_j}{\sqrt{\hat{\sigma}^2 c_{jj}}}$$

C_{jj} son los elementos de la diagonal de la matriz $(\vec{X}'\vec{X})^{-1}$

Rechazar Ho si, $|t| > t_{\alpha/2;\,n-k-1}$

Resultados para las pruebas 2.1 y 2.2 en el ejemplo

Resultados e interpretación usando Minitab:

Análisis de varianza

Fuente	GL	SC Sec.	Contribución	SC Ajust.	MC Ajust.	Valor F	Valor p
Regresión	3	180.513	98.68%	180.513	60.1710	249.10	0.000
Temperatura (X1)	1	171.700	93.86%	5.637	5.6370	23.34	0.001
Velocidad (X2)	1	8.590	4.70%	7.425	7.4249	30.74	0.000
Presión (X3)	1	0.223	0.12%	0.223	0.2230	0.92	0.359
Error	10	2.415	1.32%	2.415	0.2415		
Total	13	182.929	100.00%				

- La regresión tiene significancia: valor $p = 0.000 < 0.05$.

- La temperatura (X1) tiene significancia: valor $p = 0.001 < 0.05$.

- La velocidad (X2) tiene significancia: valor $p = 0.000 < 0.05$.

- La presión (X3) aparentemente no tiene significancia: valor $p = 0.359 > 0.05$ y debe quitarse del modelo.

2.3. Regresión por pasos *(stepwise regression)*

- Es un método para comprobar las variables que deben quedar en el modelo.

- Se inicia con un modelo vacío, excepto por β_0, y se agregan variables, una por una, tomando la variable que tenga la mayor correlación con **y.**

- Esta variable se incluye si su **F** es mayor que cierto valor preseleccionado (**F a entrar**).

- La segunda variable seleccionada es la que tenga mayor correlación parcial con **y.**

- A cada paso que se agrega una variable, todas las que ya se habían incluido anteriormente son reevaluadas por medio de pruebas **F** parciales para ver si vale la pena que sigan estando en el modelo a la luz de la incorporación de otras variables.

- Así también se tiene un valor **F a retirar.**

Ejemplo

Para el caso de **Manufacturera Química:**

Selección de términos escalonada

Términos candidatos: Temperatura (X1), Velocidad (X2), Presión (X3)

	----Paso 1----		----Paso 2----	
	Coef	P	Coef	P
Constante	-724.1		-379.6	
Velocidad (X2)	0.9099	0.000	0.5207	0.000
Temperatura (X1)			-0.1343	0.001
S		0.831090		0.489763
R-cuad.		95.47%		98.56%
R-cuad.(ajustado)		95.09%		98.30%
Cp de Mallows		24.31		2.92
AICc		40.79		28.81
BIC		40.31		26.92

α a entrar = 0.15, α a retirar = 0.15

Ecuación de regresión

Flujo Filtrado (Y) = -379.6 - 0.1343 Temperatura (X1) + 0.5207 Velocidad (X2)

Coeficientes

Término	Coef	EE del coef.	IC de 95%	Valor T	Valor p	FIV
Constante	-379.6	76.5	(-547.9, -211.3)	-4.96	0.000	
Temperatura (X1)	-0.1343	0.0277	(-0.1952, -0.0734)	-4.85	0.001	6.66
Velocidad (X2)	0.5207	0.0870	(0.3292, 0.7122)	5.98	0.000	6.66

Se comprueba que la presión (X3) **no** debe incluirse en el modelo.

2.4. Mejores subconjuntos *(best subsets)*

La regresión de mejores subconjuntos se utiliza también para determinar las variables que permanecen en el modelo.

Desarrolla modelos de regresión de las mejores combinaciones de las variables y calcula las siguientes medidas de desempeño:

R^2, R^2adj, Cp (Mallows)

$$Cp = \frac{SCE}{MCE} - n + 2p$$

- p = número de parámetros del subconjunto particular.
- SCE del modelo basado en el subconjunto particular.
- MCE del modelo completo (todas las variables).

Ejemplo

Para el caso de **Manufacturera Química:**

La respuesta es flujo filtrado (Y)

Vars	R-cuad.	R-cuad. (ajust)	R-cuad. (pred.)	Cp de Mallows	S	Temperatura (X1)	Velocidad (X2)	Presión (X3)
1	95.5	95.1	93.9	24.3	0.83109		X	
1	93.9	93.4	91.9	36.5	0.96732	X		
2	98.6	98.3	97.6	2.9	0.48976	X	X	
2	95.6	94.8	92.7	25.3	0.85559		X	X
3	98.7	98.3	97.4	4.0	0.49148	X	X	X

Se comprueba que la presión (X3) **no** debe incluirse en el modelo.

LSSI
LEAN SIX SIGMA INSTITUTE

2.5. Estimación de los parámetros del modelo

Con base en los resultados anteriores, se corrige el modelo de regresión, eliminando la variable presión (X3):

Ecuación de regresión

Flujo Filtrado (Y) = -379.6 − 0.1343 Temperatura (X1) + 0.5207 Velocidad (X2)

Las pruebas se realizarán sobre este modelo.

Ya no es necesario repetir las pruebas:

> 2.3. Regresión por pasos (selección de variables).
>
> 2.4. Mejores subconjuntos (selección de variables).

Resultados para las pruebas 2.1, 2.2 y 2.5 en el ejemplo

Resultados e interpretación usando **Minitab**:

Coeficientes

Término	Coef	EE del coef.	IC de 95%	Valor T	Valor p	FIV
Constante	-379.6	76.5	(-547.9, -211.3)	-4.96	0.000	
Temperatura (X1)	-0.1343	0.0277	(-0.1952, -0.0734)	-4.85	0.001	6.66
Velocidad (X2)	0.5207	0.0870	(0.3292, 0.7122)	5.98	0.000	6.66

Resumen del modelo

S	R-cuad.	R-cuad. (ajustado)	PRESS	R-cuad. (pred)	AICc	BIC
0.489763	98.56%	98.30%	4.32217	97.64%	28.81	26.92

- La regresión tiene significancia: valor $p = 0.000 < 0.05$.
- La temperatura (X1) tiene significancia: valor $p = 0.001 < 0.05$.
- La velocidad (X2) tiene significancia: valor $p = 0.000 < 0.05$.
- El coeficiente de determinación R^2 es adecuado: 98.56 % > 80 %.
  El 98.56 % de la variación en el flujo filtrado se explica por las variaciones en la temperatura y en la velocidad de agitación.

2.6. Coeficiente de determinación múltiple ajustado

Se define por: $$R^2adj = 1 - \frac{MCE}{MCT} = 1 - \frac{n-1}{n-p}(1 - R^2)$$

Siendo:

- n = número de observaciones.
- p = número de parámetros (βs).
- R^2 = SCR/SCT.

Si los dos valores **R²adj** y **R²** son muy diferentes significa que el modelo está sobreajustado.

R²adj penaliza al agregar variables que no son importantes en el modelo.

En este caso R²adj = 98.30 %, es prácticamente igual a R² = 98.56 %.

2.7. Prueba de normalidad

Para el caso de **Manufacturera Química**:

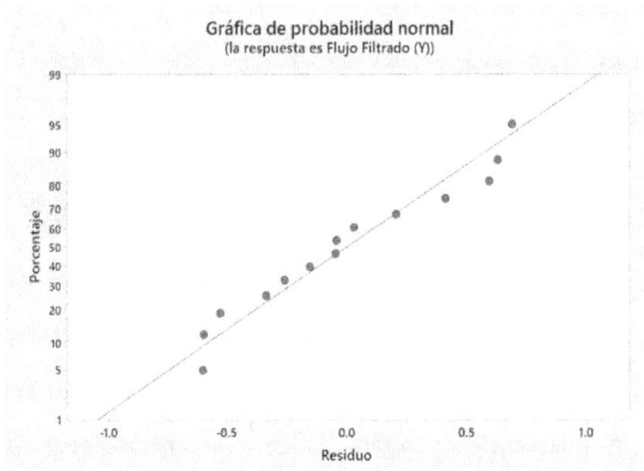

Se acepta la **normalidad.**

2.8. Prueba de varianza constante

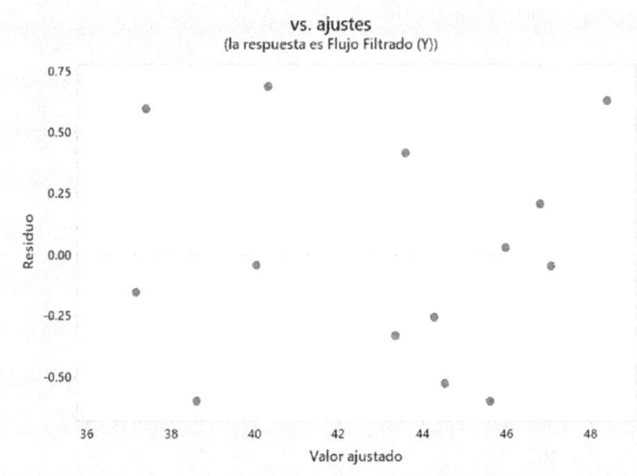

Para **Manufacturera Química** se acepta la **varianza constante.**

2.9. Prueba de independencia

Para **Manufacturera Química:**

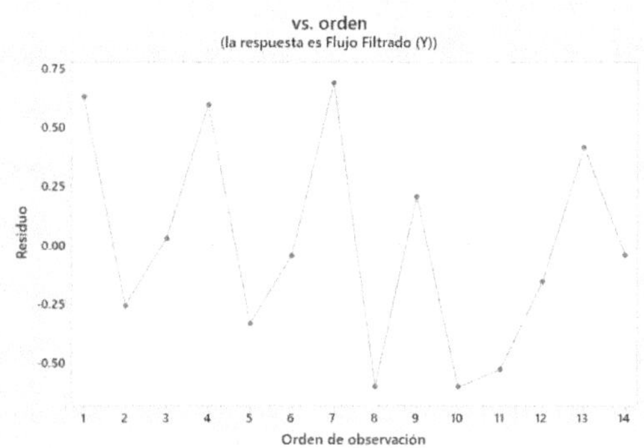

No se rechaza la **independencia.**

Resultados para las pruebas 2.10 y 2.11 en el ejemplo

Resumen del modelo

S	R-cuad.	R-cuad. (ajustado)	PRESS	R-cuad. (pred)	AICc	BIC
0.489763	98.56%	98.30%	4.32217	97.64%	28.81	26.92

Estadístico de Durbin-Watson

Estadístico de Durbin-Watson = 2.38858

Análisis de varianza

Fuente	GL	SC Sec.	Contribución	SC Ajust.	MC Ajust.	Valor F	Valor p
Regresión	2	180.290	98.56%	180.290	90.1450	375.81	0.000
Temperatura (X1)	1	171.700	93.86%	5.650	5.6500	23.55	0.001
Velocidad (X2)	1	8.590	4.70%	8.590	8.5900	35.81	0.000
Error	11	2.639	1.44%	2.639	0.2399		
Total	13	182.929	100.00%				

- El modelo tiene buena capacidad de predicción pues PRESS/SCE = 4.32217/2.639 = 1.638 < 2.

- El estadístico de Durbin-Watson = 2.38858. Con $n = 14$, $p = 3$ y $\alpha = 0.05$, se obtiene de las tablas DW: dL = 0.90544; dU = 1.55066; 4 − dU = 2.44934 y 4 − dL = 3.09456; por lo que no existe autocorrelación.

2.12. Multicolinealidad

Significa que algunas variables (**Xs**) pueden estar correlacionadas entre sí.

Indicaciones de **multicolinealidad** son las siguientes:

1. Correlaciones significativas entre pares de **Xs**.

2. Que los signos de algunos parámetros del modelo sean contrarios a lo esperado.

3. $\text{FIV}_i > 10$.

$$\text{FIV}_i = \frac{1}{1 - R_i^2} \quad i = 1...k \qquad R_i^2 \text{ del modelo sin incluir } x_i.$$

FIV: factor de inflación de la varianza, también denominado VIF por *variance inflation factor*.

Soluciones a la multicolinealidad:

1. Eliminar una o más variables del modelo (se puede usar el procedimiento **paso a paso** o *stepwise).*

2. Si se decide dejar todas las variables, evitar establecer relaciones causa-efecto entre **y** y las **Xs**.

La prueba de multicolinealidad se considera aprobada si los FIV de todas las variables son menores a 10.

En el ejemplo, FIV = 6.66 para las variables de temperatura y velocidad, lo cual indica que **no** existe multicolinealidad.

Coeficientes

Término	Coef	EE del coef.	IC de 95%	Valor T	Valor p	FIV
Constante	-379.6	76.5	(-547.9, -211.3)	-4.96	0.000	
Temperatura (X1)	-0.1343	0.0277	(-0.1952, -0.0734)	-4.85	0.001	6.66
Velocidad (X2)	0.5207	0.0870	(0.3292, 0.7122)	5.98	0.000	6.66

3. Predicción de nuevas observaciones

Previo a su uso en predicciones, verificar si el modelo aprobó todas las pruebas:

2.1 Significancia de la regresión. ✓
2.2 Significancia de cada variable X. ✓
2.3 Regresión por pasos (selección de variables). ✓
2.4 Mejores subconjuntos (selección de variables). ✓
2.5 Coeficiente de determinación R^2. ✓
2.6 Coeficiente de determinación múltiple ajustado. ✓
2.7 Normalidad de los residuos. ✓
2.8 Varianza constante de los residuos. ✓
2.9 Independencia de los residuos. ✓
2.10 Relación PRESS/SCE. ✓
2.11 Estadístico de Durbin-Watson. ✓
2.12 Multicolinealidad. ✓

Ejemplo

En **Manufacturera Química** se desea predecir el valor del flujo filtrado para una temperatura de 125°C y una velocidad de agitación de 840 rpm:

Configuración

Variable	Valor de configuración
Temperatura (X1)	125
Velocidad (X2)	840

Predicción

Ajuste	EE de ajuste	IC de 95%	IP de 95%
40.9830	0.221455	(40.4956, 41.4704)	(39.8000, 42.1660)

- Para el promedio el intervalo es: de 40.4956 a 41.4704.
- Para un valor individual, el intervalo es: de 39.8000 a 42.1660.
- Con una confianza del 95 %.

Ejercicio

En una empresa de fabricación se realizan pruebas con diferentes cantidades de solvente (en mililitros), volumen de reacción (en litros) y cantidades de catalizador (en gramos), con objeto de medir su efecto en el rendimiento de la reacción (en porcentaje):

Solvente(X1)	Volumen(X2)	Catalizador(X3)	Rendimiento(Y)
25	100	3	62
40	120	8	90
35	140	4	43
40	130	5	78
80	200	6	98
48	130	2	58
60	150	8	90
38	160	9	76
67	170	1	65
56	200	6	81
33	180	3	32
29	160	7	56

1. Construir un modelo de regresión y exponer la interpretación sobre el mismo.

2. Realizar al modelo las 12 pruebas que aplican e interpretar cada una de ellas. Recordar dejar en el modelo solo los factores significativos.

3. Predecir el intervalo de confianza para el rendimiento de la reacción que se obtendrá con una cantidad de solvente de 50 mL, un volumen de reacción de 110 L y una cantidad de catalizador de 5 g.

Regresión polinomial

Es un caso particular del modelo lineal en el cual los parámetros (βs) no son lineales.

El modelo polinomial de segundo orden y **una** variable es:

$$y = \beta_0 + \beta_1 x + \beta_2 x^2 + \varepsilon$$

El modelo polinomial de segundo orden y **dos** variables es:

$$y = \beta_0 + \beta_1 x_1 + \beta_2 x_2 + \beta_{11} x_1^2 + \beta_{22} x_2^2 + \beta_{12} x_1 x_2 + \varepsilon$$

$$y = \beta_0 + \beta_1 x + \beta_2 x^2 + \varepsilon$$

- β_0 = valor de $E(y)$ cuando x = 0 (solo si x = 0 está en el intervalo).

- β_1 = parámetro de traslación de la parábola (derecha, izquierda).

- β_2 = razón de curvatura (hacia arriba o hacia abajo).

Notas:

- Mantener el orden del polinomio lo más bajo posible (probar transformaciones en primer lugar, acorde a principio de parsimonia).

- La extrapolación puede ser muy arriesgada.

- Conviene usar la forma corregida del modelo para aumentar la precisión de los estimadores y evitar una posible multicolinealidad.

Procedimiento

1. Inicialmente, probar con un modelo lineal. Se recomienda elaborar la gráfica de dispersión para observar su forma (lineal o con curvatura).

2. Realizar de manera rápida las pruebas de:

   2.1. Coeficiente de determinación R^2.
   2.2. Estadístico de Durbin-Watson.
   2.3. Multicolinealidad (FIV).

3. En caso de que se observe autocorrelación (Durbin-Watson en la región de rechazo) o multicolinealidad (FIV > 10), probar con un modelo de segundo orden.

4. Si no se obtienen valores dentro de los criterios de aceptación, pero se observan mejoras, probar con un modelo de tercer orden.

5. Continuar elevando el orden hasta observar que se aprueben las tres pruebas iniciales (2.1, 2.2 y 2.3).

6. Si se eleva el orden y los parámetros de las pruebas no quedan dentro de los criterios de aceptación, probar con una transformación de la variable independiente.

7. Regresar al paso 2 (hacer las tres pruebas iniciales para el modelo de primer orden con la variable transformada) y, de ser necesario, continuar elevando el orden, hasta obtener un modelo que pase las tres pruebas iniciales.

8. Si elevando el orden con la variable transformada nuevamente se observa que los parámetros no quedan dentro de criterios de aceptación, intentar con otra transformación.

9. Una vez obtenido un modelo que apruebe las tres pruebas iniciales, realizar todas las pruebas que aplican.

Ejemplo

Considerar la relación existente entre el **contenido de carbón** y la **resistencia a la tensión** de un metal.

Carbón	Resistencia
10	3
12	8
14	12
15	18
18	25
22	28
25	30
28	32
30	36
35	37
40	40
45	44
50	45
55	46
60	49

Gráfica de dispersión

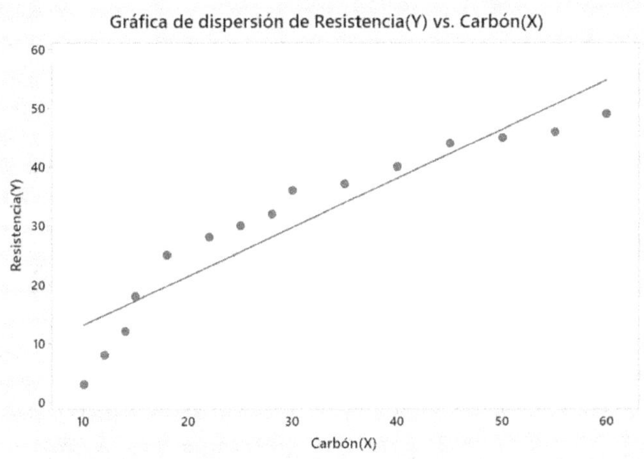

Pruebas iniciales con modelo lineal

Ecuación de regresión

Resistencia(Y) = 4.73 + 0.8323 Carbón(X)

Coeficientes

Término	Coef	EE del coef.	IC de 95%	Valor T	Valor p	FIV
Constante	4.73	2.99	(-1.74, 11.20)	1.58	0.138	
Carbón(X)	0.8323	0.0870	(0.6444, 1.0203)	9.57	0.000	1.00

Resumen del modelo

S	R-cuad.	R-cuad. (ajustado)	PRESS	R-cuad. (pred)	AICc	BIC
5.30043	87.56%	86.61%	515.766	82.44%	98.64	98.58

Estadístico de Durbin-Watson

Estadístico de Durbin-Watson = 0.280176

Este modelo presenta **autocorrelación** (Durbin-Watson muy bajo).

Se probará con un modelo de segundo orden.

Pruebas iniciales con modelo de segundo orden

Ecuación de regresión

Resistencia(Y) = -13.35 + 2.206 Carbón(X) - 0.02024 Carbón2(X2)

Coeficientes

Término	Coef	EE del coef.	IC de 95%	Valor T	Valor p	FIV
Constante	-13.35	3.31	(-20.55, -6.15)	-4.04	0.002	
Carbón(X)	2.206	0.227	(1.711, 2.701)	9.71	0.000	26.24
Carbón2(X2)	-0.02024	0.00328	(-0.02740, -0.01309)	-6.17	0.000	26.24

Resumen del modelo

S	R-cuad.	R-cuad. (ajustado)	PRESS	R-cuad. (pred)	AICc	BIC
2.70196	97.02%	96.52%	161.659	94.49%	81.04	79.87

Estadístico de Durbin-Watson

Estadístico de Durbin-Watson = 0.811808

Aunque en este modelo el Durbin-Watson aumentó, se observa multicolinealidad (FIV > 10). De cualquier modo, se probará con un modelo de tercer orden.

Pruebas iniciales con modelo de tercer orden

Ecuación de regresión

Resistencia(Y) = -30.95 + 4.315 Carbón(X) - 0.0903 Carbón2(X2) + 0.000679 Carbón3(X3)

Coeficientes

Término	Coef	EE del coef.	IC de 95%	Valor T	Valor p	FIV
Constante	-30.95	4.87	(-41.67, -20.23)	-6.36	0.000	
Carbón(X)	4.315	0.542	(3.121, 5.508)	7.96	0.000	341.08
Carbón2(X2)	-0.0903	0.0174	(-0.1287, -0.0519)	-5.18	0.000	1690.37
Carbón3(X3)	0.000679	0.000168	(0.000310, 0.001048)	4.05	0.002	560.15

Resumen del modelo

S	R-cuad.	R-cuad. (ajustado)	PRESS	R-cuad. (pred)	AICc	BIC
1.78895	98.80%	98.47%	61.4123	97.91%	72.03	68.91

Estadístico de Durbin-Watson

Estadístico de Durbin-Watson = 1.38187

A pesar de que el Durbin-Watson mejora, los valores de FIV son demasiado altos. Esta será la tendencia al continuar elevando el orden. Por lo tanto, se probará con la variable transformada.

Transformación de la variable independiente

Una transformación muy útil en estos casos es restar a cada valor de X el promedio de todos los valores de X. La tabla resultante es la siguiente:

Resistencia(Y)	(Carbón-m)(X)
3	-20.6
8	-18.6
12	-16.6
18	-15.6
25	-12.6
28	-8.6
30	-5.6
32	-2.6
36	-0.6
37	4.4
40	9.4
44	14.4
45	19.4
46	24.4
49	29.4

- Se puede observar que aproximadamente la mitad de los valores son negativos y la otra mitad son positivos.

- Se realizarán las tres pruebas iniciales al modelo de primer orden con la variable transformada.

Pruebas iniciales con modelo lineal

Ecuación de regresión

Resistencia(Y) = 30.20 + 0.8323 (Carbón-m)(X)

Coeficientes

Término	Coef	EE del coef.	IC de 95%	Valor T	Valor p	FIV
Constante	30.20	1.37	(27.24, 33.16)	22.07	0.000	
(Carbón-m)(X)	0.8323	0.0870	(0.6444, 1.0203)	9.57	0.000	1.00

Resumen del modelo

S	R-cuad.	R-cuad. (ajustado)	PRESS	R-cuad. (pred)	AICc	BIC
5.30043	87.56%	86.61%	515.766	82.44%	98.64	98.58

Estadístico de Durbin-Watson

Estadístico de Durbin-Watson = 0.280176

Este modelo presenta **autocorrelación** (Durbin-Watson muy bajo).

Se probará con un modelo de segundo orden.

Pruebas iniciales con modelo de segundo orden

Ecuación de regresión

Resistencia(Y) = 35.21 + 0.9674 (Carbón-m)(X) - 0.02024 (Carbón-m)2(X2)

Coeficientes

Término	Coef	EE del coef.	IC de 95%	Valor T	Valor p	FIV
Constante	35.21	1.07	(32.88, 37.54)	32.88	0.000	
(Carbón-m)(X)	0.9674	0.0495	(0.8596, 1.0752)	19.56	0.000	1.24
(Carbón-m)2(X2)	-0.02024	0.00328	(-0.02740, -0.01309)	-6.17	0.000	1.24

Resumen del modelo

S	R-cuad.	R-cuad. (ajustado)	PRESS	R-cuad. (pred)	AICc	BIC
2.70196	97.02%	96.52%	161.659	94.49%	81.04	79.87

Estadístico de Durbin-Watson

Estadístico de Durbin-Watson = 0.811808

En este modelo, el Durbin-Watson aumentó (aunque aún se encuentra en la región de autocorrelación), pero no se observa multicolinealidad.

Se probará con un modelo de tercer orden.

Pruebas iniciales con modelo de tercer orden

Ecuación de regresión

Resistencia(Y) = 35.995 + 0.6966 (Carbón-m)(X) - 0.02795 (Carbón-m)2(X2)
                 + 0.000679 (Carbón-m)3(X3)

Coeficientes

Término	Coef	EE del coef.	IC de 95%	Valor T	Valor p	FIV
Constante	35.995	0.735	(34.377, 37.613)	48.97	0.000	
(Carbón-m)(X)	0.6966	0.0745	(0.5327, 0.8606)	9.35	0.000	6.44
(Carbón-m)2(X2)	-0.02795	0.00289	(-0.03431, -0.02159)	-9.67	0.000	2.20
(Carbón-m)3(X3)	0.000679	0.000168	(0.000310, 0.001048)	4.05	0.002	9.12

Resumen del modelo

S	R-cuad.	R-cuad. (ajustado)	PRESS	R-cuad. (pred)	AICc	BIC
1.78895	98.80%	98.47%	61.4123	97.91%	72.03	68.91

Estadístico de Durbin-Watson

Estadístico de Durbin-Watson = 1.38187

Se analizará en que región queda el estadístico de Durbin-Watson, pues los FIV ya son cercanos a 10 (aún en la región aceptable).

- El estadístico de Durbin-Watson = 1.38187. Con n = 15, p = 4 y α = 0,05, se obtiene de las tablas DW: dL = 0.81396 y dU = 1.75014; por lo que el valor queda en la región de inconcluso. En este caso se aconseja examinar la gráfica de independencia:

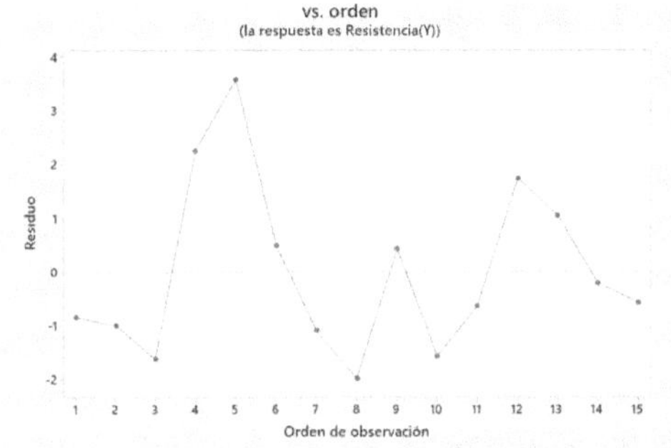

Debido a que no se observan patrones, esta prueba (y el estadístico de Durbin-Watson) se aprueban.

1. Estimación de los parámetros del modelo final

El modelo final es:

Ecuación de regresión

Resistencia(Y) = 35.995 + 0.6966 (Carbón-m)(X) − 0.02795 (Carbón-m)2(X2)
+ 0.000679 (Carbón-m)3(X3)

A este modelo se le harán las pruebas restantes (son las mismas que para regresión múltiple).

No es necesario repetir las pruebas que ya se realizaron.

2. Pruebas estadísticas al modelo final resultante

En el caso de regresión polinomial, al modelo se le deben realizar las siguientes pruebas:

2.1 Significancia de la regresión.

2.2 Significancia de cada variable X.

2.3 Regresión por pasos (selección de variables).

2.4 Mejores subconjuntos (selección de variables).

2.5 Coeficiente de determinación R^2. ✓

2.6 Coeficiente de determinación múltiple ajustado.

2.7 Normalidad de los residuos.

2.8 Varianza constante de los residuos.

2.9 Independencia de los residuos. ✓

2.10 Relación PRESS/SCE.

2.11 Estadístico de Durbin-Watson. ✓

2.12 Multicolinealidad. ✓

Resultados para las pruebas 2.1 y 2.2

Resultados e interpretación usando **Minitab**:

Análisis de varianza

Fuente	GL	SC Sec.	Contribución	SC Ajust.	MC Ajust.	Valor F	Valor p
Regresión	3	2901.20	98.80%	2901.20	967.065	302.17	0.000
(Carbón-m)(X)	1	2571.17	87.56%	279.84	279.835	87.44	0.000
(Carbón-m)2(X2)	1	277.62	9.45%	299.38	299.382	93.55	0.000
(Carbón-m)3(X3)	1	52.40	1.78%	52.40	52.403	16.37	0.002
Error	11	35.20	1.20%	35.20	3.200		
Total	14	2936.40	100.00%				

- La regresión tiene significancia: valor p = 0.000 < 0.05.

- El término (Carbón-m)(X) tiene significancia: valor p = 0.000 < 0.05.

- El término (Carbón-m)2(X2) tiene significancia: valor p = 0.000 < 0.05.

- El término (Carbón-m)3(X3) tiene significancia: valor p = 0.002 < 0.05.

Resultados para la prueba 2.3

Selección de términos escalonada

Términos candidatos: (Carbón-m)(X), (Carbón-m)2(X2), (Carbón-m)3(X3)

	-----Paso 1-----		-----Paso 2-----		-----Paso 3-----	
	Coef	P	Coef	P	Coef	P
Constante	30.20		35.21		35.995	
(Carbón-m)(X)	0.8323	0.000	0.9674	0.000	0.6966	0.000
(Carbón-m)2(X2)			-0.02024	0.000	-0.02795	0.000
(Carbón-m)3(X3)					0.000679	0.002
S	5.30043		2.70196		1.78895	
R-cuad.	87.56%		97.02%		98.80%	
R-cuad.(ajustado)	86.61%		96.52%		98.47%	
Cp de Mallows	103.12		18.37		4.00	
AICc	98.64		81.04		72.03	
BIC	98.58		79.87		68.91	

α a entrar = 0.15, α a retirar = 0.15

Se comprueba que los tres términos deben permanecer en el modelo.

Resultados para la prueba 2.4

Se comprueba que los tres términos deben permanecer en el modelo.

La respuesta es Resistencia(Y)

Vars	R-cuad.	R-cuad. (ajust)	R-cuad. (pred.)	Cp de Mallows	S	Carbón - m (X1)	Velocidad (X2)	Presión (X3)
1	87.6	86.6	82.4	103.1	5.3004	X		
1	63.2	60.4	23.0	326.3	9.1129			X
2	97.0	96.5	94.5	18.4	2.7020	X	X	
2	89.3	87.5	75.8	89.4	5.1238		X	X
3	98.8	98.5	97.9	4.0	1.7890	X	X	X

Resultados para las prueba 2.6 y 2.10

- En este caso R^2adj = 96.52 %, es prácticamente igual a R^2 = 97.02 %.

- El valor de PRESS/SCE = 61.4123/35.20 = 1.745 < 2; por lo tanto, el modelo se considera adecuado para predecir.

- Tener en cuenta que para las predicciones es necesario realizar al valor de *Carbón* la misma transformación aplicada para encontrar el modelo adecuado (restar el valor del promedio).

2.7. Prueba de normalidad

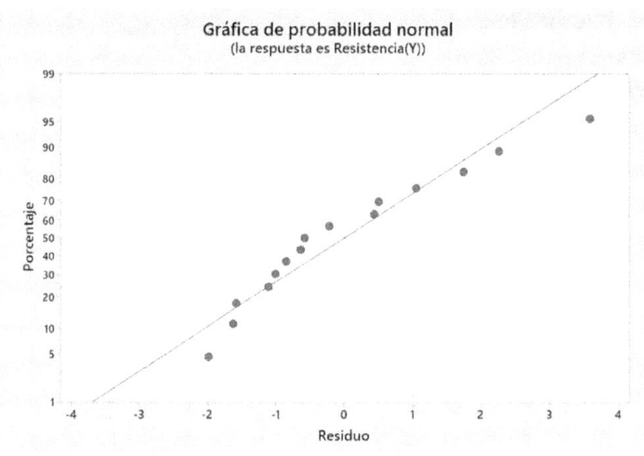

Se acepta la **normalidad.**

2.8. Prueba de varianza constante

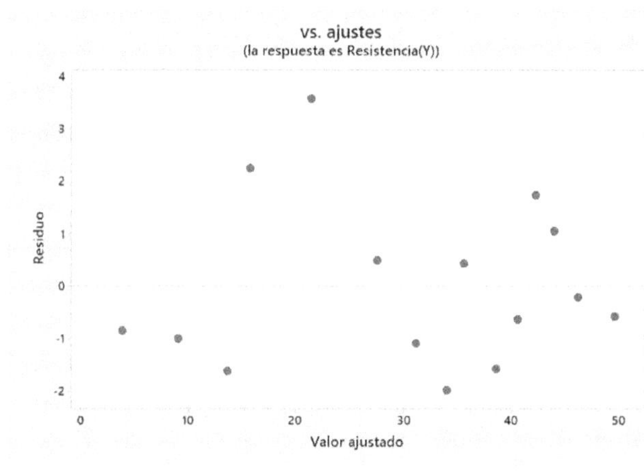

Se acepta la **varianza constante.**

Analizar la relación entre la
presión de un gas (Y) con base
en la **temperatura (X)** del mismo.

Temperatura	Presión
100	50
110	40
120	30
130	25
140	21
150	22
160	21
170	27
180	30
190	40
200	47
210	50
220	60
230	70
240	80

Superficies de respuesta 

Objetivos

1. Aprender a utilizar la técnica de superficies de respuesta para la localización de un punto óptimo.
2. Establecer los valores de los factores que optimizan el valor de la variable respuesta.

Contenidos

> Definición
> Procedimiento
> Ejemplo
> Diseño con puntos centrales
> Método del ascenso/descenso más pronunciado
> Diseño central compuesto (DCC)
> Obtención del punto estacionario
> Ejercicio

Definición

Es una técnica de modelación del cumplimento de una característica seleccionada de un proceso.

Objetivo:

Encontrar una *mejor región de operación* para dicha característica.

El procedimiento se divide en tres etapas principales:

1. Aplicar un modelo de *primer orden* (diseño factorial con puntos centrales).
2. Aplicar el *método del ascenso/descenso* más pronunciado.
3. Si existe curvatura en la respuesta, aplicar un modelo de *segundo orden.*

Fuente: Box y Draper (1987); Montgomery (1997); Myers y Montgomery (1995).

Procedimiento

A. **Aplicar un modelo de primer orden.**

1. Elaborar un diseño factorial para definir factores e interacciones significativas y obtener el modelo de regresión de primer orden correspondiente.
2. Hacerle al modelo todas las pruebas.
3. Establecer el modelo de regresión final.
4. Elaborar las gráficas factoriales para definir los niveles (de entre los que se probaron) en los que se obtiene la mejor respuesta.
5. Elaborar la gráfica de contorno para establecer la dirección en que deberán realizarse nuevos experimentos y con ello optimizar la variable de respuesta.

 LSSI
LEAN SIX SIGMA INSTITUTE

B. Agregar al modelo los experimentos de punto central para determinar que no existe curvatura en la región estudiada.

    6. Demostrar la no significancia de la curvatura.

C. Aplicar el método del ascenso/descenso más pronunciado para encontrar la región de la vecindad del punto óptimo.

    7. Determinar la vecindad del punto óptimo.

D. Plantear un diseño central compuesto con objeto de definir el modelo de segundo orden en la región del punto óptimo.

    8. Hacer las pruebas al modelo de segundo orden.

    9. Elaborar la gráfica de contorno para establecer una aproximación visual del punto óptimo.

E. Obtención del punto estacionario.

En el experimento de un helicóptero Delta, un equipo obtuvo los resultados mostrados en esta tabla.*

* El tiempo está en segundos y centésimas de segundo. Por ejemplo, 176 significa 1 segundo y 76 centésimas.

Este primer diseño se realizó con dos réplicas genuinas.

El equipo desea diseñar el helicóptero que obtenga el mayor tiempo de vuelo posible.

Alas	Cuerpo	Ancho	Tiempo
2	2	1.0	176
3	2	1.0	225
2	3	1.0	159
3	3	1.0	211
2	2	1.5	171
3	2	1.5	224
2	3	1.5	158
3	3	1.5	195
2	2	1.0	170
3	2	1.0	212
2	3	1.0	159
3	3	1.0	197
2	2	1.5	186
3	2	1.5	227
2	3	1.5	154
3	3	1.5	215

1. Diseño factorial

Como primer paso, se analiza el diseño factorial para determinar los factores e interacciones significativas:

Coeficientes codificados

Término	Efecto	Coef	EE del coef.	Valor T	Valor p	FIV
Constante		189.94	2.03	93.74	0.000	
Alas	46.63	23.31	2.03	11.51	0.000	1.00
Cuerpo	-17.88	-8.94	2.03	-4.41	0.002	1.00
Ancho	2.63	1.31	2.03	0.65	0.535	1.00
Alas*Cuerpo	0.37	0.19	2.03	0.09	0.929	1.00
Alas*Ancho	1.37	0.69	2.03	0.34	0.743	1.00
Cuerpo*Ancho	-3.63	-1.81	2.03	-0.89	0.397	1.00
Alas*Cuerpo*Ancho	0.63	0.31	2.03	0.15	0.881	1.00

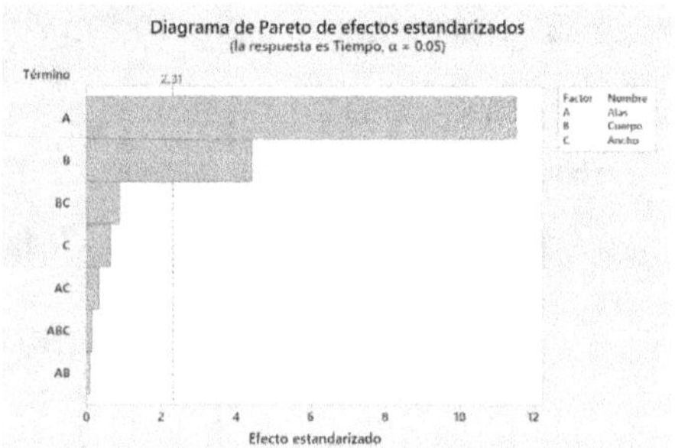

Se descartan del modelo, uno a uno, los factores e interacciones no significativos, iniciando por el menos significativo (en este caso, AB). El modelo final es el siguiente:

Ecuación de regresión en unidades no codificadas

Tiempo = 118.1 + 46.63 Alas - 17.88 Cuerpo

Análisis de Varianza

Fuente	GL	SC Ajust.	MC Ajust.	Valor F	Valor p
Modelo	2	9973.6	4986.81	105.36	0.000
Lineal	2	9973.6	4986.81	105.36	0.000
Alas	1	8695.6	8695.56	183.72	0.000
Cuerpo	1	1278.1	1278.06	27.00	0.000
Error	13	615.3	47.33		
Falta de ajuste	5	89.8	17.96	0.27	0.915
Error puro	8	525.5	65.69		
Total	15	10588.9			

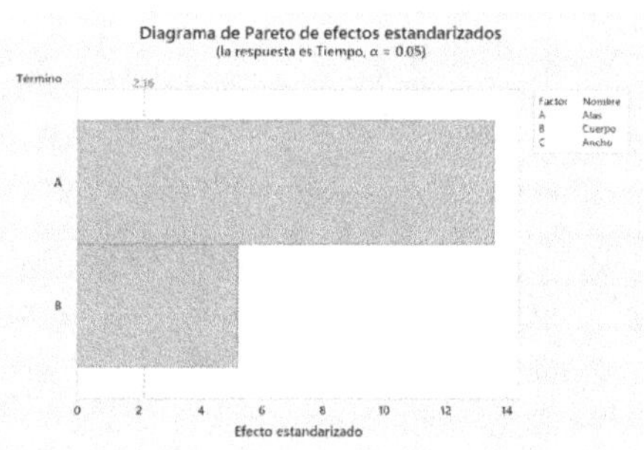

2. Pruebas al modelo de regresión

Tenemos una **regresión múltiple,** por lo que al modelo se le deben realizar las siguientes pruebas:

2.1 Significancia de la regresión (modelo).

2.2 Significancia de cada variable X.

2.3 Regresión por pasos (selección de variables).

2.4 Mejores subconjuntos (selección de variables).

2.5 Coeficiente de determinación R^2.

2.6 Coeficiente de determinación múltiple ajustado.

2.7 Normalidad de los residuos.

2.8 Varianza constante de los residuos.

2.9 Independencia de los residuos.

2.10 Relación PRESS/SCE.

2.11 Estadístico de Durbin-Watson.

2.12 Multicolinealidad.

Resultados para las pruebas 2.1 y 2.2

Resultados e interpretación usando **Minitab:**

Análisis de Varianza

Fuente	GL	SC Ajust.	MC Ajust.	Valor F	Valor p
Modelo	2	9973.6	4986.81	105.36	0.000
Lineal	2	9973.6	4986.81	105.36	0.000
Alas	1	8695.6	8695.56	183.72	0.000
Cuerpo	1	1278.1	1278.06	27.00	0.000
Error	13	615.3	47.33		
Falta de ajuste	5	89.8	17.96	0.27	0.915
Error puro	8	525.5	65.69		
Total	15	10588.9			

- La regresión tiene significancia: valor $p = 0.000 < 0.05$.

- *Alas* tiene significancia: valor $p = 0.000 < 0.05$.

- *Cuerpo* tiene significancia: valor $p = 0.000 < 0.05$.

Resultados para las pruebas 2.3 y 2.4

Selección de términos escalonada

Términos candidatos: Alas, Cuerpo

	----Paso 1----		-----Paso 2----	
	Coef	P	Coef	P
Constante	73.4		118.1	
Alas	46.63	0.000	46.63	0.000
Cuerpo			-17.88	0.000
S		11.6293		6.87981
R-cuad.		82.12%		94.19%
R-cuad.(ajustado)		80.84%		93.30%
Cp de Mallows		28.00		3.00
AICc		129.78		115.44
BIC		130.10		114.89

α a entrar = 0.15, α a retirar = 0.15

la respuesta es Tiempo

Vars	R-cuad.	R-cuad. (ajust)	R-cuad. (pred.)	Cp de Mallows	S	Alas	Cuerpo
1	82.1	80.8	76.6	28.0	11.629	X	
1	12.1	5.8	0.0	184.7	25.789		X
2	94.2	93.3	91.2	3.0	6.8798	X	X

Se comprueba que ambas variables deben permanecer en el modelo.

Resultados para las pruebas 2.5 y 2.6

Resumen del modelo

S	R-cuad.	R-cuad. (ajustado)	PRESS	R-cuad. (pred)	AICc	BIC
6.87981	94.19%	93.30%	932.071	91.20%	115.44	114.89

Tanto R^2 como R^2 ajustado se encuentran por encima del 80 % y bastante cercanos uno al otro.

LSSI
LEAN SIX SIGMA INSTITUTE

Resultados para las pruebas 2.7, 2.8 y 2.9

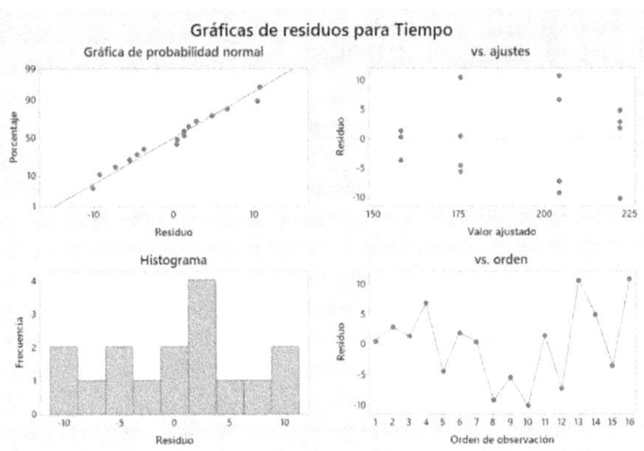

Se aprueban la normalidad, la varianza constante y la independencia de los residuos.

Resultados para las pruebas 2.10, 2.11 y 2.12

PRESS = 932,071   SCE = 615,3   PRESS/SCE = 1,514

Es menor a 2, por lo tanto, el modelo es bueno para predecir.

Estadístico de Durbin-Watson

Estadístico de Durbin-Watson = 1.89589

Para $n = 16$, $p = 3$ y $\alpha = 0,05$

dL = 0.98204; dU = 1.5386; 4-dU = 2.4614 y 4-dL = 3.01796

Por lo que no existe autocorrelación.

Coeficientes codificados

Término	Efecto	Coef	EE del coef.	Valor T	Valor p	FIV
Constante		189.94	1.72	110.43	0.000	
Alas	46.63	23.31	1.72	13.55	0.000	1.00
Cuerpo	-17.88	-8.94	1.72	-5.20	0.000	1.00

Tampoco existe multicolinealidad.

3. Modelo final

El modelo final pasa todas las pruebas.

Coeficientes codificados

Término	Efecto	Coef	EE del coef.	Valor T	Valor p	FIV
Constante		189.94	1.72	110.43	0.000	
Alas	46.63	23.31	1.72	13.55	0.000	1.00
Cuerpo	-17.88	-8.94	1.72	-5.20	0.000	1.00

El modelo para el experimento en unidades codificadas es:

Tiempo = 189.94 + 23.31 alas − 8.94 cuerpo.

4. Gráficas factoriales

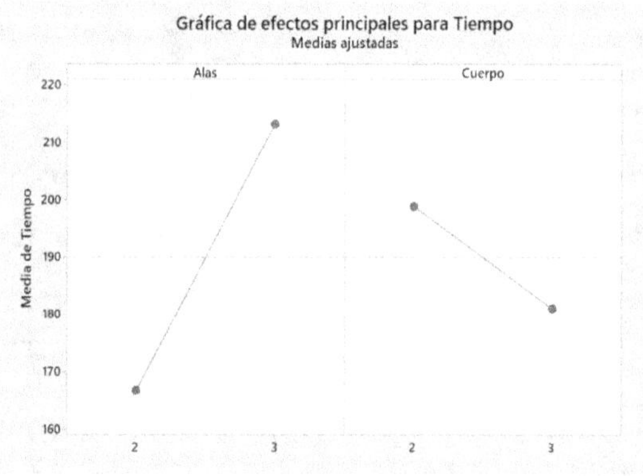

Los valores para maximizar la respuesta (tiempo de vuelo, en segundos) son:
Alas = 3 s y cuerpo = 2 s.

5. Gráfica de contorno

La gráfica de contorno muestra que se debe aumentar la dimensión de las alas y disminuir la dimensión del cuerpo.

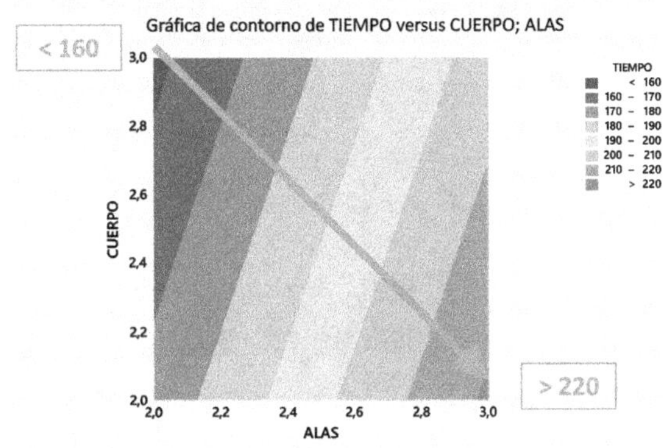

De acuerdo con las conclusiones iniciales, para maximizar la respuesta se deben realizar más experimentos: **incrementar el tamaño de las alas y disminuir el tamaño del cuerpo**.

Para comprobar la **ausencia o presencia de curvatura**, ejecutar el experimento con **tres puntos centrales (alas 2.5 s, cuerpo 2.5 s y ancho 1.25 s)**.

Alas	Cuerpo	Ancho	Tiempo
2	2	1.0	176
3	2	1.0	225
2	3	1.0	159
3	3	1.0	211
2	2	1.5	171
3	2	1.5	224
2	3	1.5	158
3	3	1.5	195
2	2	1.0	170
3	2	1.0	212
2	3	1.0	159
3	3	1.0	197
2	2	1.5	186
3	2	1.5	227
2	3	1.5	154
3	3	1.5	215
2.5	2.5	1.25	195
2.5	2.5	1.25	189
2.5	2.5	1.25	185

6. Significancia de la curvatura

Análisis de Varianza

Fuente	GL	SC Ajust.	MC Ajust.	Valor F	Valor p
Modelo	3	9973.8	3324.60	74.88	0.000
Lineal	2	9973.6	4986.81	112.32	0.000
Alas	1	8695.6	8695.56	195.85	0.000
Cuerpo	1	1278.1	1278.06	28.79	0.000
Curvatura	1	0.2	0.19	0.00	0.949
Error	15	666.0	44.40		
Falta de ajuste	5	89.8	17.96	0.31	0.895
Error puro	10	576.2	57.62		
Total	18	10639.8			

Coeficientes codificados

Término	Efecto	Coef	EE del coef.	Valor T	Valor p	FIV
Constante		189.94	1.67	114.02	0.000	
Alas	46.63	23.31	1.67	13.99	0.000	1.00
Cuerpo	-17.88	-8.94	1.67	-5.37	0.000	1.00
Pt Ctral		-0.27	4.19	-0.06	0.949	1.00

La curvatura no es significativa ($p = 0.949 > 0.05$).

El modelo, en unidades codificadas, no cambia:

Tiempo = 189.94 + 23.31 alas − 8.94 cuerpo.

Para moverse en dirección del óptimo de la respuesta (maximizar):

1. Definir el incremento del movimiento (ΔX_i) con base en la variable que más se conoce o el factor con mayor coeficiente $\hat{\beta}_i$ (en valor absoluto) en el modelo.

   Las *Xs* son variables *codificadas* (sus niveles son −1 y 1 en lugar de los niveles *reales* u *originales*).

2. El incremento en otras variables será:

$$\Delta X_j = \frac{\hat{\beta}_j \Delta X_i}{\hat{\beta}_i} \quad \forall j, j \neq i$$

Para **minimizar** la respuesta, cambiar los signos de las β.

3. Convertir los incrementos de los valores codificados, en incrementos de los valores de las variables originales (O_i).

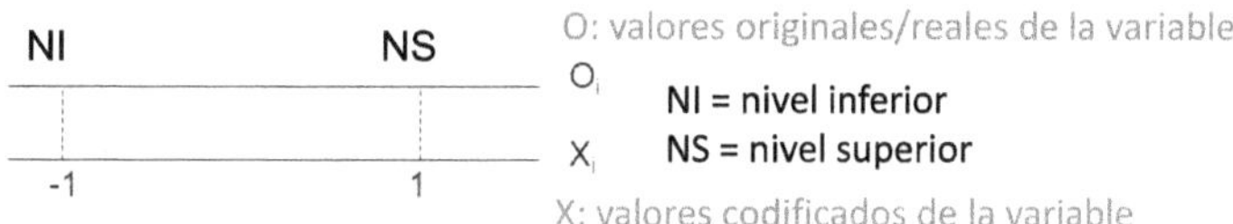

Equivalencia:

NS − NI ------- 2
ΔO_i ----------- ΔX_i

$$\Delta O_i = \frac{(NS - NI)\Delta X_i}{2}$$

$$\Delta X_i = \frac{2\Delta O_i}{(NS - NI)}$$

El modelo, en unidades codificadas, es:

Tiempo = 189.94 + 23.31 alas − 8.94 cuerpo.

A continuación hay que buscar mejores condiciones de operación aplicando el método de ascenso/descenso más pronunciado.

1. Considerar el incremento a voluntad de $\Delta O_1 = 0.5$ s, por tanto ΔX_1 para alas es:

$$\Delta X_1 = \frac{2 \cdot \Delta O_1}{NS - NI} = \frac{2 \cdot 0.5}{3 - 2} = 1$$

2. Incremento en la variable (ΔX_2 = Cuerpo):

$$\Delta X_2 = \frac{\hat{\beta}_2 \cdot \Delta X_1}{\hat{\beta}_1} = \frac{-8.94 \cdot 1}{23.31} = -0.3835$$

Nota: La dirección para maximizar la respuesta es moverse **23.31** unidades en **alas** por cada **−8.94** unidades en **cuerpo**. Si se quisiera minimizar, la dirección sería la contraria.

3. Convertir los incrementos en valores de las variables originales (O_i), siendo $\Delta O_1 = 0.5$ s:

$$\Delta O_2 = \frac{(NS - NI) \cdot \Delta X_2}{2} = \frac{(3-2) \cdot (-0.3835)}{2} = -0.192$$

Como el factor **ancho** no es significativo, se deja en **1 s.**

	X_1	X_2	O_1	O_2	
P. Centrales	0.000	0.000	2.500	2.500	
Delta	**1.000**	**-0.3835**	**0.500**	**-0.192**	**Tiempo**
1 Delta	1.000	-0.3835	3.000	2.308	224.67
2 Delta	2.000	-0.767	3.500	2.117	247.33
3 Delta	3.000	-1.1505	4.000	1.925	282.33
4 Delta	4.000	-1.534	4.500	1.733	229.67

La respuesta **tiempo** es el promedio de tres lanzamientos. En Delta 4 el helicóptero presenta mucha variación, además de un vuelo inestable.

7. Vecindad del punto óptimo

Alas	Cuerpo	Tiempo
3.000	2.308	224.67
3.500	2.117	247.33
4.000	1.925	282.33
4.500	1.733	229.67

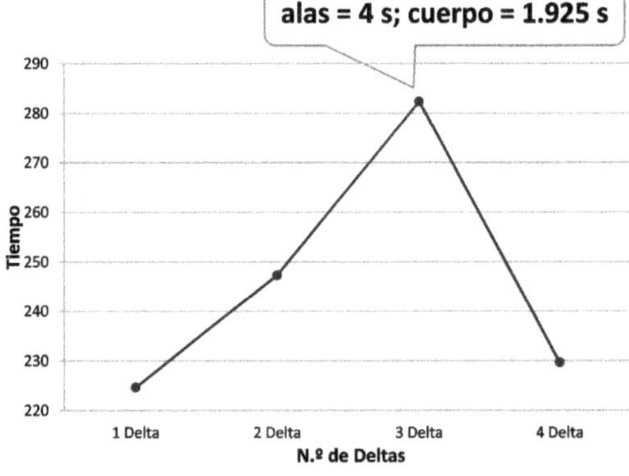

Cerca (vecindad) de **alas 4 s** y **cuerpo 1.925 s** (paso 3) se encuentran las mejores condiciones de operación para **maximizar el tiempo de vuelo.**

Diseño central compuesto (DCC)

Se aplicará un modelo de segundo orden o **diseño central compuesto (DCC)**.

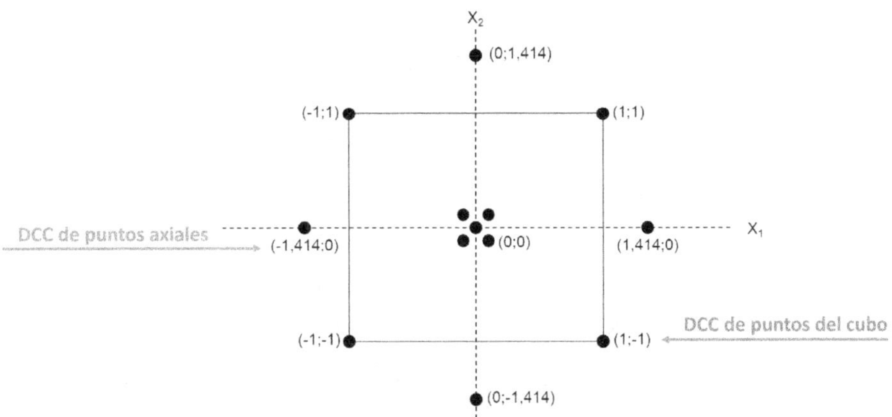

Unidades codificadas

Puntos axiales

OrdenEst	OrdenCorrida	TipoPt	Bloques	Alas	Cuerpo	Tiempo
11	1	0	1	4.0000	1.9250	287
1	2	1	1	3.6464	1.7892	255
4	3	1	1	4.3536	2.0608	260
3	4	1	1	3.6464	2.0608	255
8	5	-1	1	4.0000	2.1170	268
2	6	1	1	4.3536	1.7892	258
5	7	-1	1	3.5000	1.9250	262
7	8	-1	1	4.0000	1.7330	268
9	9	0	1	4.0000	1.9250	282
6	10	-1	1	4.5000	1.9250	270
12	11	0	1	4.0000	1.9250	278
10	12	0	1	4.0000	1.9250	288
13	13	0	1	4.0000	1.9250	285

Análisis de Varianza

Fuente	GL	SC Ajust.	MC Ajust.	Valor F	Valor p
Modelo	5	1541.36	308.272	8.06	0.008
Lineal	2	47.13	23.564	0.62	0.567
Alas	1	46.63	46.627	1.22	0.306
Cuerpo	1	0.50	0.500	0.01	0.912
Cuadrado	2	1493.23	746.615	19.51	0.001
Alas*Alas	1	920.00	920.000	24.04	0.002
Cuerpo*Cuerpo	1	766.96	766.957	20.04	0.003
Interacción de 2 factores	1	1.00	1.000	0.03	0.876
Alas*Cuerpo	1	1.00	1.000	0.03	0.876
Error	7	267.87	38.268		
Falta de ajuste	3	201.87	67.291	4.08	0.104
Error puro	4	66.00	16.500		
Total	12	1809.23			

Los términos cuadráticos de **alas** y **cuerpo** son significativos.

El término de **interacción** no lo es. Se eliminará este último y se analizará nuevamente el experimento.

Ecuación de regresión en unidades no codificadas

Tiempo = -3330 + 743 Alas + 2195 Cuerpo - 92.0 Alas*Alas - 570 Cuerpo*Cuerpo

Análisis de Varianza

Fuente	GL	SC Sec.	Contribución	SC Ajust.	MC Ajust.	Valor F	Valor p
Modelo	4	1540.36	85.14%	1540.36	385.090	11.46	0.002
Lineal	2	47.13	2.60%	47.13	23.564	0.70	0.524
Alas	1	46.63	2.58%	46.63	46.627	1.39	0.273
Cuerpo	1	0.50	0.03%	0.50	0.500	0.01	0.906
Cuadrado	2	1493.23	82.53%	1493.23	746.615	22.21	0.001
Alas*Alas	1	726.27	40.14%	920.00	920.000	27.37	0.001
Cuerpo*Cuerpo	1	766.96	42.39%	766.96	766.957	22.82	0.001
Error	8	268.87	14.86%	268.87	33.609		
Falta de ajuste	4	202.87	11.21%	202.87	50.718	3.07	0.151
Error puro	4	66.00	3.65%	66.00	16.500		
Total	12	1809.23	100.00%				

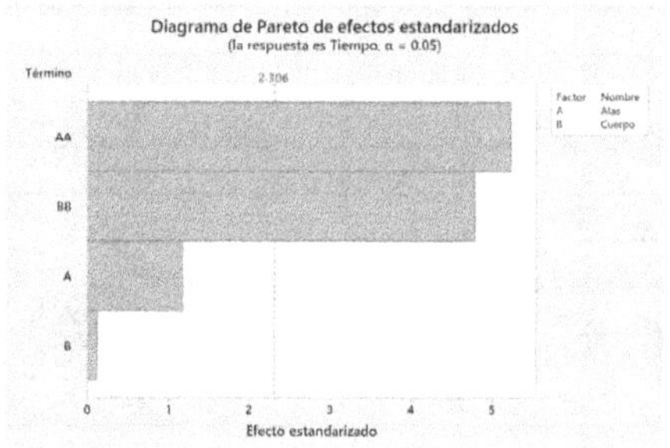

A este modelo se le harán las pruebas correspondientes.

8. Pruebas al modelo de segundo orden

Al modelo se le deben hacer las siguientes pruebas:

8.1 Significancia de la regresión.

8.2 Significancia de cada variable X.

8.3 Coeficiente de determinación R^2.

8.4 Normalidad de los residuos.

8.5 Varianza constante de los residuos.

8.6 Independencia de los residuos.

Nota: El resto de las pruebas no se realiza en estos casos.

Resultados para las pruebas 8.1, 8.2 y 8.3

Resultados e interpretación usando **Minitab**:

Análisis de Varianza

Fuente	GL	SC Sec.	Contribución	SC Ajust.	MC Ajust.	Valor F	Valor p
Modelo	4	1540.36	85.14%	1540.36	385.090	11.46	0.002
Lineal	2	47.13	2.60%	47.13	23.564	0.70	0.524
Alas	1	46.63	2.58%	46.63	46.627	1.39	0.273
Cuerpo	1	0.50	0.03%	0.50	0.500	0.01	0.906
Cuadrado	2	1493.23	82.53%	1493.23	746.615	22.21	0.001
Alas*Alas	1	726.27	40.14%	920.00	920.000	27.37	0.001
Cuerpo*Cuerpo	1	766.96	42.39%	766.96	766.957	22.82	0.001
Error	8	268.87	14.86%	268.87	33.609		
Falta de ajuste	4	202.87	11.21%	202.87	50.718	3.07	0.151
Error puro	4	66.00	3.65%	66.00	16.500		
Total	12	1809.23	100.00%				

Resumen del modelo

S	R-cuad.	R-cuad. (ajustado)	PRESS	R-cuad. (pred)	AICc	BIC
5.79733	85.14%	77.71%	1081.85	40.20%	102.27	91.66

- La regresión tiene significancia: valor $p = 0.002 < 0.05$.
- **Alas** no tiene significancia: valor $p = 0.273 < 0.05$.
- **Cuerpo** no tiene significancia: valor $p = 0.906 < 0.05$.
- **Alas*Alas** tiene significancia: valor $p = 0.001 < 0.05$.
- **Cuerpo*Cuerpo** tiene significancia: valor $p = 0.001 < 0.05$.
- El valor de R^2 es mayor a 80 %.

> A pesar de que **alas** y **cuerpo** no son significativos, sus términos cuadráticos sí lo son, por lo que deben permanecer en el modelo.

Resultados para las pruebas 8.4, 8.5 y 8.6

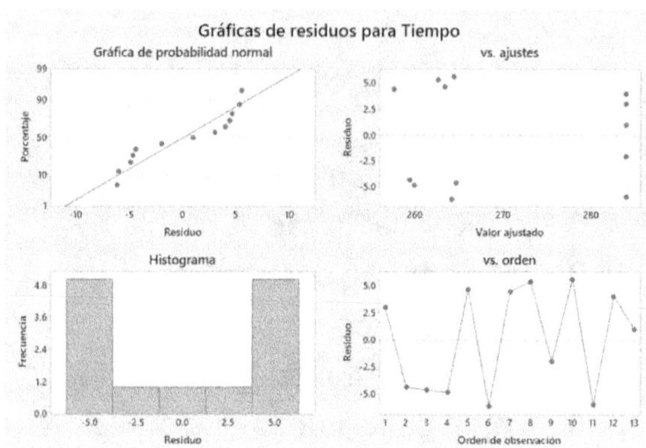

Se aprueban la normalidad, la varianza constante y la independencia de los residuos.

9. Gráfica de contorno

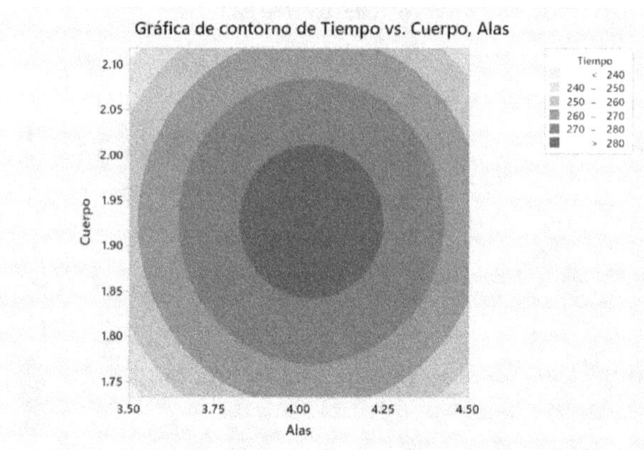

Se puede ver que el punto máximo está cercano a **alas 4.05 s** y **cuerpo 1.925 s.**

Obtención del punto estacionario

Usando el optimizador de respuesta de Minitab se obtiene un tiempo de **284.1279** con **alas = 4.0354 s** y **cuerpo = 1.9267 s.**

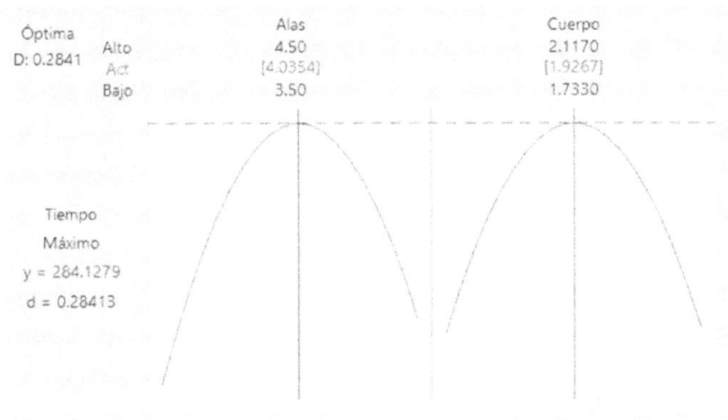

Ejercicio

Realizar un ejercicio para **calcular el punto óptimo de la respuesta** siguiendo todos los pasos mostrados en el ejemplo anterior.

Lean Company

Mas allá de la manufactura

Objetivos

1. Comprender cómo la filosofía de velocidad y calidad es un modelo sistémico integral.
2. Determinar cómo implementar metodologías y herramientas Lean en todas las funciones de una empresa.
3. Analizar todos los elementos de una empresa para integrarlos en un solo sistema, con objeto de mejorar la toma de decisiones.

Contenidos

> Antecedentes
> ¿Qué es Lean Company?
> ¿Cómo se implementa Lean Company?
> Diagnóstico Lean Company
> Procesos de transformación por función

Antecedentes

Situación de las empresas en general

- Entregas tardías.
- Baja rotación de inventarios.
- Baja precisión de inventarios.
- Reprogramación continua.
- Inventarios sin control.
- Comunicación deficiente.
- Desconocimiento de la demanda real.
- Pronósticos que rara vez funcionan.
- Entregas tardías por parte de los proveedores.
- Órdenes mínimas excesivas.
- Escasez de materiales/producto.
- Exceso de materiales/producto.

Empresas tradicionales

Imagine preguntar lo siguiente a diferentes directivos de una misma empresa:

- ¿Cuál es la demanda real de sus productos o servicios?
- ¿Cuál es la capacidad de la empresa?
- ¿Dónde está el cuello de botella?
- ¿Estamos ganando o perdiendo?
- ¿Qué nivel de calidad perciben nuestros clientes?

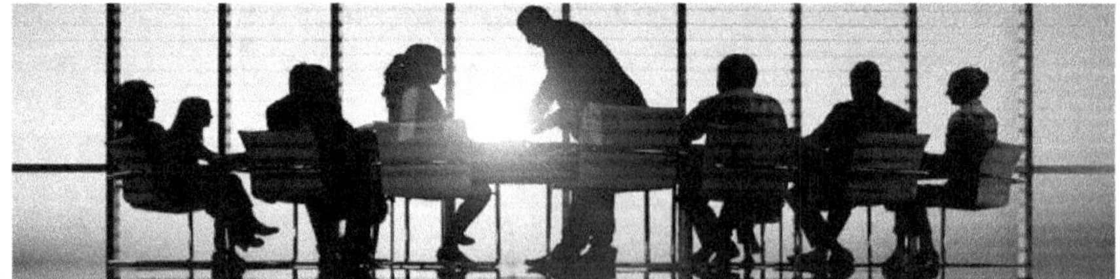

Ejemplo de estructuras en empresas tradicionales

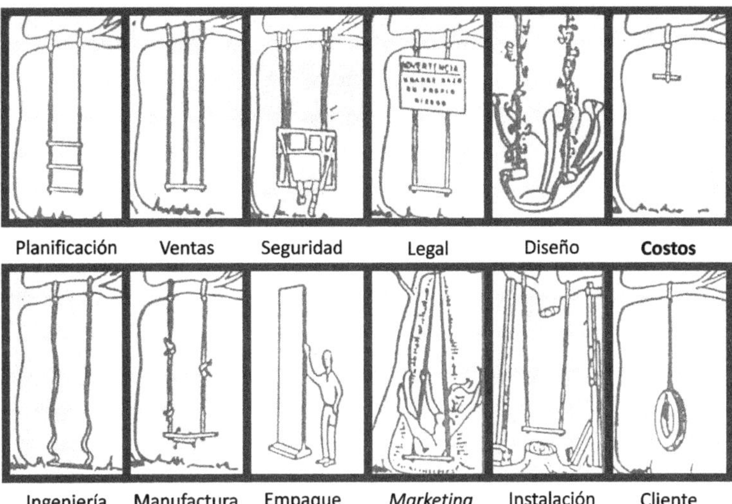

¿Cómo funcionan las empresas tradicionales?

La dirección resuelve gran cantidad de problemas de diferentes áreas, lo que reduce de forma significativa el tiempo para la planificación estratégica de la organización.

- **Dirección y toma de decisiones**
- **Planes de negocio**
- **Planes estratégicos**
- **Desarrollo de proyectos**
- **Reuniones**
- **Mediciones**
- **Estructuras**
- **Desarrollo de personas**

- Diseño e ingeniería
- Mercadotecnia
- Ventas
- Logística
- Compras
- Almacenes
- Entregas
- Manufactura
- Contabilidad
- Calidad
- Mantenimiento
- Sistemas de información

¡Los desperdicios están en todas las funciones!

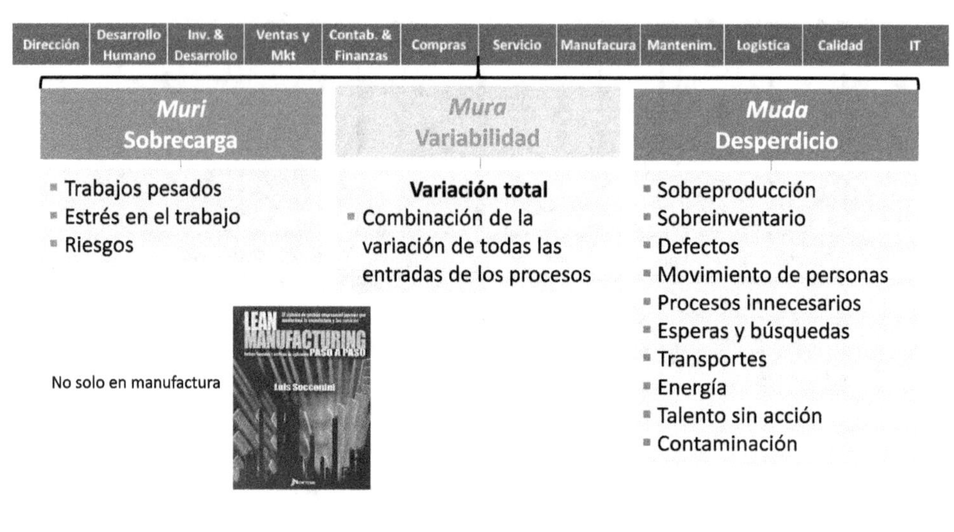

Dirección	Desarrollo Humano	Inv. & Desarrollo	Ventas y Mkt	Contab. & Finanzas	Compras	Servicio	Manufacura	Mantenim.	Logística	Calidad	IT

Muri Sobrecarga	*Mura* Variabilidad	*Muda* Desperdicio
• Trabajos pesados • Estrés en el trabajo • Riesgos	**Variación total** • Combinación de la variación de todas las entradas de los procesos	• Sobreproducción • Sobreinventario • Defectos • Movimiento de personas • Procesos innecesarios • Esperas y búsquedas • Transportes • Energía • Talento sin acción • Contaminación

No solo en manufactura

¿Qué es Lean Company?

- Integrar los elementos de una compañía en un sistema.

- Medir procesos, no personas.

- Equipos multidisciplinarios.

- Enfoque en las personas y en los resultados.

- Mejorar como forma de vida.

- Competencia externa, no interna.

- ¡Todos ganamos!

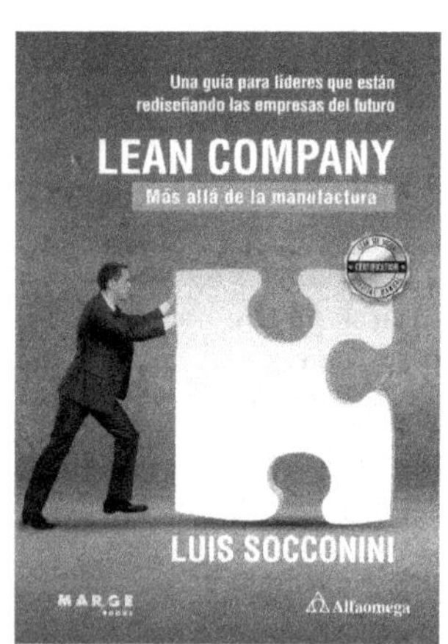

LSSI
LEAN SIX SIGMA INSTITUTE

Elementos clave

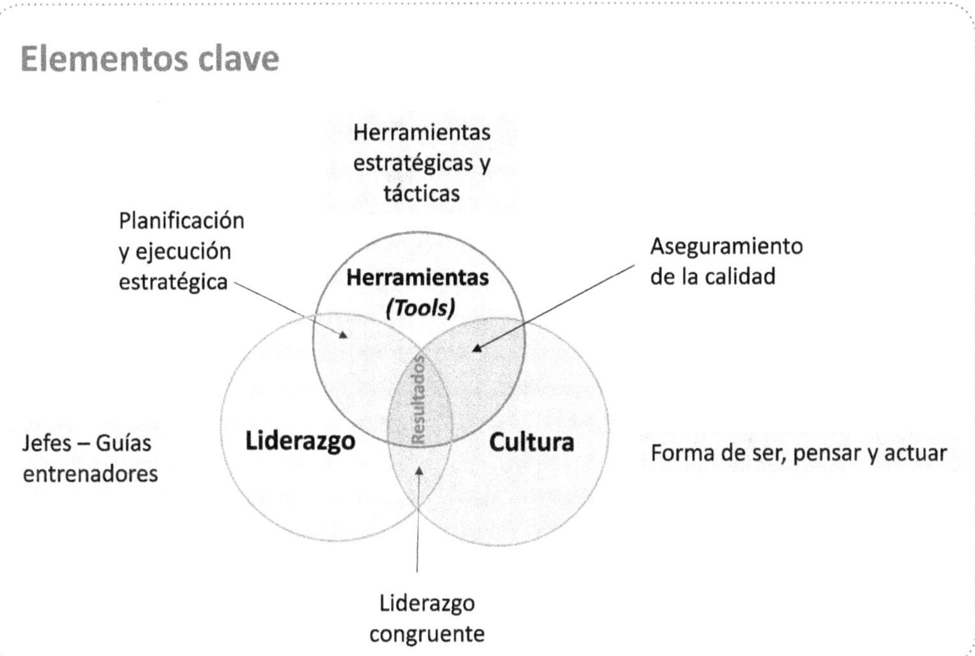

Lean Company

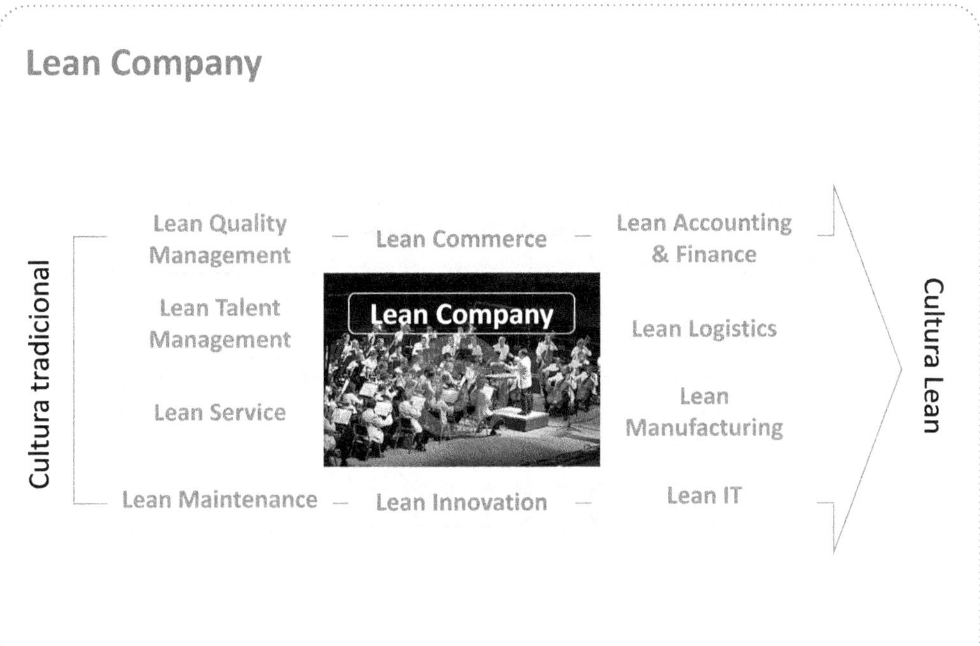

Lean Six Sigma es aplicable a toda la empresa

Dirección	Desarrollo Humano	Inv. & Desarrollo	Ventas y Mkt	Contab. & Finanzas	Compras	Servicio	Manufacura	Mantenim.	Logística	Calidad	IT
LEAN MANAGEMENT				Estratégicas							
Hoshin Kanri											
Estructuras de valor			Todos los procesos utilizan las herramientas gerenciales para definir estrategias, indicadores, desarrollar proyectos, diseñar el trabajo de líderes y reconocer oportunidades								
Desarrollo de talento											
SCRUM											
Trabajo estándar de líder											
Kata											
Caminatas Gemba											

Dirección	Desarrollo Humano	Inv. & Desarrollo	Ventas y Mkt	Contab. & Finanzas	Compras	Servicio	Manufacura	Mantenim.	Logística	Calidad	IT
BASIC TOOLS				Básicas							
5 S´s											
Andon			Todos los procesos utilizan las herramientas básicas para integrarse como equipos, comunicarse y desarrollar mejoras								
Trabajo estandarizado											
4 Q´s											

LEAN · SIX SIGMA

Dirección	Desarrollo Humano	Inv. & Desarrollo	Ventas y Mkt	Contab. & Finanzas	Compras	Servicio	Manufacura	Mantenim.	Logística	Calidad	IT
Planeación	Atracción de talento	Desarrollo productos	Campañas	Budget	Proved.	Lean Service	Lean Manuf.	Autonomo	Recibo	Despliegue calidad	Hardware
				Costos					Almacen		
Gestión estratégica	Desarrollo de talento	Lean Startup	Encuestas	Inventario	Compras			Preventivo	Rutas	Sistema de Calidad	Software
				Nómina					Carga		
Decision Mgmt.		Diseño para Six Sigma	Six Sigma Pricing	Facturación	Almacén			Predictivo	Transporte	Calibración	Comunic.
				Crédito							
				Pagos				Energia			Help Desk
			Lean Retail	Estados Financieros							

DMAIC — Mejora — Herramientas Lean Six Sigma

¿Cómo se implementa Lean Company?

1 Preparación	2 Fase piloto	3 Despliegue	4 Lean Company
1-3 meses	*4-6 meses*	*1-2 años*	*1-2 años y en adelante*

- Desarrollo de:
  - Estrategia
  - Estructura
  - Talento
- Lanzamiento del proyecto

- Equipo directivo
- Definir equipo implementador y la cadena de valor piloto
- Implementación de herramientas Lean Six Sigma 4.0

- Despliegue a todas las demás cadenas de valor
- Despliegue a todos los procesos
- Certificación de sistemas

- Certificación de:
  - ✓ Procesos
  - ✓ Cadenas de valor
  - ✓ Compañía

Diagnóstico Lean Company

Permite entender en qué nivel de Lean Company se encuentra la organización.

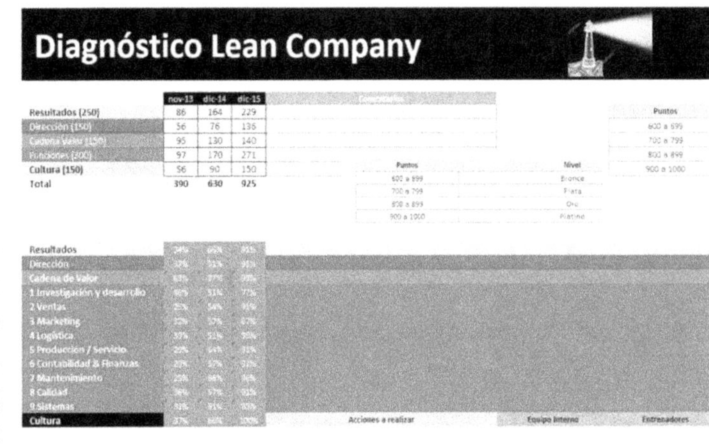

Beneficios:

- Define áreas de mejora.
- Establece requerimientos de un sistema Lean.
- Define plan maestro de implementación.
- Evalúa el nivel de avance como compañía, cadena de valor y proceso.

Desarrollo de talento Lean

¿Qué es?

Es el proceso para desarrollar conocimiento y compromiso en las personas, con la finalidad de que sean capaces de hacer su trabajo correctamente y llevar a los clientes productos y servicios de excelente calidad, al costo objetivo y en el menor tiempo posible.

Beneficios

Genera alta capacidad y calidad con:

- Personas comprometidas.

- Conocimiento valioso.

- Sistema de entrega de aprendizaje.

- Sistema de enseñanza.

Limitantes de la productividad	Desarrollo de talento Lean
Sobrecarga	Los trabajos son peligrosos, difíciles y complicados cuando no se tiene el conocimiento adecuado.
Variabilidad	La mala capacitación es una de las principales fuentes de variabilidad en el trabajo.
Sobreactividades o producción	Cuando se llevan a cabo más cursos y entrenamientos antes de que alguien los necesite.
Sobreinventario/ recursos	El desconocimiento de la demanda de los clientes, así como de los métodos de planificación Lean, hace que las personas decidan cubrir con inventario todas las ineficiencias generadas en la empresa.
Esperas y búsquedas	En el entrenamiento se pierde mucho tiempo buscando salas de capacitación y materiales. Esperas de alumnos y maestros.
Defectos/errores	La deficiente capacitación y entrenamiento genera muchos defectos en el proceso.
Transportes y movimientos innecesarios	Traslado de personas para capacitación a otras ciudades, en lugar de hacer entrenamientos virtuales.
Procesos innecesarios	El desconocimiento o falta de capacitación hace que las personas realicen gran cantidad de trabajos innecesarios o que no generan valor.
Talento sin acción Subutilización de personas	Cuando no se aprovechan los conocimientos y experiencias de ciertas personas expertas para capacitar y entrenar a otros colaboradores.

Mejoras en contratación

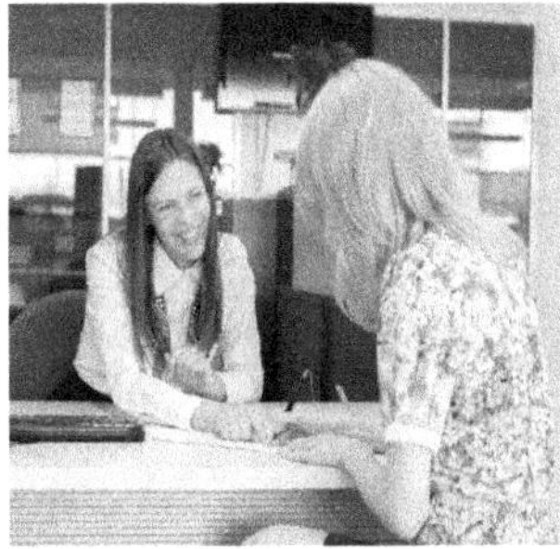

Entrevistas: en la entrevista inicial pueden evitarse muchos desperdicios de tiempo y recursos si los entrevistadores piden a los candidatos que hagan las preguntas necesarias para conocer a la empresa y el puesto vacante; así sabrán si realmente es el trabajo que los llenará de satisfacción.

Evaluaciones: se evalúa el conocimiento y la experiencia con pruebas que presenten retos similares a los que el candidato encontrará en el trabajo para el que está optando. Es necesario crear un ambiente similar al que experimentará al ser contratado, así como situaciones que evalúen la iniciativa personal y la actitud hacia el trabajo en equipo.

Kanban de expedientes: sirve para mantener expedientes de candidatos listos. Así, cuando sean requeridos simplemente se les llama al proceso de selección.

Lean Innovation
Diseño de productos y servicios

¿Qué es?

Es una filosofía para diseñar y rediseñar productos o servicios innovadores que sean difíciles de superar por la competencia en cuanto a valor, precio, costo y tiempo de desarrollo.

Beneficios

- Mejora el diseño de productos o servicios.
- Mejora el proceso de diseño en tiempo y calidad.
- Elimina los desperdicios y variación en los procesos.
- Provee un producto o servicio de alta calidad, a tiempo y costo más bajo.

Limitantes de la productividad	Lean Innovation
Sobrecarga	Demasiado estrés en desarrollo. Tiempo extra para completar el trabajo.
Variabilidad	Variabilidad en el costo. Diferencias entre el concepto original y el diseño resultante.
Sobreactividades o producción	Completar elementos de diseño que no son necesarios. Sobreingeniería.
Sobreinventario/ recursos	Bandejas de entrada saturadas (electrónico o papel). Transacciones se procesan en lotes de diseño.
Esperas y búsquedas	Aprobaciones de superiores. Esperar requerimientos de clientes.
Defectos/errores	Errores de diseño. Cambios de ingeniería por errores.
Transportes y movimientos innecesarios	*E-mailing*: exceso de flujo de mensajes con información irrelevante. Circular papeles para firma.
Procesos innecesarios	Ingresar información en múltiples ocasiones. Reportes innecesarios.
Talento sin acción	Autoridad limitada. Falta de involucramiento de manufactura en el proceso de diseño.

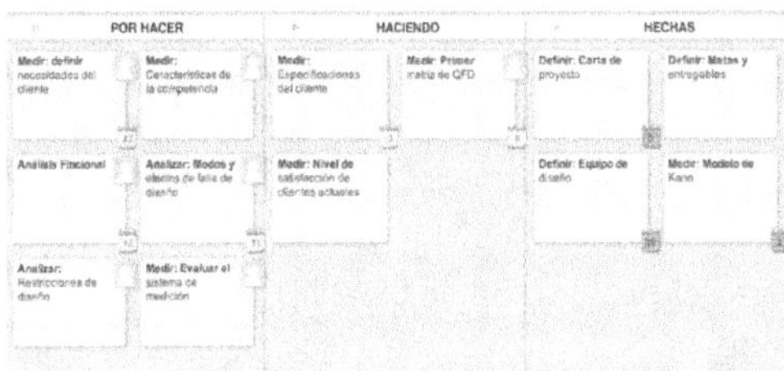

Tableros *kanban* para gestión de proyectos. Se utilizan para que todas las actividades por hacer se encuentren a la vista.

Célula de diseño para integrar al personal clave de diseño, como el líder de diseño, los diseñadores, especialistas en pruebas y coordinadores de proyecto en un flujo continuo, y para hacer fluir la comunicación y el enfoque de las actividades.

Ejemplo de Lean Innovation

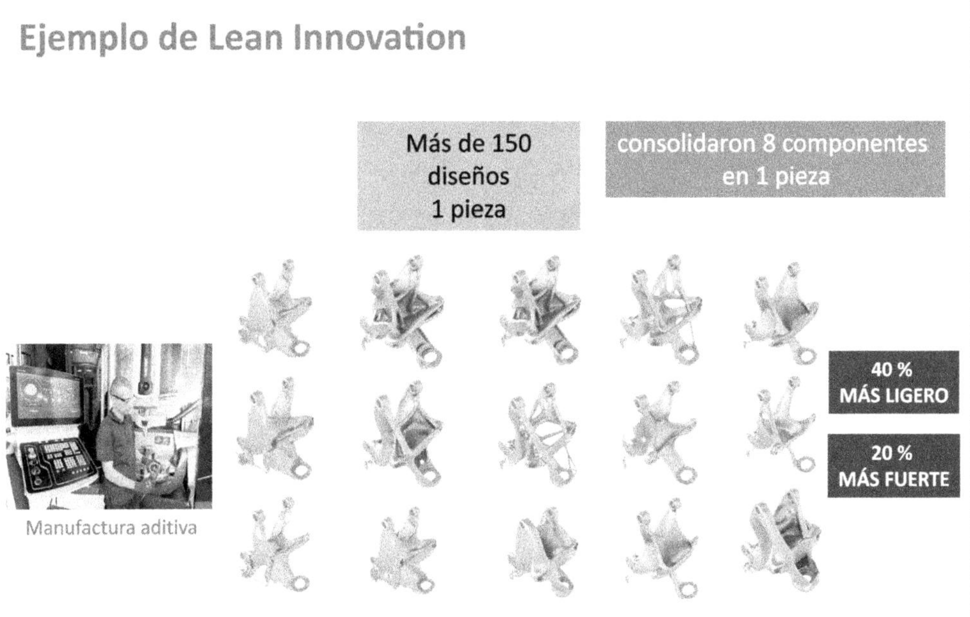

Lean Commerce
Mercadotecnia y ventas

¿Qué es?

- **Lean Commerce** es una filosofía que agrupa Lean Marketing y Lean Sales en un proceso colaborativo entre los elementos de la cadena de valor.
- **Lean Marketing** tiene como objetivo mejorar el proceso de desarrollar la marca e incrementar la participación en el mercado.
- **Lean Sales** tiene como objetivo mejorar las ventas con beneficios, desarrollando mejores métodos de negociación.

Beneficios

- Vender con base en las necesidades de los clientes.
- Identificar el ritmo real de la demanda para sincronizar el proceso de la cadena de valor con las necesidades de los clientes.
- Desarrollar estrategias creativas de ventas y mercadotecnia para ganar mercado y generar mayores ventas.
- Eliminar la sobrecarga derivada de las políticas internas y externas que hacen de las ventas un trabajo muy estresante y pesado.
- Aprovechar mejor el tiempo de los vendedores, mediante la eliminación de transportes innecesarios, defectos, errores, transportes de mercancías, etc.

Limitantes de la productividad	Lean Commerce
Sobrecarga	Exceso de estrés - Confrontaciones con clientes. Demasiado análisis sin beneficio real.
Variabilidad	Variación continua en las tendencias y necesidades del mercado.
Sobreactividades o producción	Generar campañas que no contribuyen a elevar alguna restricción externa.
Sobreinventario/ Recursos	Grandes entregas de información de encuestas. Demasiados productos en inventario.
Esperas y búsquedas	Aprobaciones de supervisores. Análisis de información para generar estrategias. Autorizaciones y juntas de resultados para la toma de decisiones.
Defectos/errores	Órdenes mal capturadas. Cambios en las estrategias y proyectos. Generar campañas de alto costo y bajo impacto.
Transportes y movimientos innecesarios	Demasiados correos electrónicos. Catálogos, muestras y productos que no se venden.
Procesos innecesarios	Ingresar información en múltiples ocasiones. Surtir órdenes equivocadas.
Talento sin acción	Autoridad limitada. No involucrar a ventas, calidad y diseño en mercadotecnia. Vendedores sin un programa y metas de ventas.

Lean Marketing

Antecedentes

- Planes aislados.
- Mucho tiempo para realizarlos.
- Campañas sin enfoque.
- Gastos innecesarios.
- Poca interacción con ventas y resultados.

Proceso de transformación

- Antes
  - Definición de mercado meta.
  - Mensajes claros.
  - Medios para llegar al mercado meta
- Durante
  - Sistema para capturar prospectos.
  - Cuidando los prospectos.
  - Estrategia de conversión.
- Después
  - Cómo generar una experiencia agradable.
  - Incrementar valor de vida del cliente.
  - Estimular referidos.

Resultados

- Reducción de costos de *marketing*.
- Eliminación de desperdicios al desarrollar planes extensos.
- Atracción importante de clientes *vs* modelos tradicionales.

Plan de *marketing*

Plan de marketing de una página, de Allan Dib, es la forma más fácil y rápida de crear nuestro plan de *marketing*: 9 cuadrantes resueltos en 1 página.

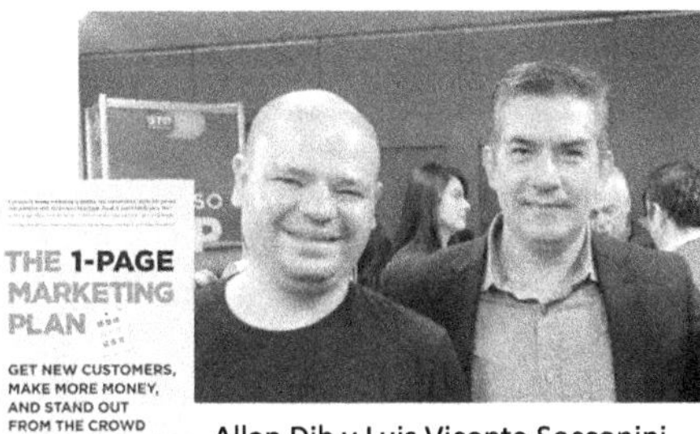

Allan Dib y Luis Vicente Socconini.

My 1-Page Marketing Plan

Before (Prospect)	1. My Target Market	2. My Message To My Target Market	3. The Media I Will Use To Reach My Target Market
	Professionals Students Companies Universities	Individuals & Organizations employing Lean Six Sigma Institute Training and coaching services will achieve substantial improvement in the lead time for providing products and services, sustainable increase in quality, significant improvement in safety, greater customer satisfaction and considerable reduction in costs.	Web page Social Media such as: - Facebook - Linked-in - Twitter - Instagram - Youtube Google adwords, Facebook ads Linked-in ads & Email Marketing Expos and Conferences
	Blogging SEO On page / Off Page Social Networks Keywords Research Facebook Ads Adwords Landing Pages Forms	Email Marketing Workflows Newsletters Content by Industry Remarketing Facebook Ads Remarketing Adwords	Carefully Track Conversions Refine our Messaging to Attract Better leads Develop a Reliable Lead Scoring System Interview Existing Customers Feed our Lead Generation strategy with targeted content Use Communication Channels Preffered by customers
After (Customer)	7. How I Deliver A World Class Experience	8. How I Increase Customers Lifetime Value	9. How I Orchestrate And Stimulate Referrals
	By offering one-of-a-kind practical workshops developed in real life Industry 4.0 and Lean Six Sigma environments at our Innovation Labs where people will learn how to use strategical and tactical tools to implement the methods and technologies successfully to become world-class professionals and companies.	Each students certified by LSSI will be able to access this workshops around the world to learn how to implement Lean Six Sigma and Industry by function or Industry giving them the oportunity to travel around the world meeting new people and learning new methods.	Each certified student can become part of the LSSI team by becoming an instructor or representative in their respective areas, to develop their own business and participate in projects around the globe joining the biggest network of Lean Six Sigma Certified Professionals.

Rutas de ventas

Antecedentes

	Situación Inicial	Objetivo	# Visitas
Tiendas A	5.54	6.00	Por semana
Tiendas B	4.05	4.50	Por semana
Tiendas C	3.08	3.00	Por semana

Rol de LSSI

- ▶ Se clasificaron las tiendas de acuerdo al potencial de venta en A, B y C.
- ▶ Se reorganizaron las rutas con los mismos promotores.
- ▶ Se estableció un promotor para cada tienda A.
- ▶ Las tiendas C se asignaron a 4 promotores para disminuir visitas y aumentar las visitas a tiendas B.

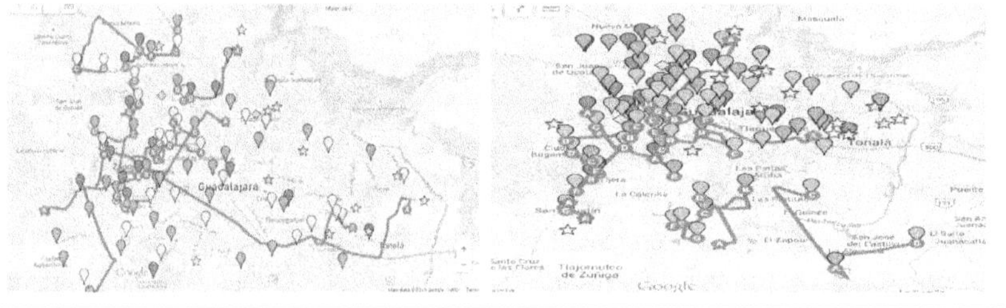

Resultados

Ventas en Zona Metropolitana

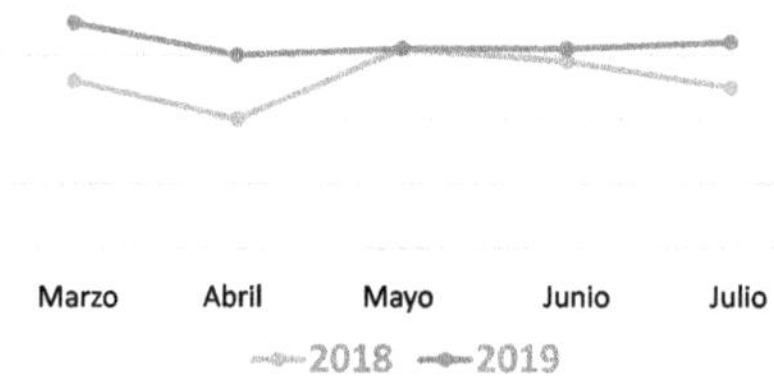

INCREMENTO EN VENTAS
16,5 %

Kanban a consignación

Antecedentes

- Mucha variación en ventas.
- Cliente con poco flujo de efectivo.
- Ventas por marca (Barcel, Bimbo, Ricolino).
- Esfuerzos aislados de vendedores.
- No se exhibía correctamente el producto.
- Se generaban muchas devoluciones.

Ventas más altas

	Descripción Producto	Venta Neta	Part. Venta
1	Pan Blanco Actileche 470g TT BIM	$ 7,428,750.00	16%
2	Pan Blanco 350g TAT BIM	$ 6,655,950.00	15%
3	Pan Blanco 600g BIM	$ 2,377,764.00	5%
4	Pan Integral 500g BIM	$ 2,237,500.00	5%
5	Pan Blanco 730g BIM	$ 1,911,668.00	4%
6	Ponque 60g DAN	$ 1,861,110.00	4%
7	Ponque Casero 230g BIM	$ 1,753,485.00	4%
8	Super Perro 6p 405g BIM	$ 1,609,086.00	4%
9	Ponque Casero Maracuya 230g BIM	$ 1,470,608.00	3%
10	Pan Integral Extralargo 570g GUA	$ 1,305,000.00	3%
11	Pan Perro 6p 205g BIM	$ 1,179,276.00	3%
12	Pan Mantequilla Extralargo 550g GUA	$ 1,178,775.00	3%
13	Super Hamburguesa 4p 350g BIM	$ 1,135,251.00	2%
14	Pan Blanco 580g BIM	$ 1,060,896.00	2%
15	Pan Mantequilla sin Ajonjoli 460g BIM	$ 956,080.00	2%

Devoluciones

Descripción Producto	Part. Dev.
Pan Blanco Actileche 470g TT BIM	18.60%
Pan Blanco 600g BIM	16.54%
Pan Blanco 350g AS BIM	16.53%
Pan Perro 6p 205g BIM	6.80%
Pan Hamburguesa 4p 210g BIM	6.64%
Super Perro 6p 405g BIM	3.68%
Super Hamburguesa 4p 350g BIM	3.68%
Pan Blanco 730g BIM	3.54%

¿Qué hicimos?

- Análisis de patrones de compra y devoluciones.
- Sistema de reposición con *kanban* a consignación.
- Se cobra solo por lo que se vende.
- Se comprometen las mejores ubicaciones (centro, medio).
- Se definieron rutas consolidadas por tienda, no por marca (1 o 2 entregas al día *vs* 4-6 al día).
- Análisis continuo de patrones de compra y actualización de *kanban*.

Resultados

- Incremento en ventas de 54 % ($13,162 a $20,250 usd).
- Reducción de devoluciones de 82 %.
- Reducción de costo por entrega de 62 %.

Lean Commerce

Definición de un *kanban* para depositar estrategias de mercadotecnia previamente definidas. Estarán listas para ser utilizadas cuando sean necesarias, tales como:

- Argumentos para contacto directo o llamadas.
- Vídeos publicitarios.
- Publicaciones.
- Anuncios.
- Redes sociales.
- Conferencias.
- Materiales impresos.

Mejorar la fijación de precios para establecer el precio máximo en el que se maximice el volumen y se reconozca el valor que recibe el cliente por los beneficios del producto o servicio.

Análisis estadístico para analizar la variación de precio y determinar rangos de precio en los que se maximiza la utilidad.

LSSI.
LEAN SIX SIGMA INSTITUTE

Lean Service

¿Qué es?

Lean Service tiene como objetivo desarrollar empresas altamente efectivas, deleitando a los clientes con servicios de alta calidad y con un costo muy bajo mediante la eliminación de los desperdicios, sobrecarga y variabilidad. Así, se logran excelentes servicios a un costo razonable y por lo tanto beneficios mayores a los de cualquier otro competidor.

Beneficios

- Satisfacción del cliente.
- Reducción significativa del tiempo de atención.
- Incremento de la capacidad para prestar servicios.
- Mejora en la satisfacción de las personas.
- Reducción de costos.
- Aumento de la participación de mercado.
- Incremento en el índice de recomendabilidad.

Limitantes de la productividad	Lean Service
Sobrecarga	Mala administración del tiempo. Trabajo de servicio con alto riesgo.
Variabilidad	Variabilidad en el costo, tiempo y calidad del servicio.
Sobreactividades o producción	Hacer actividades que los clientes no necesitan. Demasiado análisis sin necesidad.
Sobreinventario/ recursos	Exceso de materiales o insumos. Exceso de personal, equipo e información.
Esperas y búsquedas	Esperas para recibir instrucciones. Esperas para ser atendido.
Defectos/errores	Errores al preparar el servicio: registro, reservaciones. Servicios que no entregan lo que se prometió al cliente.
Transportes y movimientos innecesarios	Exceso de transporte de materiales. Transporte innecesario de clientes.
Procesos innecesarios	Demasiados reportes, papeleo inútil, solicitar la misma información varias veces al cliente.
Talento sin acción	Personal asignado a actividades con poco valor agregado al cliente. Personal sin el entrenamiento adecuado.

Servicios ágiles: Banca. Procesamiento de préstamos

Antecedentes

- Capacidad = 120 préstamos procesados por mes.
- Bajos ingresos generados.
- Alto costo fijo por préstamo procesado.
- Retrabajo constante debido a errores.
- Tiempos de espera excesivos.
- Comunicación deficiente entre departamentos.

Proceso de transformación

- Elaboración de *hoshin kanri* y tablero de resultados.
- Implementación de taller de limpieza aplicando 5'S.
- Diseño de tableros *andon* en el área de trabajo.
- Implementación del sistema de desarrollo de talento con matriz de entrenamiento cruzado y modelo de compensación.
- Rediseño de áreas por flujo continuo, en lugar de departamentos.
  - Célula de préstamos simples.
  - Célula de préstamos complejos.

Resultados

- Capacidad = 312 préstamos procesados por mes.

- Altos ingresos.

- El costo por préstamo disminuye más del 40 %.

- Se utilizaron los mismos recursos en un proceso tres veces mas rápido.

- Aumento de ganancias en más de un 22 % por préstamo.

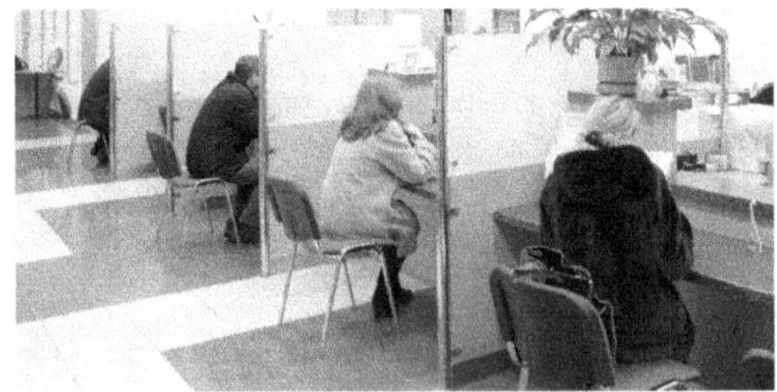

LSSI.
LEAN SIX SIGMA INSTITUTE

Lean Maintenance

¿Qué es?

- El mantenimiento tiene como objetivo lograr la continuidad de los negocios, e incluso de las personas, en óptimas condiciones para desempeñar el trabajo de la manera más efectiva y eficiente.

- El desarrollo de las mejores prácticas en el proceso de mantenimiento integral para dar continuidad a la cadena de valor y contribuir a que el costo de los productos o servicios logre su objetivo en calidad, costo y tiempo de entrega, así como la seguridad de las personas.

Beneficios:

- Lograr el máximo potencial de las instalaciones y del equipo.
- Reducir significativamente los riesgos.
- Mejorar la calidad de los servicios y productos.
- Asegurar la integridad de las personas con una mayor seguridad.
- Reducir costos asociados con reparaciones, descomposturas, tiempos muertos, etc.
- Maximizar la efectividad de la empresa.
- Incrementar la vida útil.
- Eliminar el desgaste forzado.
- Eliminar las seis grandes pérdidas de los equipos.
- Reducir el consumo energético.

Limitantes de la productividad	Lean Maintenance
Sobrecarga	Altos riesgos al reparar o mantener los equipos. Áreas inseguras, falta de equipo de seguridad. Horas extras.
Variabilidad	Variabilidad en el costo del mantenimiento. Variabilidad en el tiempo de realización de los servicios de mantenimiento.
Sobreactividades o producción	Dar mantenimiento con frecuencias inadecuadas. Cambiar repuestos cuando todavía no se necesitan.
Sobreinventario/ recursos	Exceso de herramientas o repuestos. Exceso de personal para dar mantenimiento.
Esperas y búsquedas	Esperas para recibir instrucciones, esperas para poder iniciar el mantenimiento, esperas para recibir materiales.
Defectos/errores	Errores en la realización del mantenimiento.
Transportes y movimientos innecesarios	Exceso de transporte de herramientas y refacciones.
Procesos innecesarios	Pedir repuestos o documentos que no son necesarios. Instrucciones confusas.
Talento sin acción	Personal que solo repara cierto tiempo de equipos por falta de entrenamiento.

Servicios ágiles: Mantenimiento

Antecedentes

- Tiempo de entrega = 2-3 días.
- Capacidad insuficiente.
- Constantes quejas de clientes.
- Constantes retrabajos.

Proceso de transformación

- Capacitación del personal en Lean Service.
- Definición de indicadores clave de rendimiento para el departamento de servicio.
- Desarrollo de tableros *andon* para comunicar y asignar el trabajo.
- Reuniones de 5 minutos con el equipo de mecánicos y el de repuestos.
- *Kaizen* para preparaciones rápidas de *kits* de mantenimiento (repuestos y materiales).
- *Kaizen* para flujo continuo incluyendo registro, recepción, captura de datos en línea, mantenimiento, lavado de autos y servicio al cliente.
- Implementación de caminatas *gemba* y trabajo estándar de líderes.

Resultados

- Tiempo de entrega = 2 horas.
- Incremento del 45 % en capacidad (utilizando los mismos recursos).
- Reducción de 28 % en costo por servicio.
- Se convirtió en el número uno en servicio de concesionario de coches en 6 meses.

LSSI
LEAN SIX SIGMA INSTITUTE

Lean Logistics

¿Qué es?

- Es una filosofía de trabajo para eliminar todos los desperdicios de la cadena de suministro.
- Lean Logistics integra los procesos necesarios para que los procesos de servicio o producción nunca se detengan.

Beneficios

- Mantener inventarios mínimos en toda la cadena de suministro.
- Reducir la variación de los datos de demanda en toda la cadena de suministro.
- Mejorar el servicio de entrega al cliente reduciendo significativamente los tiempos de entrega y entregando las cantidades solicitadas.
- Reducir los costos asociados con la logística: transporte, almacenamiento, administración, inversión, etc.
- Reducir la sobrecarga de las personas que participan en logística.
- Reducir el impacto ambiental provocado por transportes excesivos o innecesarios que contaminan el ambiente.

Limitantes de la productividad	Lean Logistics
Sobrecarga	Exceso de estrés y jornadas largas de trabajo. Poca satisfacción de logros.
Variabilidad	Variabilidad en la programación.
Sobreactividades o producción	Planear antes de tener pronósticos. Continua reprogramación.
Sobreinventario/ recursos	Materiales en exceso para aprovechar descuentos por volumen. Exceso de inventario por cambios continuos en la programación.
Esperas y búsquedas	Búsquedas de información, personas, etc. Capturar órdenes de recibo o entrega en lotes.
Defectos/errores	Errores de planificación, programación, pronósticos. Órdenes de compra incorrectas.
Transportes y movimientos innecesarios	Exceso de correos electrónicos para planear y programar.
Procesos innecesarios	Programar en todos los procesos y no solo en el cuello de botella.
Talento sin acción	Personal especializado solo en ciertos procesos o áreas.

Lean Logistics – Lean Procurement
Compras

Compras y abastecimiento: negociaciones con proveedores para definir cantidades mínimas de materiales en inventario (con un cálculo de *kanban* y manejo por reposición cuando se requiere el material), asegurando compras para el proveedor y abastecimiento seguro para el productor.

Envíos: para reducir los tiempos de recepción y envío, asignando citas de recepción de transportes de proveedores y para transportistas de envío, reduciendo así el tiempo de espera para recepción o descarga de otras unidades. También asignando número de andenes y equipos para descargar, registrar y acomodar materiales en flujo continuo.

Lean Inventory: implementar un sistema de inventario perpetuo con entrada de datos en tiempo real (usando códigos de barras) y revisiones de conciliación diarias para mejorar la precisión, reducir los niveles de inventario y los costos de almacenamiento.

Cadena de suministro tradicional

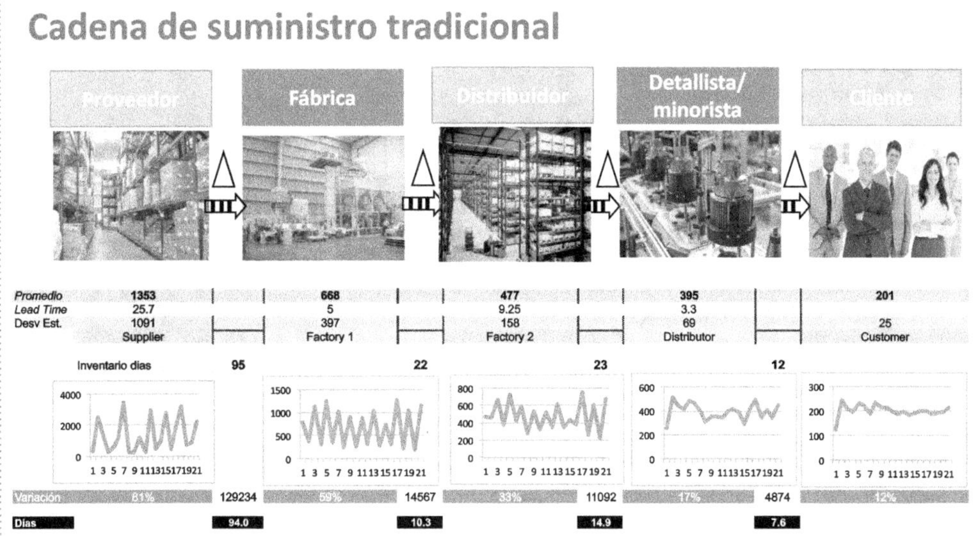

Exceso de inventarios en toda la cadena de suministro. Todos los eslabones tienen información diferente, ya que utilizan pronósticos.

Cadena de suministro ágil

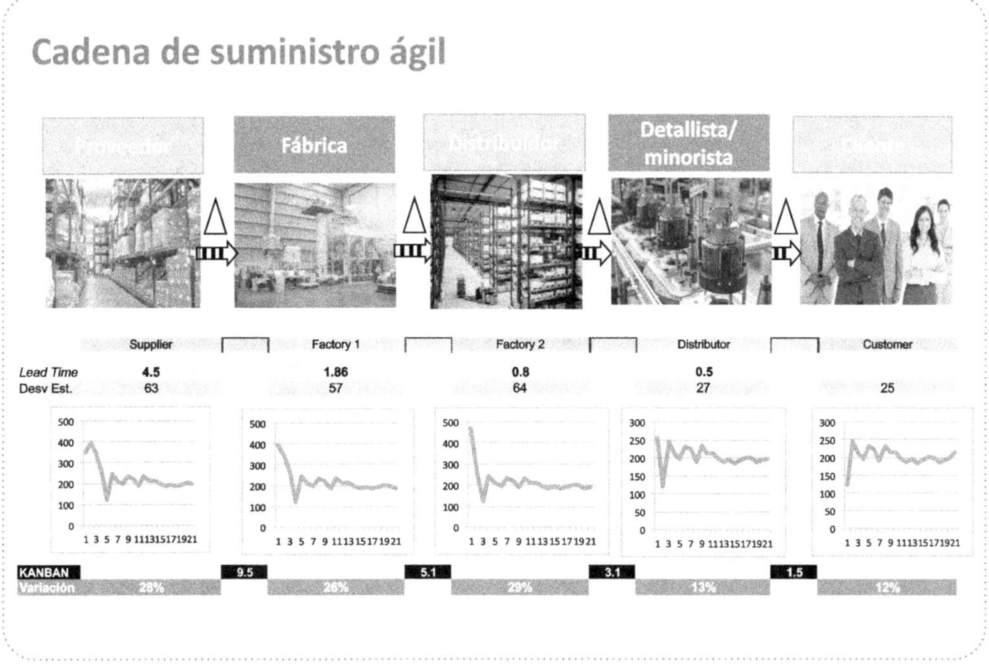

Lean Manufacturing

¿Qué es?

Es un sistema de trabajo colaborativo en el que la cadena de valor entrega productos de alta calidad dentro de un costo objetivo y en el que las operaciones de manufactura se llevan a cabo administrando correctamente las restricciones del sistema, evaluando los resultados de manera constante y tomando decisiones para mejorar, corregir y controlar el proceso.

Beneficios

- Mejora significativa en la calidad de los productos.
- Reducción de los tiempos de entrega.
- Reducción del costo de producción.
- Mejora en la comunicación.
- Reducción de los inventarios de producto en proceso y producto terminado.
- Mayor flexibilidad de los procesos a cambios continuos de demanda.
- Reducción de los costos de no calidad.
- Capacidad de aumentar la mezcla de productos.

Limitantes de la productividad	Lean Manufacturing
Sobrecarga	Trabajos que requieren carga de productos pesados. Trabajos peligrosos.
Variabilidad	Variabilidad en el costo y calidad del producto. Variabilidad en el tiempo de fabricación.
Sobreactividades o producción	Fabricar más de lo que se necesita. Fabricar antes que se necesite.
Sobreinventario/ recursos	Exceso de inventarios por si se necesita. Inventarios innecesarios de productos en proceso.
Esperas y búsquedas	Aprobaciones: calidad, producción, etc., para poder entregar. Búsquedas de: materiales, archivos, órdenes, personas.
Defectos/errores	Errores en selección de materiales. Errores en manufactura. Retrabajos cuando los productos no cumplen su función.
Transportes y movimientos innecesarios	Transporte de materiales. Movimientos de personas cuando van por materiales, instrucciones, herramientas.
Procesos innecesarios	Reprogramación continua. Empaque y desempaque entre procesos.
Talento sin acción	Personal especializado en cada estación.

Lean Manufacturing: Turbinas

Antecedentes

- Capacidad = 20-30 turbinas por día.
- Valor de pedidos atrasados = $80,000 usd.
- Inventario = Más de dos millones de dólares.
- Tiempo de entrega = 3-4 semanas.
- Altos costos por unidad producida.
- Constante retrabajo.

Proceso de transformación

- Entrenamiento en LSS.
- Implementación 5'S para mejorar el orden y limpieza.
- Elaboración de *hoshin kanri* y tableros de resultados.
- Implementación de caminatas *gemba*.
- Diseño de tableros *andon* en el área de trabajo.
- Implementación del sistema de desarrollo de talento con matriz de entrenamiento cruzado y modelo de compensación.
- Rediseño de *layout* de la empresa con células de manufactura en lugar de departamentos.
- Diseño e implementación del sistema *"pull"* con *kanban*.

Resultados

- Capacidad = turbinas por día.
- Valor de pedidos 50-70atrasados = $0.
- Inventario = $650,000 usd.
- Tiempo de entrega = 2 días máximo.
- Reducción de costo por unidad = 23 %.
- Incremento en la calidad de 95 %.

Lean Accounting & Finance

¿Qué es?

- Lean Accounting & Finance tiene como objetivo eliminar el desperdicio, la sobrecarga y la variación que existe en los procesos contables y administrativos para desarrollar un sistema de trabajo que beneficie a la cadena de valor entera.

- La función de administración y contabilidad es asegurar que tanto acreedores internos como externos tengan la información correcta y los recursos correctos para la continuidad del negocio y generación de valor para los clientes.

Beneficios

- Eliminar desperdicios de los procesos administrativos y contables.
- Entender los costos reales de los productos y/o servicios.
- Desarrollar mejores estrategias de diseño, ventas y producción.
- Integrar a los elementos de las cadenas de valor en un solo objetivo.
- Guiar la toma de decisiones en relación al valor creado a los clientes y al negocio.
- Eliminar burocracia que impide mejor comunicación y por lo tanto mejores resultados.
- Calcular los beneficios de la implementación Lean Company.

Limitantes de la productividad	Lean Accounting & Finance
Sobrecarga	Largas jornadas del personal administrativo para completar el trabajo. Mucho estrés constante en el trabajo.
Variabilidad	Inconsistencia en los resultados contables y financieros, que tienen que ser revisados constantemente para asegurar su precisión.
Sobreactividades o producción	Cuando se llevan a cabo más actividades, documentos, burocracia interna, etc., que no agregan valor pero sí mucho tiempo y desgaste.
Sobreinventario/ recursos	Cuando tenemos exceso de materiales y de personal para completar actividades administrativas.
Esperas y búsquedas	Esperas para obtener autorizaciones. Esperas para recibir información, búsqueda de documentos, artículos de oficina, etc.
Defectos/errores	Facturas incorrectas, errores en contabilidad, errores en pagos, etc. Repetir varias veces los cálculos de los estados financieros.
Transportes y movimientos innecesarios	Transportar documentos o información a diferentes lugares dentro y fuera de la empresa.
Procesos innecesarios	Cuando se generan reportes o información que nadie usa ni necesita.
Talento sin acción	Cuando hay ideas que no son tomadas en cuenta para mejorar el proceso administrativo.

Lean Accounting
Mejoras en contabilidad y finanzas

Costeo en tiempo real: generar reportes en tiempo real de cada célula de manufactura o servicio para conocer el costo real por día y semana, y así eliminar reportes mensuales que no siempre son exactos.

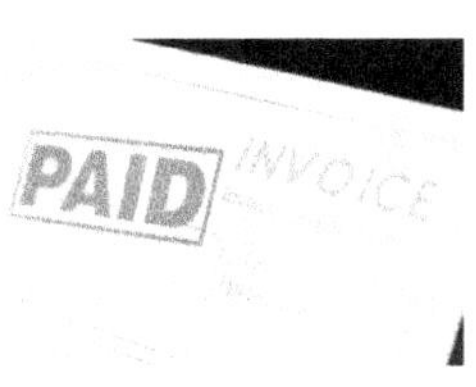

Facturación: optimizar el diseño y la estructura de la factura con solo la información más relevante. Implementar 5'S, *andon,* controles de calidad, y asignar personal dedicado a registrar datos en el área de embarque para hacer más ágiles los procesos, evitar errores y mejorar la recaudación de pagos.

Cuentas por pagar: reducir la cantidad de notas de crédito emitidas y atrasos por medio de captura por escaneo de facturas entrantes (OCR), solicitud mensual de facturas acumuladas, minimización de aprobaciones, auditoría del reporte de gastos, centralización de cuentas por pagar y simplificando la designación de proveedores.

Lean IT

¿Qué es?

- Lean IT asegura de manera ágil que la información que requiere la organización siempre está disponible y segura para que se tomen las decisiones con velocidad y calidad.

- Soporta a las funciones y procesos clave de la organización para identificar, instalar y mantener el *hardware* y *software* (tecnología industria 4.0) para que resuelva las necesidades de la organización.

Beneficios

- Simplificar y estandarizar los sistemas que se utilizan para adquirir información, mantenerla y utilizarla productivamente.
- Mejorar la velocidad y calidad de la información que se utiliza para tomar decisiones en la compañía.
- Seleccionar tecnología confiable para realizar tareas clave al menor costo y con la mayor confiabilidad.
- Eliminar y/o evitar riesgos mediante la generación, comunicación y gestión de planes de continuidad de negocio.
- Eliminar desperdicios relacionados con información y tecnología.

Limitantes de la productividad	Lean IT
Sobrecarga	Demasiados tickets abiertos para solución de problemas de tecnología de la información (TI).
Variabilidad	Uso de sistemas independientes en diferentes áreas de la empresa.
Sobreactividades o producción	Demasiados proyectos abiertos o sin un impacto en el resultado de la organización.
Sobreinventario	Demasiados archivos o documentos sin depurar que ocupan espacio y no están actualizados.
Esperas y búsquedas	Para encontrar información, para preparar reportes, para integrar bases de datos, etc.
Defectos/errores	Errores de captura.
Movimientos innecesarios	Personal de TI se mueve constantemente para solucionar problemas de equipo o *software*.
Transportes	*Emails* innecesarios para dar seguimiento a tickets abiertos.
Talento sin acción	No aprovechar la información generada por distintos departamentos en un sistema único.

Antecedentes

- Exceso de proyectos de desarrollo de *software*.
- Exceso de uso de hojas de cálculo.
- Poca integración de tecnología a procesos transaccionales.
- Demasiado estrés.

Kaizen de sistema de IT

- Utilizar *software* en la nube.
- Integrar sistemas para evitar duplicidad de capturas y reportes.
- Uso de robots para procesos transaccionales en procesos estandarizados y repetitivos.
- Uso de inteligencia artificial para procesar grandes cantidades de información.
  - Tablero de resultados digital para procesar la información de las cadenas de valor.

Resultados

- Reducción significativa de errores de captura.
- Más tiempo dedicado a la toma de decisiones.
- Mejora en la velocidad y calidad de las decisiones.

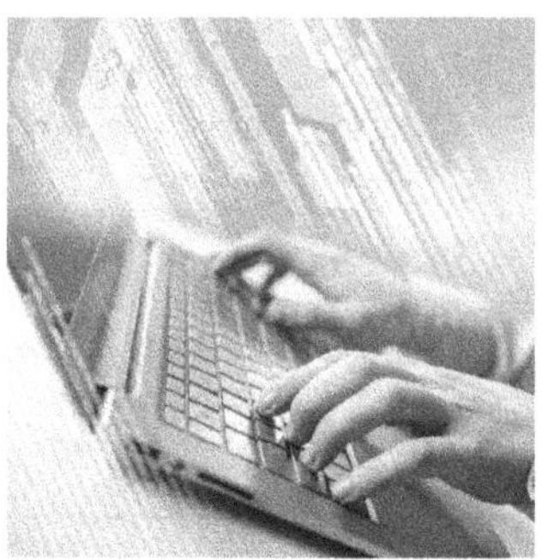

Gestión de la calidad Lean

¿Qué es?

Gestión de la calidad Lean es un sistema ágil de gestión de la calidad enfocado en el cliente, en el que los procesos clave de la organización deben demostrar calidad y velocidad para entregar a los usuarios productos y/o servicios de alta calidad.

Beneficios

- Simplificar los procesos de gestión de calidad.

- Eliminar el estrés producido al mantener sistemas complejos de gestión de calidad.

- Asegura que los colaboradores trabajen en equipo para utilizar el sistema de gestión como una herramienta y no como una carga más a su trabajo.

- Asegurar que los principios, procedimientos y documentos realmente afecten a la calidad percibida por los clientes.

Limitantes de la productividad	Gestión de la calidad Lean
Sobrecarga	Demasiado estrés para mantener el sistema de calidad (auditorías, documentos, etc.).
Variabilidad	Falta de uniformidad en la manera en la que se documenta, audita y mantiene el sistema.
Sobreactividades o producción	Escribir procedimientos y generar documentos que nadie utiliza o no se actualizan.
Sobreinventario/ recursos	Exceso de documentos.
Esperas y búsquedas	Buscar registros de calidad que no están bien organizados.
Defectos/errores	Errores al auditar.
Movimientos innecesarios	Personal debe moverse en diferentes ubicaciones para llevar información o buscar documentos.
Transportes	*Emails* innecesarios para enviar documentación o llevar registros a archivo.
Talento sin acción	No se documentan las mejores prácticas o no se actualizan los documentos con las ideas.

Gestión de la calidad Lean: mejoras

Sistema de calidad: reducir tiempos de preparación de documentación, así como la reducción de no conformidades, aplicando las 5'S en la documentación de procesos, y uso de documentación digitalizada y procedimientos en vídeos con realidad aumentada.

Reducción en las inspecciones de recibos: definir los criterios de verificación y los planes de control junto con los proveedores y solicitar que proporcionen certificados de garantía de calidad, a fin de minimizar las inspecciones de recibos y, en última instancia, reducir el tiempo dedicado a recibir, inspeccionar y manejar el material.

Lean Company toma tiempo...

«La paciencia, la persistencia y la transpiración son una combinación inmejorable para el éxito.»

Napoleon Hill (1883-1970)

Lean Industry 4.0

La cuarta revolución industrial

Objetivos

1. Entender los elementos y las implicaciones de la cuarta revolución industrial en la mejora de la productividad.
2. Entender los elementos clave que integran la cuarta revolución industrial.
3. Aprender con ejemplos los cambios que sucederán en los próximos años.

Contenidos

> Antecedentes
> ¿Qué significa la industria 4.0?
> Elementos de la industria 4.0
> Ejemplos de aplicaciones
> Conclusiones

Cronología

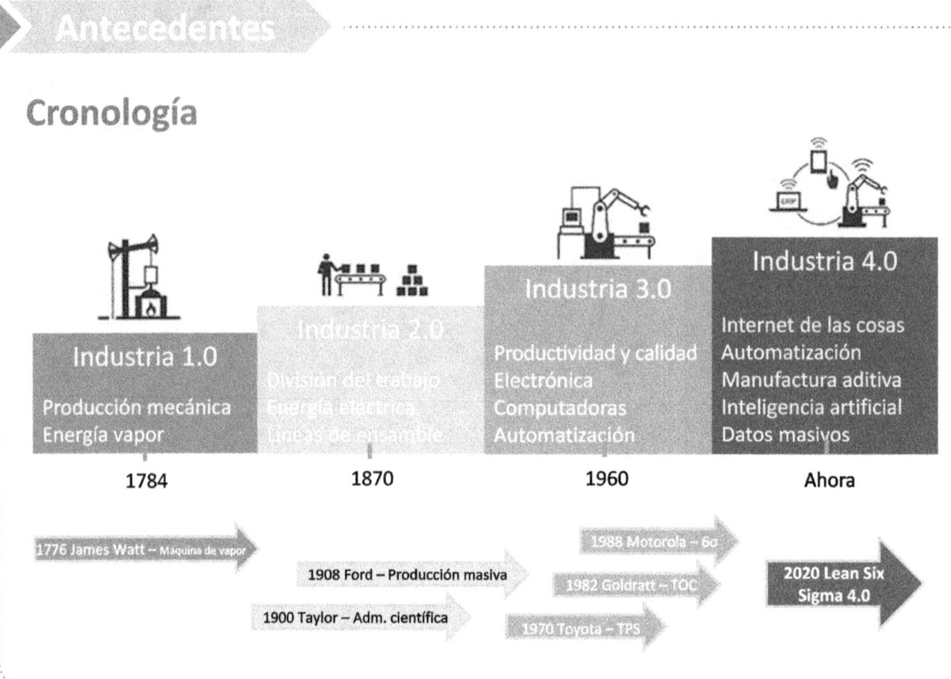

Revolución tecnológica

Se puede considerar una **revolución industrial** aquella que, con el descubrimiento y aplicación de nuevas tecnologías, **impacta** profundamente al mundo desde distintos **ámbitos:**

Social
Cómo nos relacionamos

Económico
Cómo distribuimos la riqueza

Ideológico
Cómo pensamos

Organizacional
Cómo trabajamos

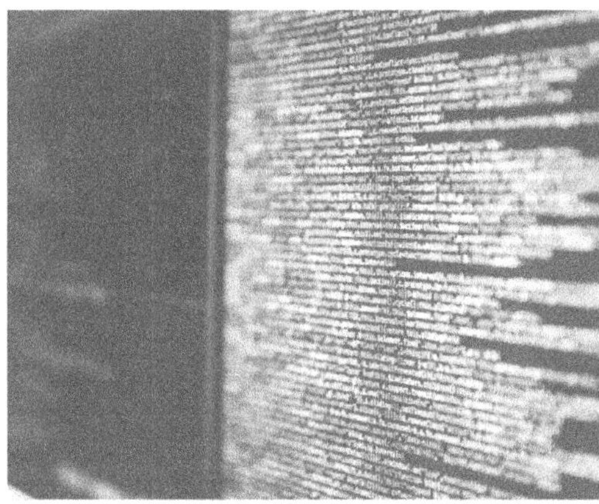

Digitalización de todo

Digitalización no significa hacer todo más rápido o automático. Eso pasó en la revolución anterior.

Significa hacer todo más inteligente con la posibilidad de medir y decidir con nuevos tipos de datos.

El término industria 4.0 fue acuñado en el marco de un proyecto del gobierno alemán para incentivar la tecnificación computacional en la manufactura, coincidiendo con la **Feria de Hannover en 2011.** En 2012, el grupo de trabajo sobre la materia presentó una serie de recomendaciones para su implementación.

En términos generales, lo que se buscaba es la **integración de sistemas ciberfísicos** que, haciendo uso de las nacientes tecnologías, conectara sistemas, productos, herramientas y servicios del mundo físico con interfaces digitales para su transformación.

¿Qué significa la industria 4.0?

Abundancia de la información

- Posibilidad de no solo tener datos estructurados que resultan de las máquinas y las cosas (IIoT).

- Posibilidad de percibir el entorno y entenderlo.

Interconexión

La ubicuidad de la información que proporcionan las tecnologías móviles y la nube nos permite conectarnos en una red global que, en conjunto, nos hace más inteligentes.

Nuevos modelos de negocio

Todo esto habilita nuevas formas de hacer negocio no contempladas hace unos años. Por ejemplo, es el caso de Airbnb o Uber.

Interconexión p2p m2m m2p

Redes de equipos comunicados entre sí, compartiendo información y actualizaciones.

Tendencias

- La industria automotriz se va a reconfigurar.

- Las empresas con *software* en la nube dominarán.

Airbnb no tiene hoteles.

Uber no tiene automóviles.

Las tres oportunidades de la industria 4.0

Conectividad inicial

Optimización de procesos

Velocidad y calidad

Nuevos modelos de negocio

Los sentidos y sus equivalentes

Vista: cámaras de vídeo y sensores de presencia

Oído: sensores de frecuencia de audio

Tacto: sensores de humedad, temperatura

Olfato: sensores de presencia de partículas en el aire

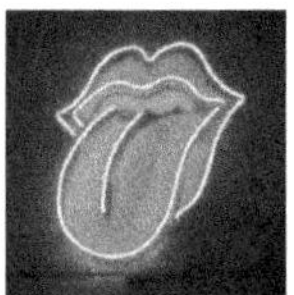

Gusto: pruebas de pH, presencia de contaminantes

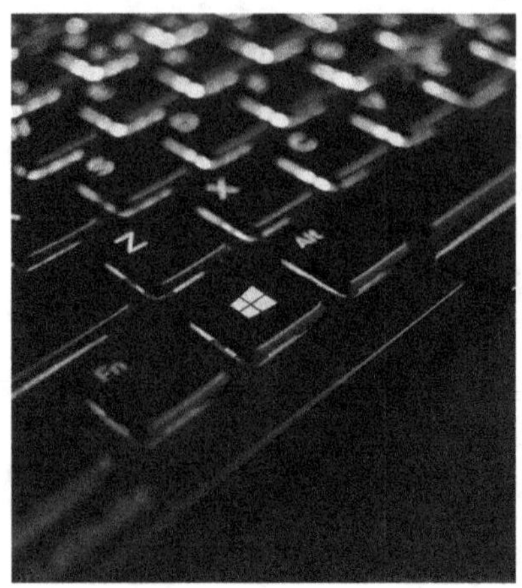

¿No es una continuación de la anterior?

No. La revolución digital difuminó las barreras entre el mundo físico y el digital.

La cuarta revolución va a borrar todas las barreras con lo biológico, los materiales, la energía y el pensamiento.

Elementos de la industria 4.0

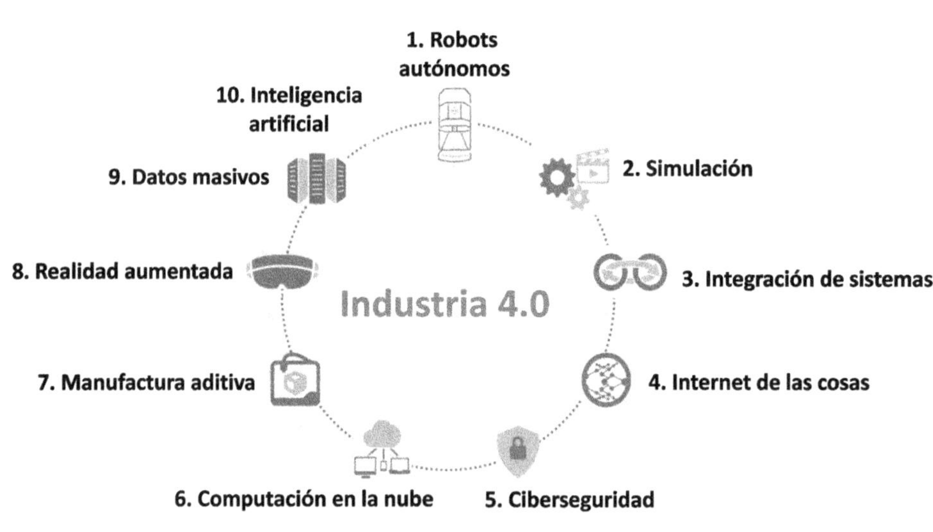

1. Robots autónomos

- Se ha desarrollado un nuevo conjunto de robots de bajo costo que pueden detectar, recoger y ordenar elementos.

- Estos robots pueden realizar muchas tareas comunes y participar en diversas funciones como: almacenamiento, contabilidad, ventas, etc.

- Ahora son más económicos y fáciles de utilizar.

Robots Lamborghini

Ejemplos

- **Robots en almacenes**
  - Vehículos autoguiados.
  - Cero accidentes.
  - Alta productividad.

- **Tareas repetitivas: Megatech**
  - Servicios financieros: gestión de cobranza para mejorar la recuperación de cartera en un +341 %.

2. Simulación

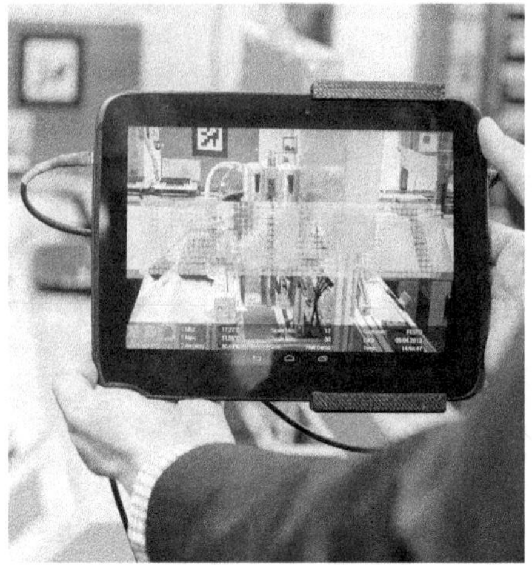

Una simulación es una imitación aproximada en tiempo real de las operaciones de un proceso o sistema, con el fin de:

- Facilitar el control y optimización avanzados, así como la detección temprana de problemas.
- Permitir una comparación avanzada del rendimiento real frente al esperado, basado en la experiencia de miles de equipos similares.
- Reducir costos de garantía.

Ejemplos

En **Skarnes Inc.,** empresa de manipulación de materiales y automatización industrial.

- **Objetivo:** Incrementar el rendimiento de un sistema automatizado de almacenamiento y recuperación de materiales.

- **Inicial:** 70 palés por hora.

- **Resultado:** 100 palés por hora (+43 %).

LSSI.
LEAN SIX SIGMA INSTITUTE

3. Integración de sistemas

- Proporciona una plataforma centralizada de un proceso estandarizado para recolectar, analizar, almacenar y actuar sobre los datos.

- Acceso a analíticas internas y de terceros (SAP, Oracle, Microsoft, Apps, etc.).

- Permite conexiones seguras entre empresas para proporcionar visibilidad y optimización para toda la cadena de suministro.

4. Internet de las cosas

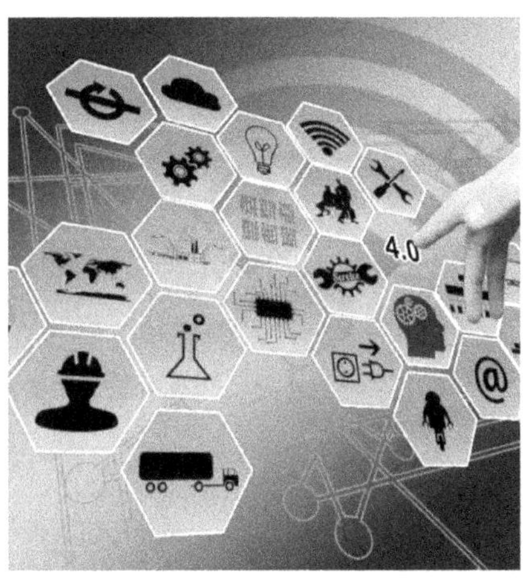

- Es uno de los detonantes de esta nueva revolución.

- Es la interconexión de objetos cotidianos con internet.

- Dispositivos conectados a la red global para captar, procesar y enviar datos.

- Ya no solo están conectadas las computadoras, sino también muchos otros dispositivos, tales como: relojes, refrigeradores, sensores, teléfonos inteligentes y equipos de trabajo.

- **Medicina:** telemedicina, marcapasos.

- **Casa:** termostato, luz, riego, alarma, etc.

- **Seguridad:** cámaras, sensores, etc.

- **Agricultura:** siembra, irrigación, etc.

- **Vida diaria:** tenis, automovil, mascota, llaves, café, reservas, etc.

- **Empresa:** máquinas, tableros, etc.

5. Ciberseguridad

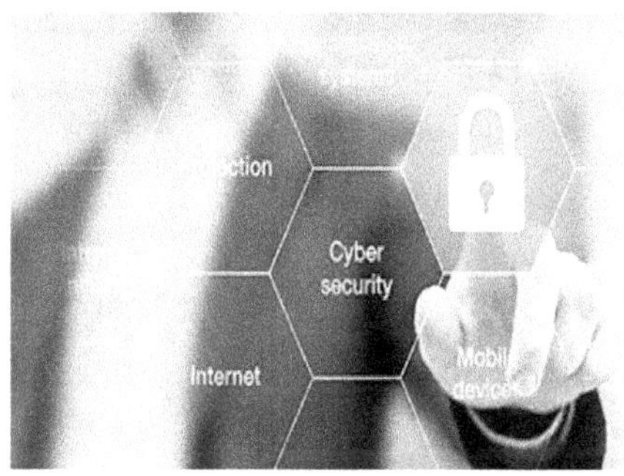

El aumento exponencial de la digitalización incrementa también la superficie expuesta de los datos.

Es la protección de la infraestructura computacional:

- *Software.*
- Bases de datos.
- Archivos.
- *Hardware.*
- Redes.

El riesgo no solo está en los datos personales

Cadena de bloques *(blockchain)*

Es una tecnología de infraestructura distribuida que utiliza un libro contable **(libro mayor o *ledger*) descentralizado** que lleva el registro de cada transacción ocurrida a través de una red, y habilita el intercambio de información.

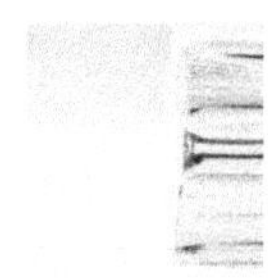

Ledger distribuido

- Cada integrante de la red tiene una copia de todas las transacciones.
- Las transacciones están encriptadas.

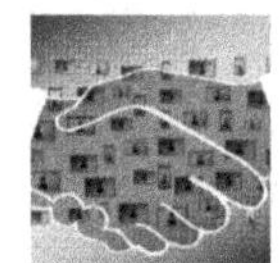

Algoritmo de consenso

- No hay una entidad central responsable de validar la integridad de la información.
- Cada registro es validado por cada nodo de la red.

Contratos inteligentes

- Las transacciones se pueden enviar con reglas, que al cumplirse, se validan y se liberan.

Bienes digitales

- Habilita la creación de bienes de forma digital y cada trabajo se convierte en único.

La tecnología *blockchain* se puede aplicar a cualquier industria. Sus ventajas básicas incluyen: descentralización, inmutabilidad, seguridad y transparencia.

Aplicaciones

- **Administración pública:** transparencia, reducción de fraudes *(smart contracts)*.
- **Salud:** registros médicos, investigación de medicamentos.
- **Notarios:** registro de transacciones entre partes, sin intermediarios.
- **Cadena de suministro:** transparencia de cada transacción en tiempo real.

El 99 % de las empresas Fortune 500 han sido hackeadas. **La pregunta no es si va a suceder, sino cuándo** la seguridad de mis datos va a ser vulnerada.

LSSI.
LEAN SIX SIGMA INSTITUTE

6. Computación en la nube

- Prestación de servicios de tecnología, que permite a la persona usuaria acceder a un catálogo de servicios de forma flexible.

- Se paga únicamente por el consumo efectuado.

Ejemplos

Siemens
Monitoreo de equipos situados en todo el mundo cobrando solo por el servicio que ofrecen y no por el equipo.

Tesla
- Actualización de modelo.
- Corrección de fallas.
- Monitoreo de signos vitales.

7. Manufactura aditiva

Impresión 3D en la NASA.

- Creación de piezas de precisión agregando material en lugar de eliminar.

- Gran flexibilidad y eliminación de componentes.

- Pruebas de una sola pieza o en lotes pequeños.

- Tiempo y costo más bajos que manufactura tradicional.

Ejemplos

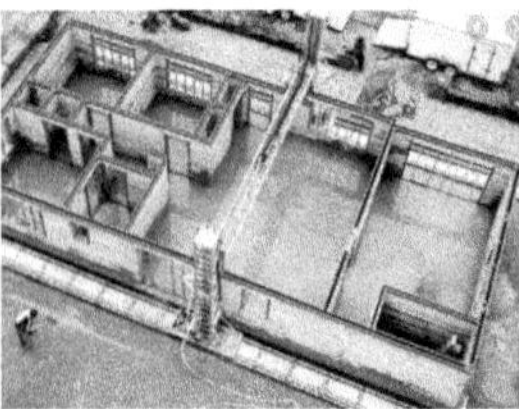

Construcción aditiva

Impresión de muros en 3D.

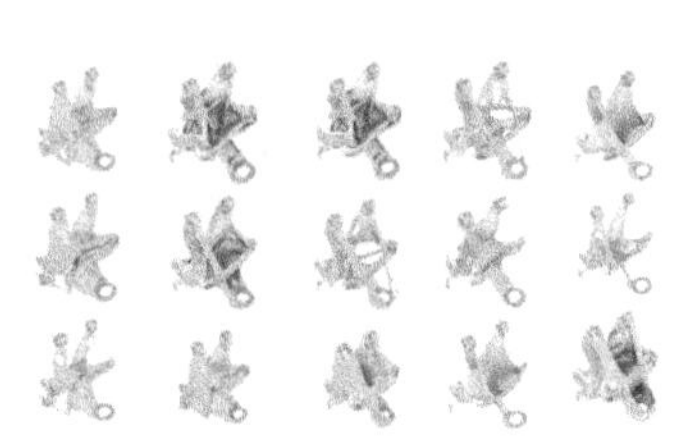

Componentes

Prototipo y fabricación (General Motors consolidó ocho componentes en una sola pieza).

Salud

Impresión en 3D de prótesis y órganos.

LSSI
LEAN SIX SIGMA INSTITUTE

8. Realidad aumentada

- Información visual en tiempo real.

- Programas de entrenamiento para personal.

- Reducción de errores.

- Presentación simulada de un estado futuro:
  - *Layout.*
  - Decoración.
  - Configuración de equipo.

Ejemplos

Asesoría remota	Decoración	Entrenamiento
Un experto explica cómo solucionar un problema mostrando en tiempo real el procedimiento sobre el equipo.	Se simulan los muebles en un espacio determinado.	Se explica paso a paso el procedimiento para entrenar al personal.

9. Datos masivos *(big data)*

- La cantidad de datos generados por dispositivos como sensores, motores y sistemas en general está creciendo a un ritmo exponencial.

- Permite una importante capacidad de captura y procesamiento de datos para proporcionar información valiosa que mejore la toma de decisiones.

- De nada nos sirve tener tecnología de adquisición de datos si no la almacenamos y organizamos correctamente.

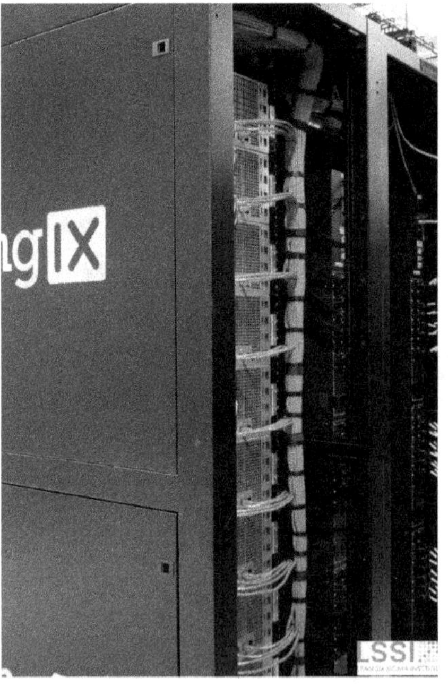

LSSI.
LEAN SIX SIGMA INSTITUTE

10. Inteligencia artificial

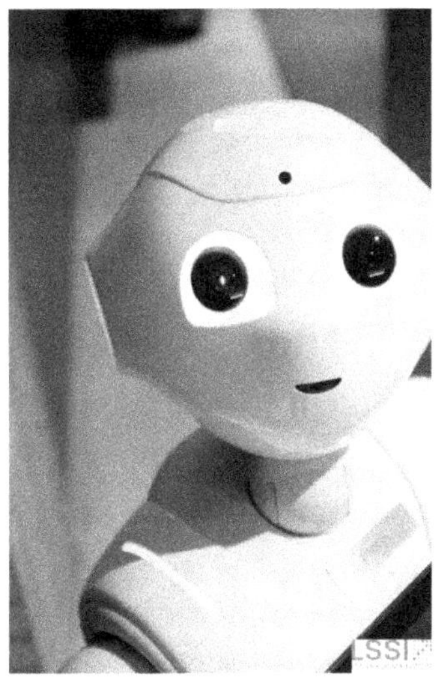

- Es la disciplina científica que busca enseñar a las máquinas cómo realizar tareas, resolver problemas y tomar decisiones que normalmente requieren inteligencia humana.

- Lo hacen aprendiendo patrones y clasificando la información.

- Se aplica en distintos campos tales como:
  - Visión artificial o por computadora.
  - Aprendizaje automático.
  - Aprendizaje profundo.
  - Macrodatos o datos masivos.
  - Robótica.

Ejemplos

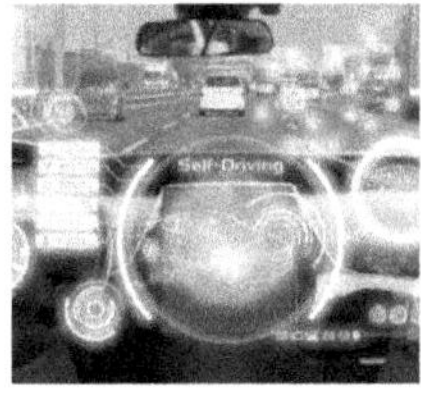

Autoconducción

Capaz de interactuar con satélites y otros vehículos para minimizar los errores de conducción humana y prevenir accidentes.

Hogares inteligentes

Aplicaciones y sensores domésticos conectados que encienden y apagan dispositivos de acuerdo con ciertos criterios como: temperatura ambiente, sistema de seguridad, gestión de energía, etc.

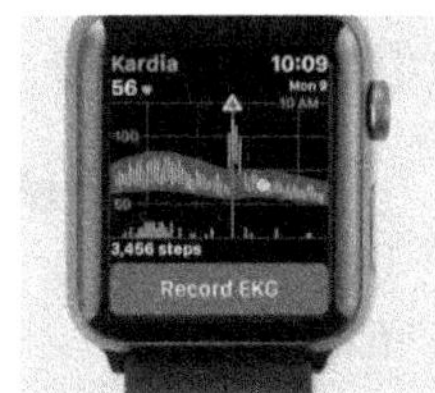

Salud

Monitoreo de signos vitales analizando información y previniendo problemas cardíacos.

Ejemplos de aplicaciones

Hogares conectados

Manufactura

Salud

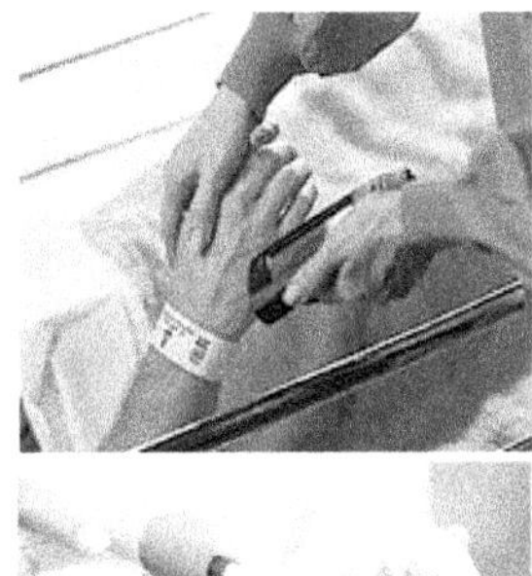
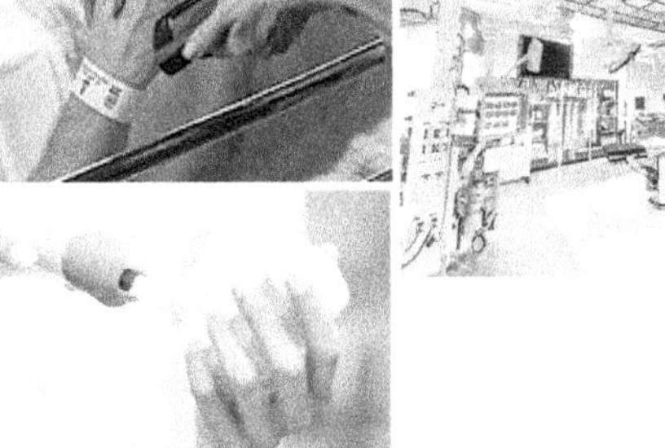
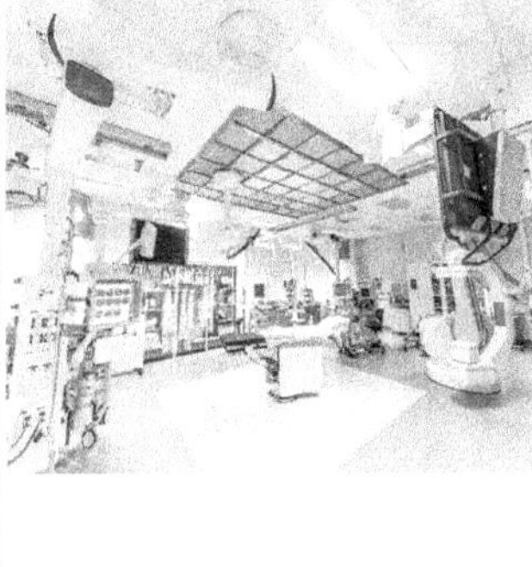
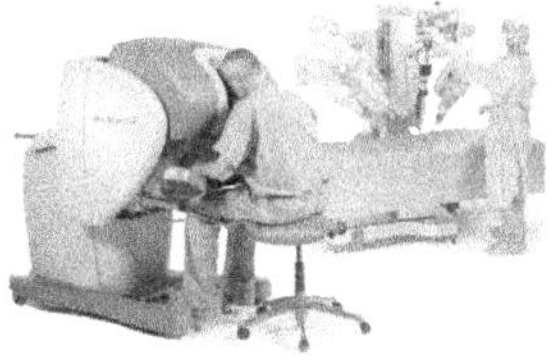

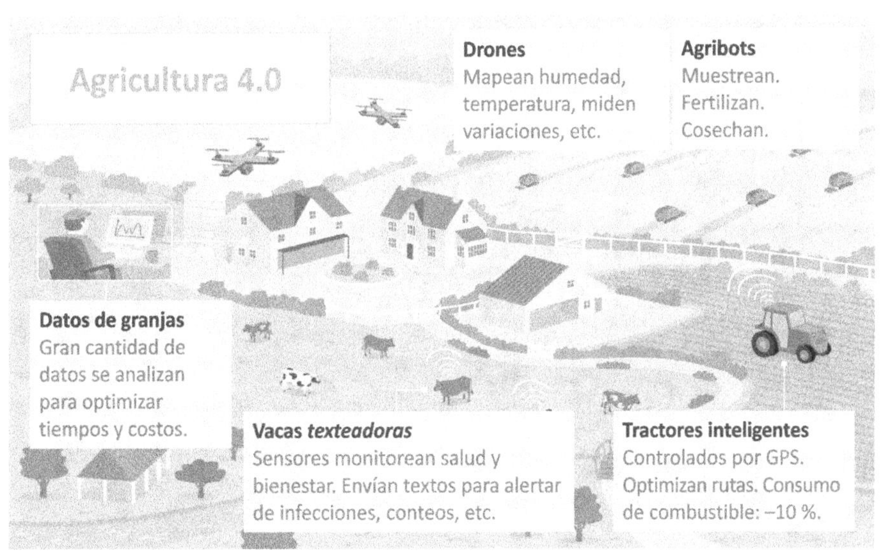
Agricultura 4.0

Drones
Mapean humedad,
temperatura, miden
variaciones, etc.

Agribots
Muestrean.
Fertilizan.
Cosechan.

Datos de granjas
Gran cantidad de
datos se analizan
para optimizar
tiempos y costos.

Vacas texteadoras
Sensores monitorean salud y
bienestar. Envían textos para alertar
de infecciones, conteos, etc.

Tractores inteligentes
Controlados por GPS.
Optimizan rutas. Consumo
de combustible: −10 %.

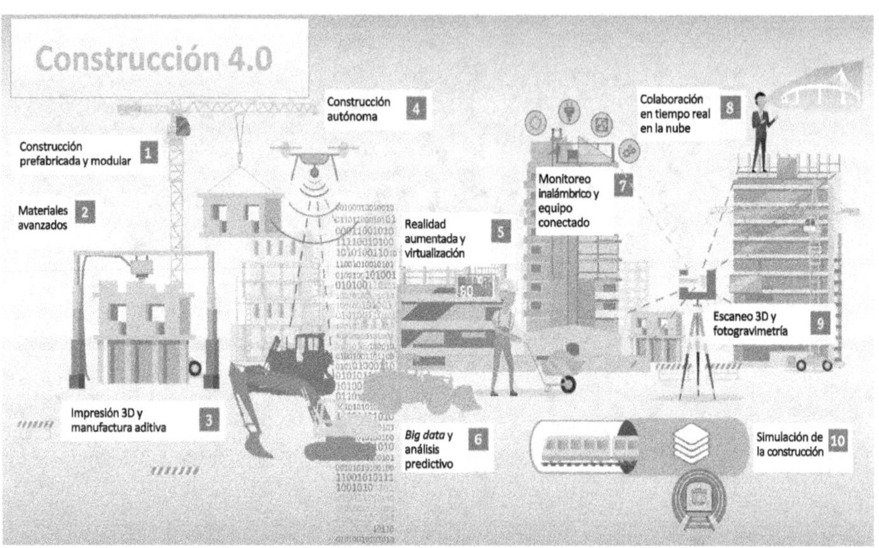

Construcción 4.0
Construcción prefabricada y modular 1
Materiales avanzados 2
Impresión 3D y manufactura aditiva 3
Construcción autónoma 4
Realidad aumentada y virtualización 5
Big data y análisis predictivo 6
Monitoreo inalámbrico y equipo conectado 7
Colaboración en tiempo real en la nube 8
Escaneo 3D y fotogravimetría 9
Simulación de la construcción 10

Hostelería 4.0
citizenM

Energía Lean 4.0

10-20 % del costo total es energía.

Termografía:
Filtraciones y aislamiento

Monitor IoT:
Electricidad/producción

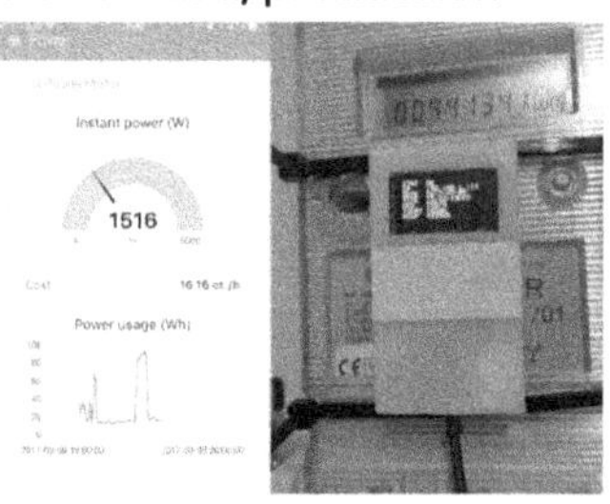

Ultrasonido:
Fugas de gas y electricidad

Tecnología:
Eficiencia energética
Inteligencia artificial

Conclusiones

60 %

Casi dos tercios de las ocupaciones
verán cómo casi un tercio de sus
actividades serán automatizadas.

Las máquinas
van a aprender
más rápido que
los humanos.

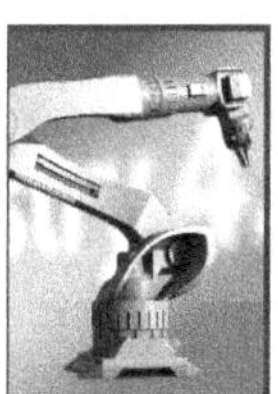
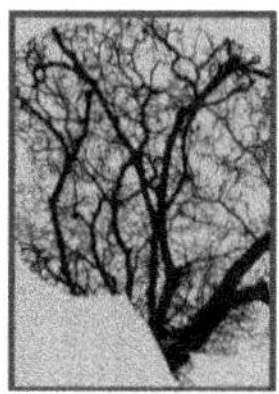

El impacto

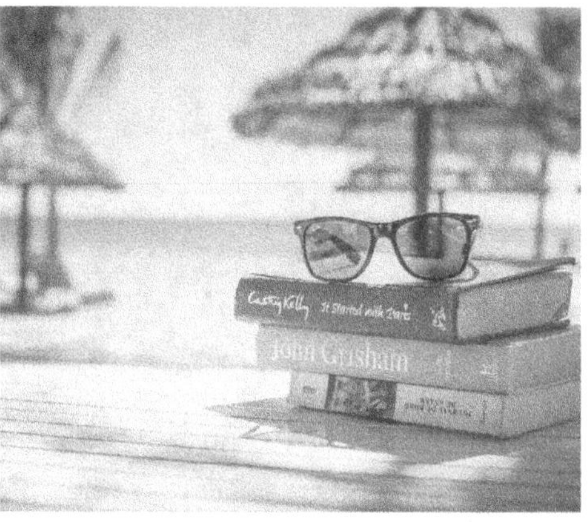

Los robots y la inteligencia artificial mejorarán la calidad de vida.

La democratización de la tecnología tiende a reducir los costos de producción.

Un billón más de habitantes en el año 2030

En 2050, la ONU prevé 55 países con un 30 % de adultos mayores de 60 años

Crisis en pensiones de jubilación

Menos nacimientos

Economías emergentes

En menos de una generación, las llamadas **economías emergentes** pasaron de ser las fábricas de las grandes potencias a ser el destino de productos de valor agregado, servicios y capitales.

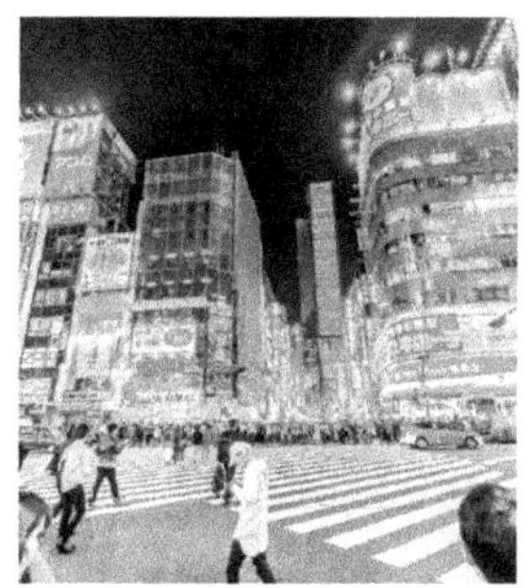

Estados Unidos y Europa pierden frente a China e India.

Estimación del porcentaje de participación del PIB global* de 2016 a 2030:

18%	16%	15%	7%
CHINA +20 %	EE. UU. -12 %	EURO -9 %	INDIA +15 %

* El producto interno bruto (PIB) global se correlaciona con la paridad del poder adquisitivo (PPA) de un país.

Velocidad

¿Cuál es la diferencia?

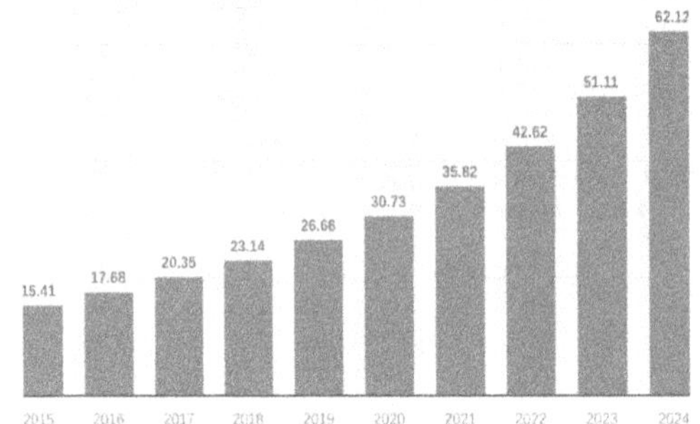

Crecimiento exponencial

Más del 57 % de la población mundial tiene acceso a internet.*

A partir de 2018, el número global de dispositivos conectados supera los 17 mil millones.** Se espera que este número casi se duplique a finales de 2025.

Fuentes:
* Internet World Stats, 2019.
** IoT Analytics Research, 2018.

El alcance

¿Cuál es la diferencia?

El crecimiento no reconoce fronteras

Aunque algunos países se benefician más que otros, cada vez hay más pruebas que indican que las regiones que no han podido soportar la ola inicial de adopción de tecnología y acelerar su proceso de desarrollo, están comenzando a hacerlo con la industria 4.0.

LSSI
LEAN SIX SIGMA INSTITUTE

¿Quiénes van a ser los primeros afectados?

1. **El trabajo como lo conocemos**

2. **Las estructuras tradicionales**

3. **El sistema educactivo**

4. **Los gobiernos**

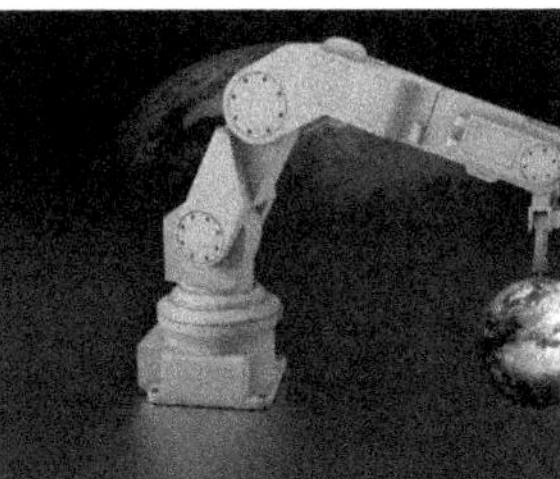

Inventario de habilidades

2015	2024
1. Solucionar problemas complejos.	1. Solucionar problemas complejos.
2. Coordinación con otros.	2. Pensamiento crítico.
3. Gestión de personal.	3. Creatividad.
4. Pensamiento crítico.	4. Gestión de personal.
5. Negociación.	5. Coordinación con otros.
6. Control de Calidad.	6. Inteligencia emocional.
7. Orientación al servicio.	7. Toma de decisiones.
8. Toma de decisiones.	8. Orientación al servicio.
9. Escuchar activamente.	9. Negociación.
10. Creatividad.	10. Flexibilidad cognitiva.

Fuente: *Future Jobs Employment,* Forum Económico Munidal.

¿Quién gana?

La economía

Los seres vivos

Quienes se preparen

Simulación con FlexSim

Objetivos

1. Entender qué es la simulación y sus beneficios.
2. Aprender a utilizar las funciones principales del simulador FlexSim.
3. Elaborar modelos para practicar lo aprendido.
4. Interactuar con un modelo detallado para conocer el potencial de la simulación, experimentación y optimización.

Contenidos

> Introducción
> ¿Qué es simulación?
> Beneficios
> Simulación con FlexSim
> Funcionamiento de FlexSim
> Ejercicios
> Conclusiones

Introducción

Los sistemas de producción, logística y servicios pueden ser:

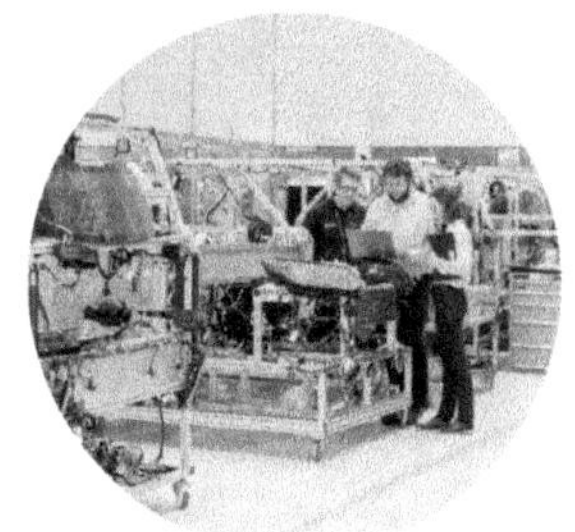

- Complejos.

- Dependientes de otros procesos.

- Con miles de posibles combinaciones.

¿Cómo mejorar el sistema sin interrumpir la operación y a la vez minimizar los riesgos?

El problema se podría resolver utilizando hojas de cálculo, diagramas o inclusive códigos de programación, pero...

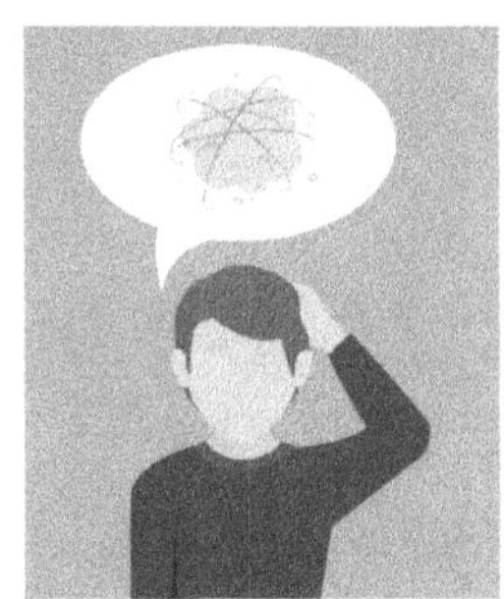

¿Otorgan la decisión correcta?

¿En el menor tiempo posible?

¿En la primera oportunidad?

- La **simulación** de procesos es la única herramienta que permite analizar rápidamente sistemas dinámicos.

- Elige la mejor **solución** tomando en cuenta cualquier **factor** que puede influir en un sistema, de una forma fácil y precisa.

¿Qué es simulación?

Definición

Una **simulación** es una experimentación que utiliza una imitación en computadora de un sistema de operaciones a través del tiempo, con el fin de **comprender** mejor u **optimizar** ese sistema.

Fuente: S. Robinson, *Simulation: The Practice of Model Development and Use,* 2004.

Los modelos de simulación son utilizados generalmente para **representar** un sistema productivo de negocios.

Conceptos clave

A diferencia de otras herramientas, la simulación permite representar:

- **Interdependencia**
  - Comportamientos de elementos que afectan a otros elementos del sistema.
- **Aleatoriedad**
  - Variación en eventos mediante distribuciones estadísticas.
- **Fiabilidad** *(reliability)*
  - Sucesos ocasionales como fallos, *scrap* y paros.

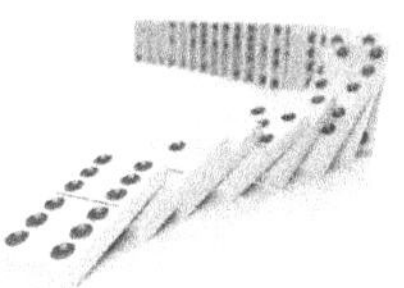

Esto sin necesidad de crear representaciones matemáticas elaboradas.

Algunas preguntas a las que responde la simulación

- ¿Se puede mejorar la operación actual?
- ¿Cuánta gente se necesita para las operaciones?
- ¿Cómo determinar las capacidades?
- ¿Cuántos camiones y montacargas se necesitan realmente?
- ¿Las rutas de distribución son las convenientes?
- ¿La distribución del *layout* y el sistema de almacenaje son óptimos?
- ¿Es conveniente abrir otro almacén o centro de distribución?
- ¿Se justifica un mayor grado de automatización?
- ¿Cuándo se recuperará la inversión?

Costo de hacer cambios en etapas subsecuentes

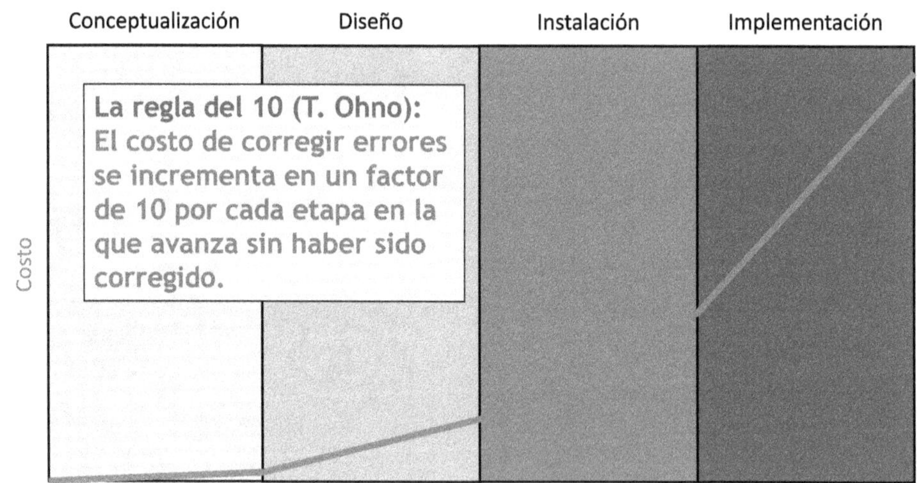

Ventajas de simular

- Permite **evaluar** estrategias de mejora sin perturbar la operación real, mitigando el riesgo.

- Posibilita **identificar** los cuellos de botella, indicando el estado y el grado de utilización de los distintos recursos utilizados.

- La simulación puede hacerse en forma **acelerada,** lo que permite ver, en unos minutos, varios meses o años de operación del proceso.

"Una simulación
es el mejor lugar para
cometer errores."

Beneficios

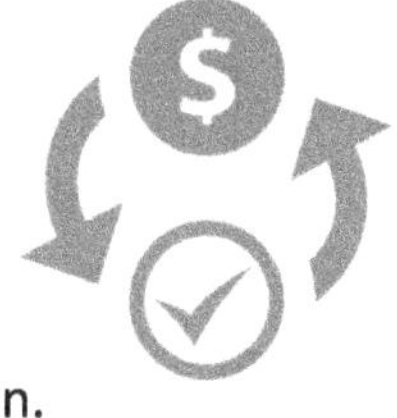

- **Mejorar la toma de decisiones**
  - Realizar evaluaciones de factibilidad para encontrar la mejor alternativa y prevenir problemas potenciales.
  - Generar estadísticas para visualizar y analizar información.

- **Reducir costos y optimizar procesos**
  - Probar el funcionamiento de recursos sin la necesidad de invertir.
  - Descubrir oportunidades de mejora al identificar y reducir desperdicios.

- **Ayudar a la comunicación**
  - Presentar nuevas propuestas utilizando un modelo 3D con dimensiones exactas y flujos de proceso.
  - Explicar el comportamiento de los procesos tanto al equipo de trabajo como a personas que no conozcan la operación.

Simulación con FlexSim

- FlexSim es un *software* de simulación 3D que modela, simula, predice y visualiza sistemas en cualquier tipo de empresa. Es a la vez potente y fácil de utilizar.

- Emplea simulación por eventos discretos y programación orientada a objetos, otorgando **flexibilidad** y **conectividad**.

Aplicaciones en la industria

FlexSim está diseñado para simular cualquier tipo de industria, por ejemplo:

- Manufactura.

- Manejo de materiales.

- Logística y cadena de suministro.

- Atención médica y otros servicios.

Distinctive features

Ambiente virtual 3D

- Gráficos realistas con alto nivel de detalle y distribución precisa.

Construcción sencilla de modelos

- Lógica intuitiva que permite programar flujos sin necesidad de usar código de programación.

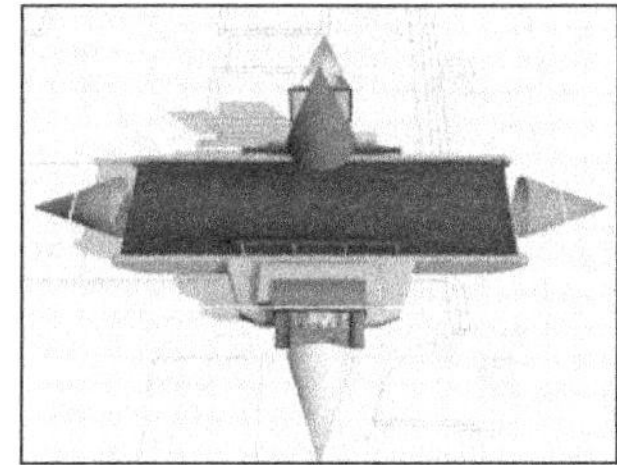

Ajuste de curvas

- Módulo ExpertFit que ajusta los *inputs* a una de entre 40 distribuciones estadísticas.

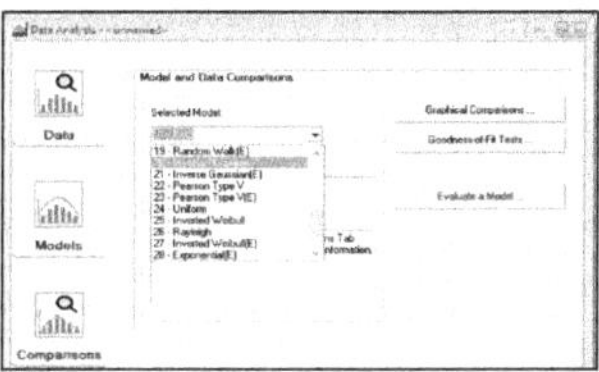

Análisis del modelo

- Tableros dinámicos que permiten visualizar KPI en tiempo real y generar informes personalizados.

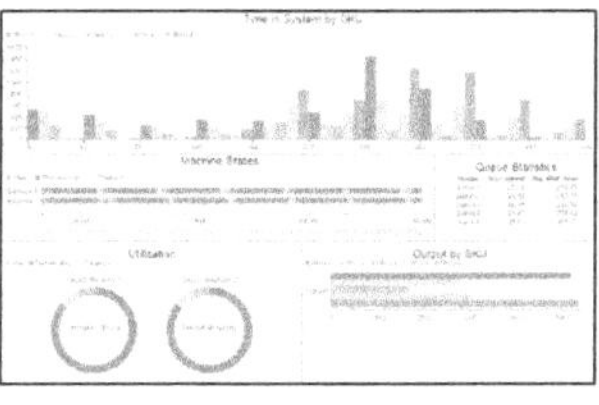

Experimentación y optimización

- Módulo de experimentación que utiliza algoritmos evolutivos para probar cientos de escenarios y encontrar la mejor solución.

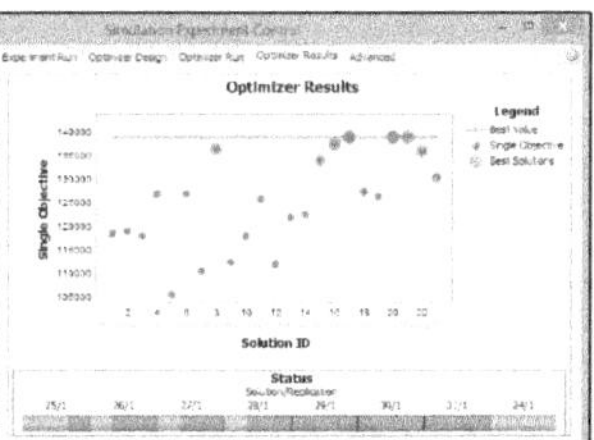

Más que solo simulación

FlexSim incorpora los siguientes elementos de industria 4.0:

- *Digital twin* (gemelo digital): integración de sistemas real-virtual.

- Emulación de controlador lógico programable o PLC.

- Computación en la nube.

- Realidad virtual.

- Datos masivos: análisis de datos.

Funcionamiento de FlexSim

Vistazo inicial

Elementos de la vista predeterminada

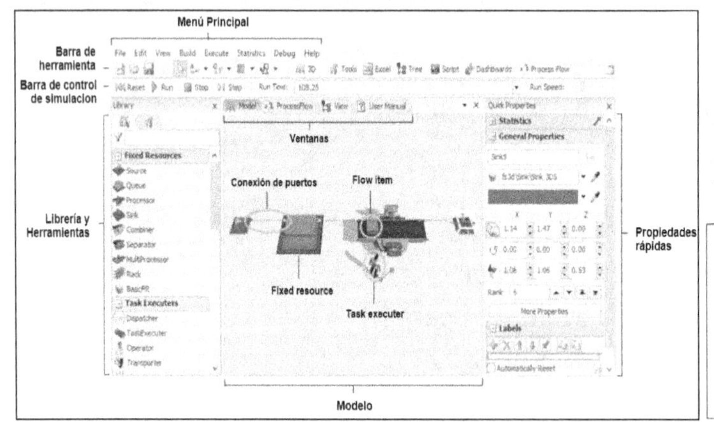

Navegación en el modelo

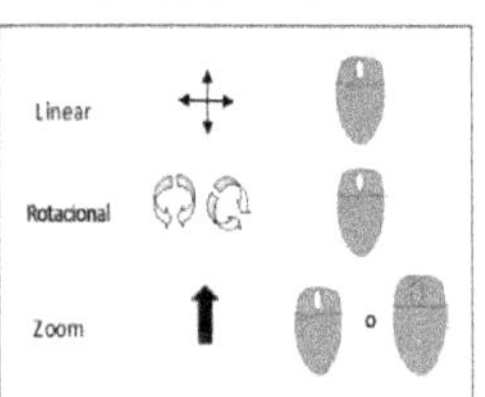

Tipos de objetos

Existen tres principales tipos de objetos con diferentes funciones:

- *Flow items:* objetos que se mueven o fluyen a través del modelo de simulación, generalmente de una estación *(fixed resource)* a otra estación. Representan productos, clientes, documentos, piezas o cualquier otro elemento de flujo.

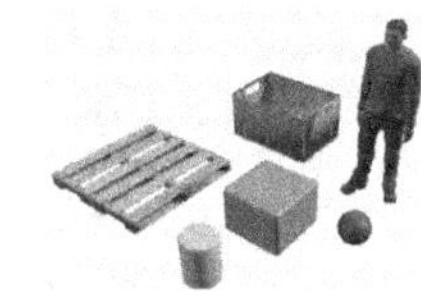

- *Fixed resources:* objetos estacionarios que realizan una función específica como crear, almacenar o procesar *flow items.* Representan estaciones de trabajo, máquinas, entradas, salidas, etc.

- *Task executers:* recursos que se mueven en el modelo 3D para ejecutar tareas como transportar *flow items,* operar máquinas, etc. Representan operadores, elementos de manutención, robots, grúas, vehículos autoguiados (AGV) y cualquier otro medio de transporte.

Propiedades de objetos

Los objetos pueden ser editados en la ventana de propiedades.

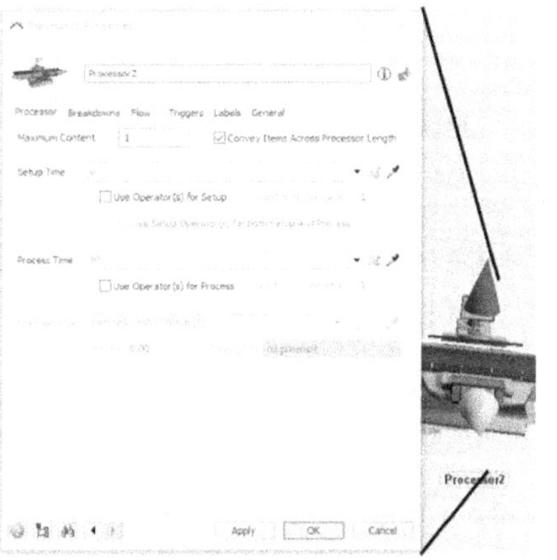

- Se abre al hacer doble clic sobre cualquier objeto.

- Permite **editar variables** como tiempos, contenido, flujos, lógicas, aspectos visuales, etc.

- Cada clase de objeto tiene propiedades únicas y permite crear tus propios objetos.

Conexiones

Los objetos se comunican utilizando conexiones por medio de puertos.

Existen dos tipos de puertos:

- *Input* y *output*
  Determinan los **flujos** de entrada *(input)*
  y salida *(output)* para los *flow items.*

  - Conectar: arrastrar con 🖱 + tecla A.
  - Desconectar: arrastrar con 🖱 + tecla Q.

- **Central**
  Conectan **recursos** para realizar transportes
  u operaciones.

  - Conectar: arrastrar con 🖱 + tecla S.
  - Desconectar: arrastrar con 🖱 + tecla W.

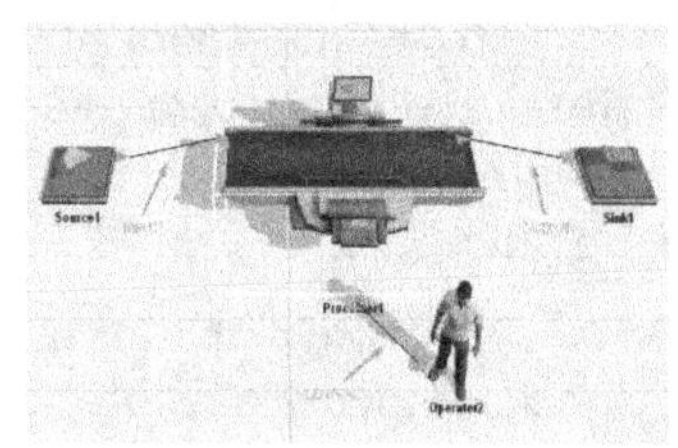

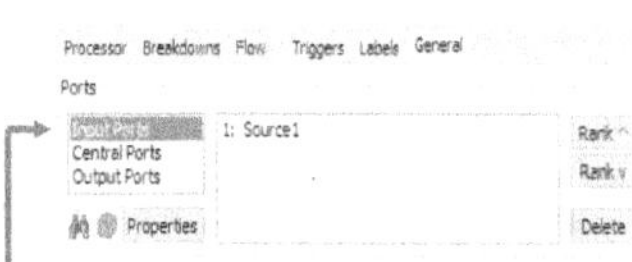

*Las conexiones también se pueden
editar en la ventana de propiedades.*

Antes de simular

Previo a modelar es recomendable realizar las siguientes actividades:

- **Definir** cuál es el propósito de la simulación y
  qué problemas se quieren resolver.

- Determinar claramente los **objetivos** y el
  alcance para manejar las expectativas.

- **Mapear** el proceso en un diagrama de flujo o
  VSM.

- Establecer los *inputs* del sistema y recolectar
  datos en caso de ser necesario.

LSSI
LEAN SIX SIGMA INSTITUTE

Ejercicio 1: Construir el primer modelo de simulación

Procedimiento:

1. Abrir un nuevo archivo.

2. Crear en el plano los objetos que se muestran en la imagen.

3. Conectar los objetos según su puerto, activar transportes y aplicar simulación.

4. Configurar variables desde la ventana de propiedades.

   - Tiempo entre llegadas de Source 1 = 30 s.

   - Tiempo de ciclo de Processor 1 = 20 s.

   - Capacidad máxima del Queue 1 = 30 piezas.

5. Probar de nuevo la simulación.

6. Discutir los resultados.

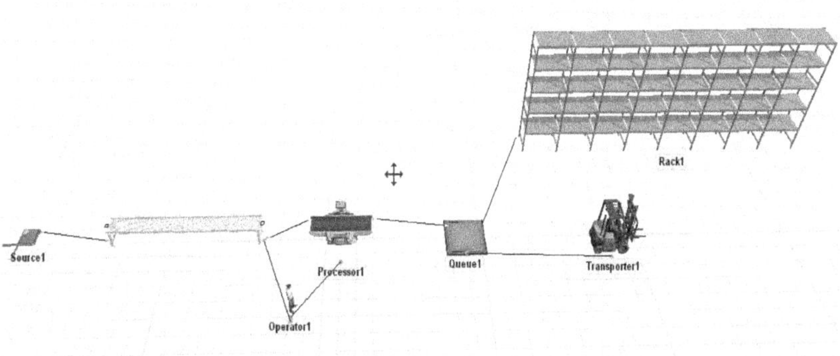

¿Qué desperdicios se pueden observar con simulación?

Ejercicio 2: Toma de decisiones

Por incremento en la demanda, evaluar la incorporación de un nuevo procesador.

Procedimiento:

1. Usar el mismo archivo del ejercicio 1.

2. Modificar la llegada de producto en el Source 1 a 15 s.

3. Copiar y pegar la línea para crear otro escenario.

4. En la nueva línea agregar otra estación de trabajo.

5. Agregar tableros para mostrar la utilización de los procesadores y el *throughput* en Rack 1.

6. Probar la simulación por 1 hora (3,600 s).

7. Analizar y discutir los resultados.

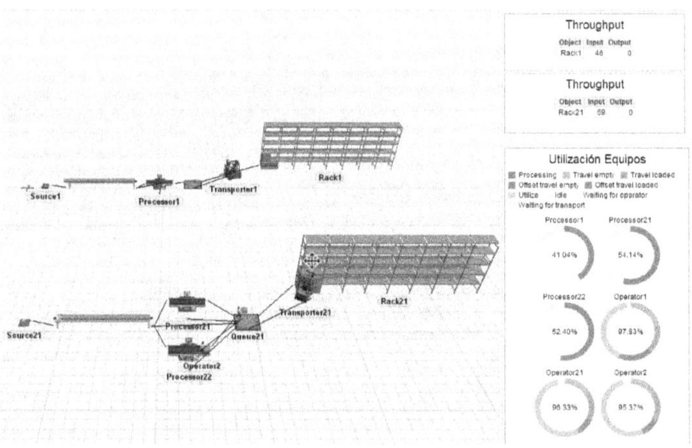

¿Conviene incorporar un segundo procesador?

LSSI
LEAN SIX SIGMA INSTITUTE

Ejercicio 3: Caso Lean Shop con mapa de valor (VSM) actual

Para el tercer modelo, simular el caso **Lean** Shop estudiado en *Lean Six Sigma Yellow Belt. Manual de certificación.**

Procedimiento:

- Repasar el caso.
- Construir el modelo.
- Discutir los resultados.

AX - 1	Tablero básico
AZ - 2	Tablero de control remoto
WB - 3	Tablero WEB
XR - 4	Tablero colors
MN - 5	Manual estándar
MN - 6	Manual financiero
MN - 7	Manual global

* L.V. Socconini: *Lean Six Sigma Yellow Belt. Manual de certificación*, Marge Books, 2022. Véase la página 222 en adelante.

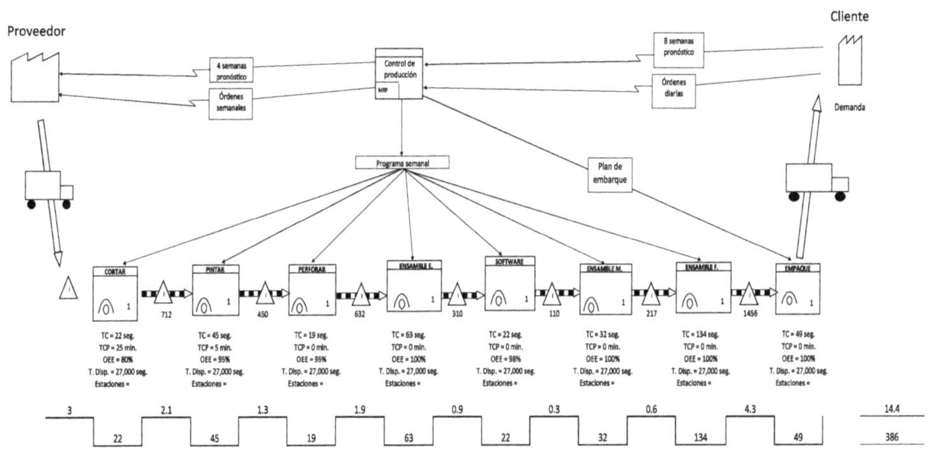

Diagrama de espagueti

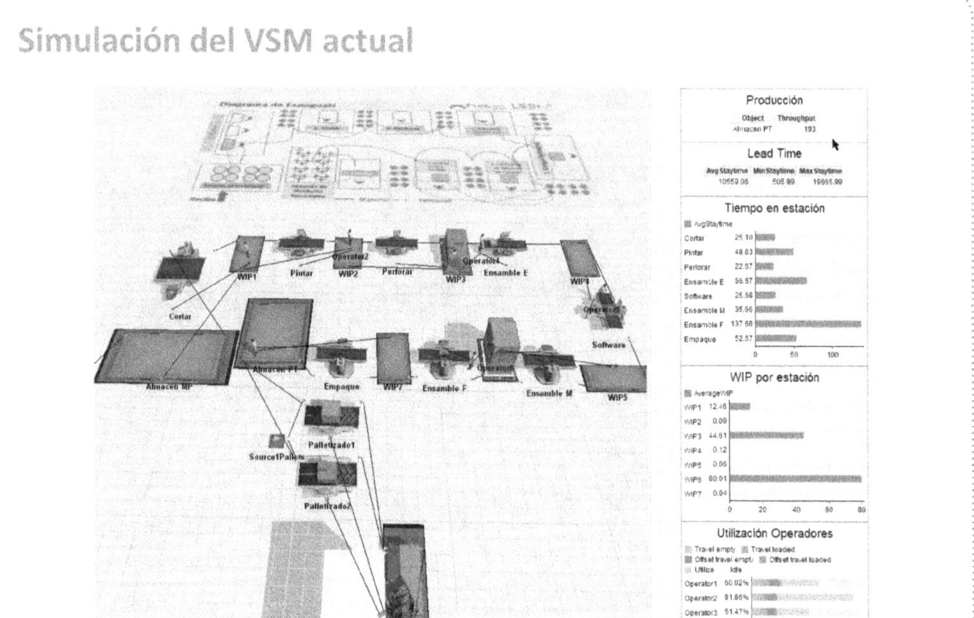

Simulación del VSM actual

Ejercicio 4: Caso Lean Shop con mapa de valor (VSM) futuro

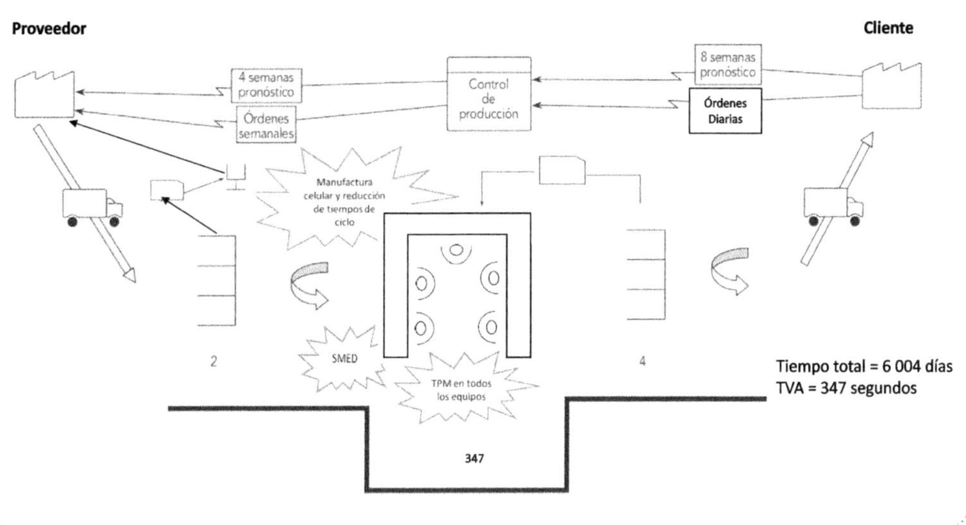

Simulación del VSM futuro

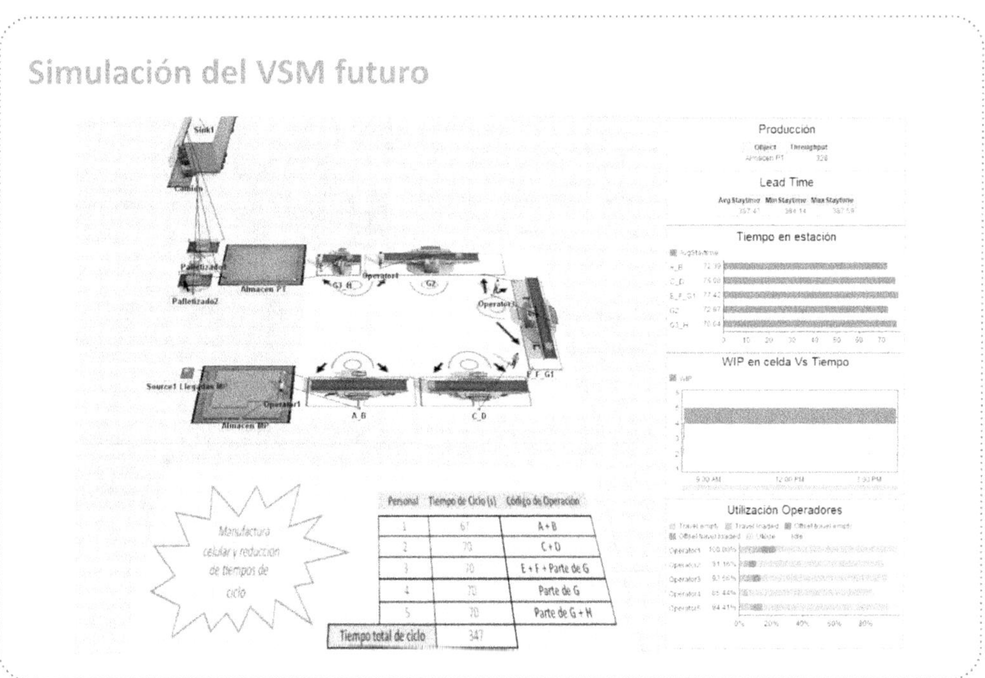

Personal	Tiempo de Ciclo (s)	Código de Operación
1	61	A + B
2	70	C + D
3	70	E + F + Parte de G
4	70	Parte de G
5	70	Parte de G + H
Tiempo total de ciclo	347	

Ejercicio 5: Interacción con un modelo construido

El objetivo de este ejercicio es interactuar con un modelo avanzado del caso **Lean** Shop para conocer el potencial de la simulación.

Indicaciones:

- Explorar el modelo.
- Modificar variables.
- Analizar resultados.

Conclusiones

- La simulación permite representar **sistemas complejos,** considerando elementos como la interdependencia y aleatoriedad.

- FlexSim es una herramienta que concede un **análisis dinámico** de distintos escenarios, disminuyendo el riesgo de cometer errores.

- Cada vez es más conocida y utilizada en la industria, llegando a ser pieza clave en la presentación de **proyectos** y comunicación de procesos.

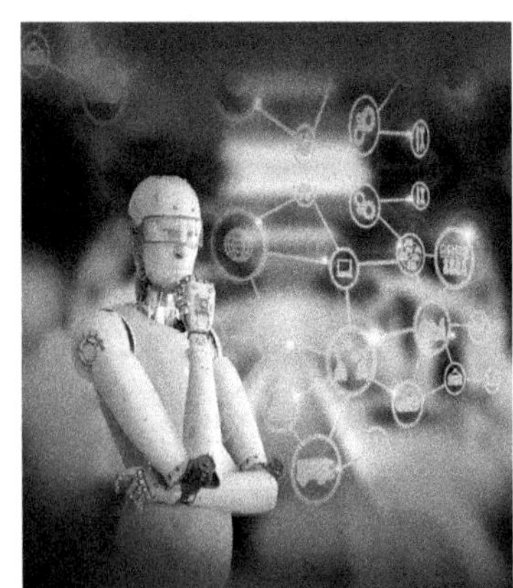

Trabajo estándar de líderes

*Una guía práctica para definir el trabajo
de los líderes en una compañía*

Objetivos

1. Entender los elementos clave del sistema Lean
   Management.
2. Aprender la forma de integrar el trabajo estándar de líderes
   al sistema Lean Company.
3. Conocer los elementos que garantizan el correcto
   funcionamiento del trabajo estándar de líderes.

Contenidos

> Antecedentes
> ¿Qué es trabajo estándar de líderes?
> Beneficios
> Elementos clave
> ¿Quiénes participan?
> ¿Cómo se implementa?
> Ejemplos
> Gestión visual *(andon)*
> Rendición de cuentas diaria
> Liderazgo disciplinado

Trabajo estándar de líderes

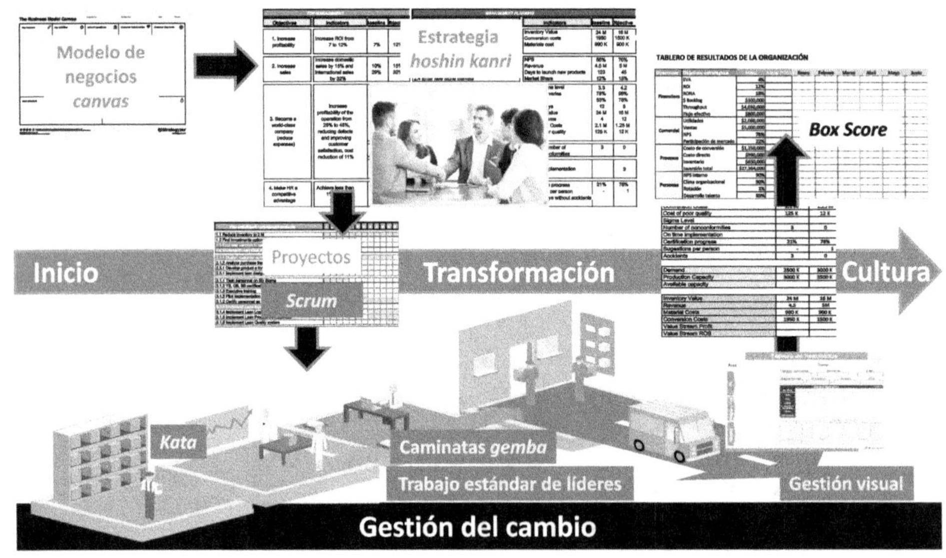

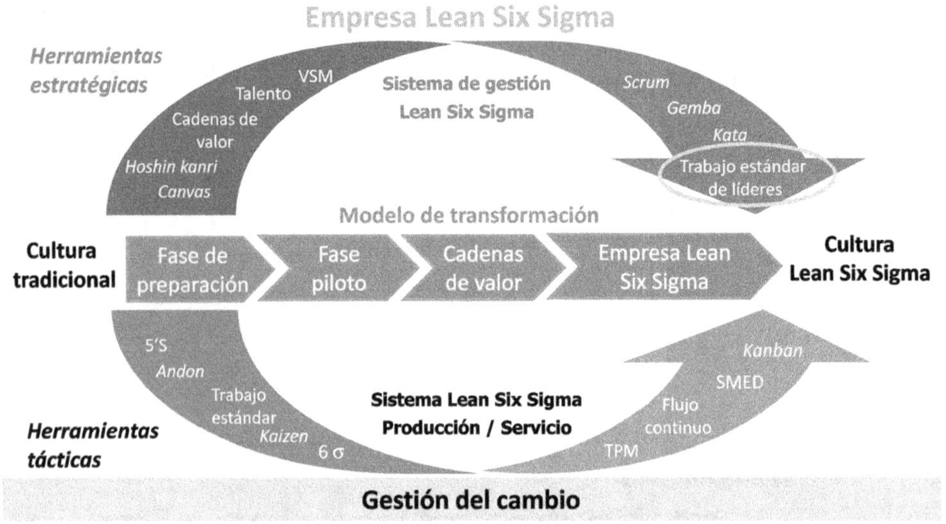

Empresa Lean Six Sigma
Herramientas estratégicas
VSM
Talento
Cadenas de valor
Hoshin kanri
Canvas
Sistema de gestión Lean Six Sigma
Scrum
Gemba
Kata
Trabajo estándar de líderes
Modelo de transformación
Cultura tradicional
Fase de preparación
Fase piloto
Cadenas de valor
Empresa Lean Six Sigma
Cultura Lean Six Sigma
5'S
Andon
Trabajo estándar
Kaizen
6 σ
Sistema Lean Six Sigma Producción / Servicio
Kanban
SMED
Flujo continuo
TPM
Herramientas tácticas
Gestión del cambio

Modelo de negocios canvas
Estrategia hoshin kanri
TABLERO DE RESULTADOS DE LA ORGANIZACIÓN
Box Score
Proyectos
Scrum
Inicio
Transformación
Cultura
Kata
Caminatas gemba
Trabajo estándar de líderes
Gestión visual
Gestión del cambio

Administración científica

Frederick Taylor fue un ingeniero industrial que analizó los flujos de trabajo y desarrolló la **administración científica del trabajo,** lo que eventualmente se convertiría en la base del trabajo estandarizado.

Su trabajo contribuyó al desarrollo de:

- Estudios de tiempos y movimientos para la industria del acero.
- Estandarización de herramientas.
- Departamentos de planificación de ventas.
- Gestión por excepciones (MBE).
- Tarjeta de enseñanzas para los trabajadores.
- Reglas de cálculo para el corte del metal y el acero.
- Métodos de determinación de costos.
- Selección de personal empleado por tareas.
- Métodos de compensación.

Frederick Taylor

Buenos trabajadores versus buenos supervisores

- Cuando personas altamente cualificadas son promovidas a supervisores o líderes de equipo, no siempre tienen los conocimientos o habilidades para ser exitosas en su nueva función.

- Como resultado, podrían dejar de hacer actividades en las que son expertos y convertirse en responsables burocráticos.

- Su talento y experiencia son desperdiciados al tenerlos dedicados a supervisar en lugar de liderar.

- No siempre enseñan lo que saben por falta de tiempo o porque piensan que esa actividad no forma parte de sus responsabilidades.

Trabajo estándar para operaciones

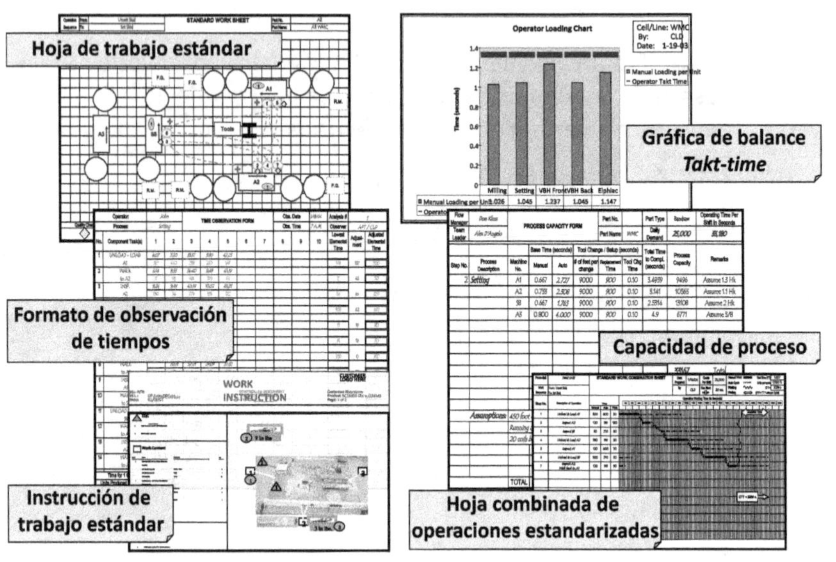

El eslabón perdido: el sistema Lean Management

- Cuando la mayoría de las organizaciones implementan Lean, tienden a olvidar un ingrediente fundamental: una metodología para su mantenimiento.

- Sin embargo, la única manera de mantener las prácticas Lean, es un sistema de gestión Lean.

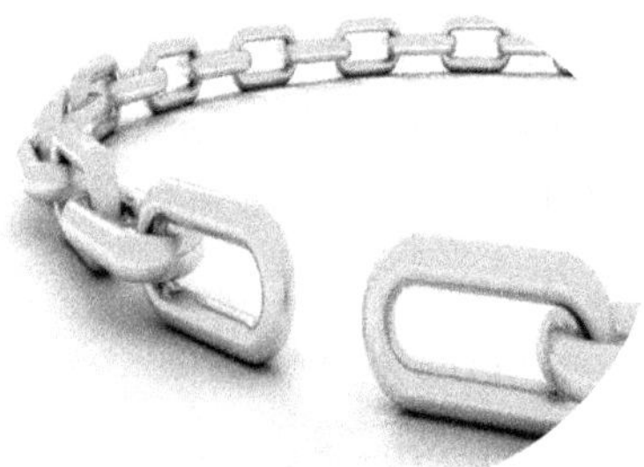

- Una *cultura Lean* crece dentro de una compañía a partir de sistemas de gestión robustos.

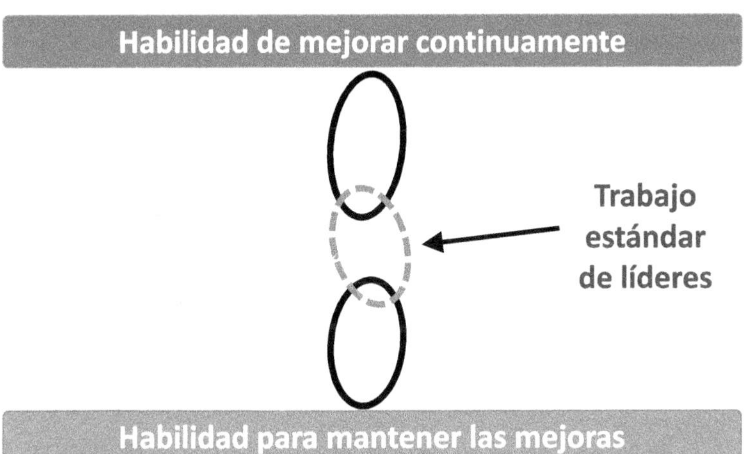

Una cultura Lean es el resultado de su sistema de gestión.

Sistema Lean Management

Un sistema

Lean Management sano

=

Un sistema de

flujo de valor sano

Desarrollo de un sistema Lean Management

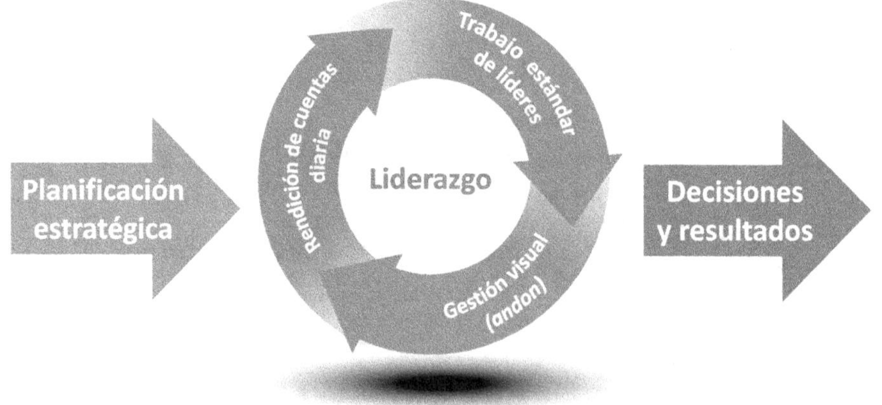

¿Qué es trabajo estándar de líderes?

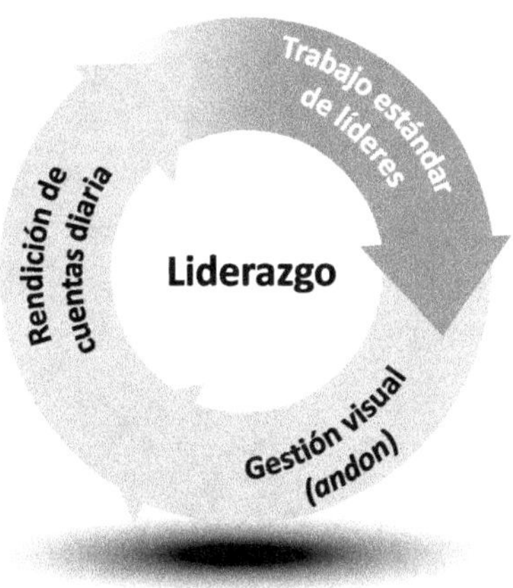

Ejecución de la estrategia

- Es el motor del sistema de gestión Lean Management y la herramienta de mayor influencia hacia la transformación de la **cultura Lean**.

- Es una *metodología* para revisar el *lugar de trabajo*.

- Se basa en el proceso, *no en las personas*.

- Es un *enfoque sistemático* para detectar oportunidades.

- Es una lista de actividades por realizar para mantener el sistema de trabajo:

  - Auditorías, reuniones, revisiones de proyectos, etc.

Sistema visual del desempeño diario

¿Qué características tiene?

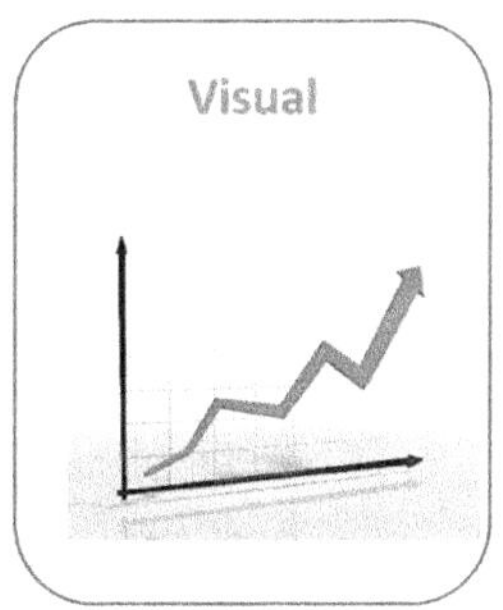

Beneficios

- Ayuda a los líderes a pasar de un solo *enfoque* en *resultados* a un enfoque doble de *proceso y resultados.*

- Ayuda a nuevos supervisores y gerentes a convertirse en *líderes de alto desempeño.*

- Proporciona un *sistema estructurado y documentado* que puede ser aprendido y enseñado.

- Elimina la *improvisación* en el trabajo.

- Desafía a los líderes a convertirse en *maestros y facilitadores* en la resolución de problemas.

LSW sostiene y extiende los avances

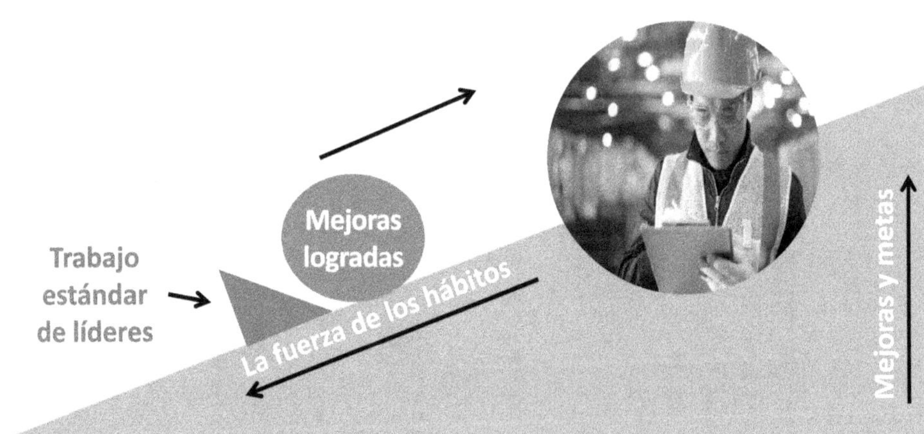

LSW: siglas de *leader standard work,* es decir, trabajo estándar de líderes.

Elementos clave

Elementos que deben trabajar juntos → "Sistema"

Cuando se mejora la estabilidad de un proceso, es importante aplicar los elementos de Lean Management = Un camino pavimentado y sin baches.

Roles Lean

	¿Quién?	Rol Lean	Herramientas/sistema
Estratégico	Líderes	Guiar y mantener las iniciativas Lean	Sistema Lean Management
Táctico	Gerentes de cadena de valor, supervisores y líderes de equipo	Implementar y controlar las operaciones Lean	Métodos y herramientas de empresa Lean

Sistema de trabajo estándar de líderes

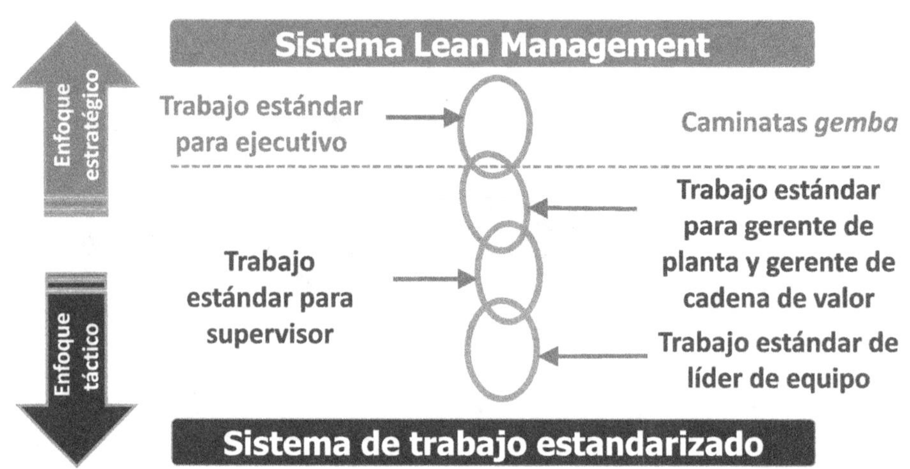

Cualquier persona que tenga una o más personas a su cargo.

¡Todos los líderes son maestros!

- Enseñan y entrenan a otros de manera informal en el trabajo.

- Resuelven problemas al eliminar barreras.

- Ayudan a desarrollar ideas de mejora.

- Aprenden y conocen los detalles del negocio.

¿Cómo se implementa?

- Al desarrollar tareas rutinarias que permitan gestionar las actividades clave para cumplir con la demanda del cliente *(takt-time)*.

- Asegurar que el trabajo estándar está siendo implementado en los procesos que generan valor.

Estructura y resultados

Líder de equipo

Diariamente

- Reunión de inicio de turno.

- Revisar y ajustar los planes/programas de trabajo.

- Monitorear arranques de producción.

- Ingresar hojas de verificación.

- Reunirse en el tablero de resultados del departamento o el tablero de la cadena de valor.

- Definir el plan/programa de trabajo para el día siguiente.

Varias veces al día

- Trabajar en tareas *kaizen* pendientes/abiertas.

- Actualizar el tablero de producción hora por hora.

- Entrenar personal.

- Monitorear preparaciones de máquinas/ procesos.

El trabajo estándar para los líderes de equipo representa alrededor del 80 % del tiempo de su jornada laboral.

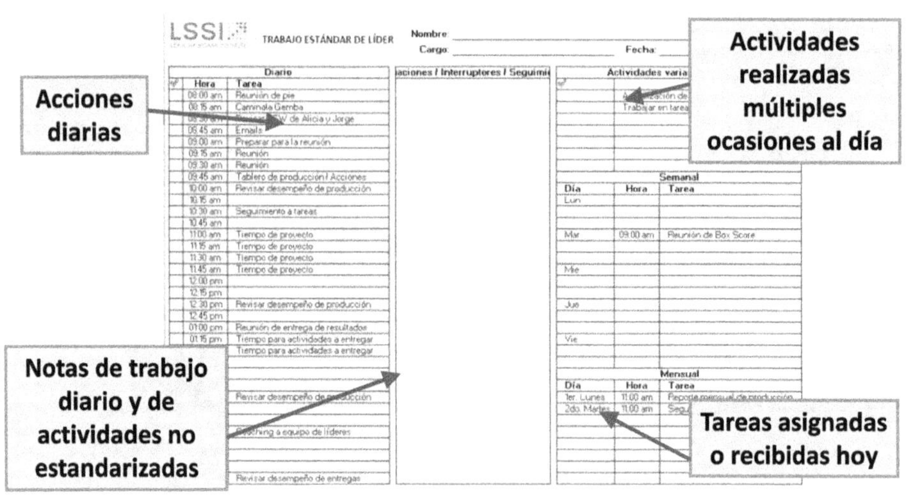

Diario		...aciones / Interruptores / Seguimi...	Actividades varia...		
Hora	Tarea				
08:00 am	Reunión de pie		A...zación de		
08:15 am	Caminata Gemba		Trabajar en tarea		
08:30 am	Revisar SW de Alicia y Jorge				
08:45 am	Emails				
09:00 am	Preparar para la reunión				
09:15 am	Reunión				
09:30 am	Reunión				
09:45 am	Tablero de producción / Acciones			Semanal	
10:00 am	Revisar desempeño de producción		Día	Hora	Tarea
10:15 am			Lun		
10:30 am	Seguimiento a tareas				
10:45 am					
11:00 am	Tiempo de proyecto		Mar	09:00 am	Reunión de Box Score
11:15 am	Tiempo de proyecto				
11:30 am	Tiempo de proyecto				
11:45 am	Tiempo de proyecto		Mie		
12:00 pm					
12:15 pm					
12:30 pm	Revisar desempeño de producción		Jue		
12:45 pm					
01:00 pm	Reunión de entrega de resultados				
01:15 pm	Tiempo para actividades a entregar		Vie		
	Tiempo para actividades a entregar				
				Mensual	
			Día	Hora	Tarea
	Revisar desempeño de producción		1er. Lunes	11:00 am	Reporte mensual de producción
			2do. Martes	11:00 am	Seg...
	Coaching a equipo de líderes				
	Revisar desempeño de entregas				

Supervisor

Diariamente

- Convocar reunión de cambio de turno.
- Monitorear arranques de producción.
- Ingresar las hojas de seguimiento de KPI.
- Liderar reunión del departamento/área.
- Asistir a la reunión de revisión de KPI de la cadena de valor.
- Auditar el trabajo estándar en las células de trabajo.
- Conducir caminatas *gemba* con el líder de equipo.
- Establecer los planes para el día siguiente.

Varias veces al día

- Seguir el flujo de trabajo de su área de trabajo o departamento.
- Revisar los tableros de desempeño y tomar las medidas necesarias.
- Ayudar a los líderes de equipo.
- Monitorear el inicio y fin de actividades de producción.

El trabajo estándar para los supervisores representa alrededor del 50 % del tiempo de su jornada laboral.

Gestión visual *(andon)*

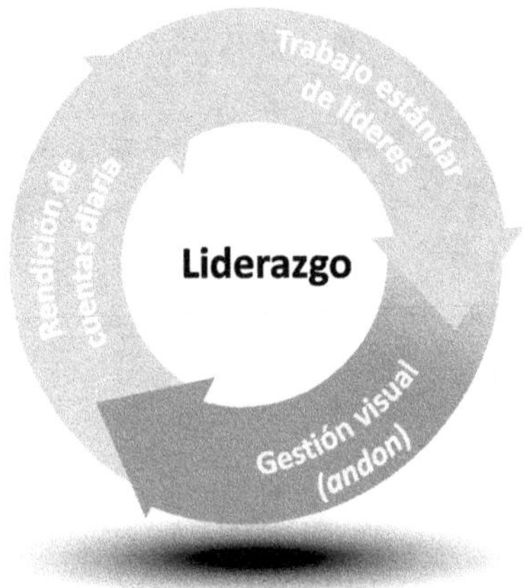

Ejecución de la estrategia

La gestión visual es un sistema de *planificación, control y mejora* continua que integra:

- **Herramientas visuales simples** que permiten entender condiciones anormales de un *vistazo*.

- **Gestión del trabajo estándar** que asegura adhesión a los procesos de mejora continua.

*¡La gestión visual **no es** trabajo de escritorio!*

Elementos de la gestión visual

- "Entender en un vistazo."
- Hacer hincapié en el uso de *gráficas o tablas* en vez de números y palabras.
- Información *clara y fácil* de utilizar en el lugar de la comunicación.
- Es actualizada por aquellos que llevan a cabo el trabajo, siendo estos los primeros en detectar anomalías.
- Vinculado a las *métricas y las metas* generales del negocio.

Tablero de desempeño de la cadena de valor

- Es una herramienta que permite "ver" el negocio (como desde una ventana).
- Presenta datos e información de soporte relevantes, tales como:
  - Las metas de la organización.
  - Iniciativas de mejora continua.
  - Indicadores clave de desempeño (KPI).
- La información está escrita de tal forma que es fácil de entender (visual, gráfica, etc.).
- Representa un estilo de gestión progresivo.

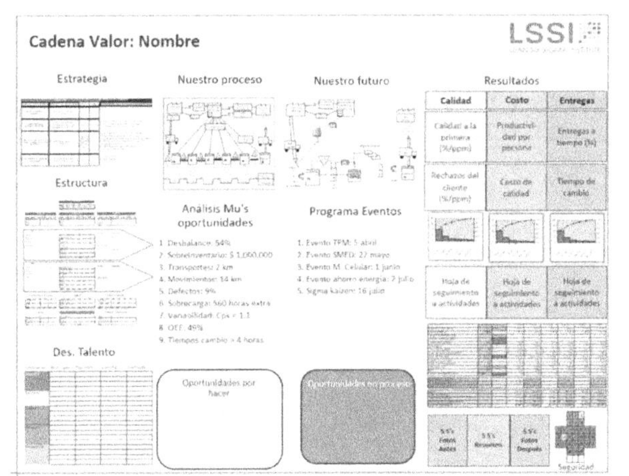

Ejecución de la estrategia

- Es una serie de reuniones por nivel dentro de una organización.

- Toma de decisiones y desarrollo de resoluciones para acortar la distancia entre los objetivos y el estado actual.

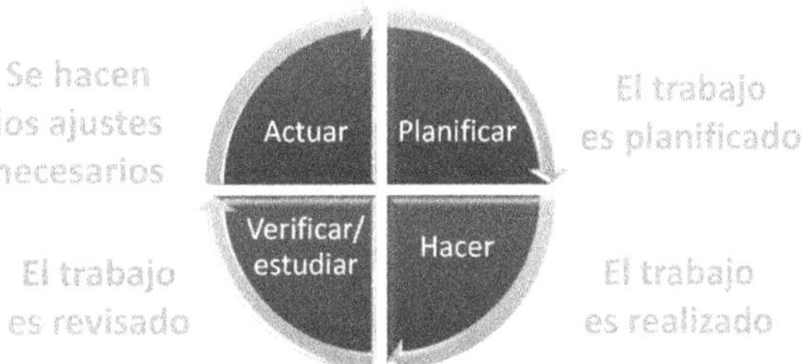

Reuniones al inicio del turno

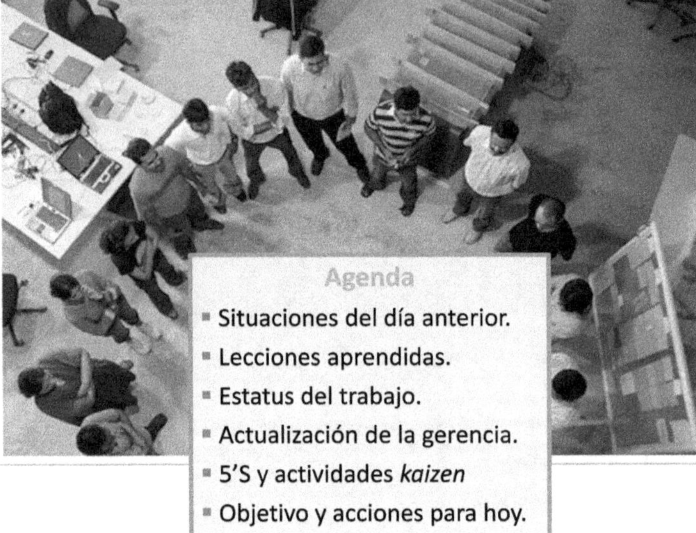

Reuniones diarias de revisión de desempeño

Existen tres niveles:

- **Nivel 1: El equipo de trabajo se reúne al inicio del día**

  - El líder de equipo se reúne brevemente con su equipo.

- **Nivel 2: Reuniones del supervisor**

  - El supervisor se reúne con los líderes de equipo y representantes del área de soporte.

- **Nivel 3: Reuniones de la cadena de valor**

  - El gerente de la cadena de valor se reúne con los supervisores y coordinadores de los departamentos de soporte.

Características de las reuniones diarias a todos los niveles

- Breve (por lo regular, menos de 15 minutos).

- El equipo permanece de pie, en el área de trabajo.

- El progreso de las actividades es evaluado de acuerdo con lo que se planeó en el tablero de desempeño.

- Utilizado para asegurar que haya comunicación entre los líderes de todos los niveles.

- Seguimiento a mejoras, situaciones con cliente, resolución de problemas y situaciones con el personal.

Expectativas de las reuniones diarias a todos los niveles

- Los participantes presentan situaciones que requieren atención.

- El personal de soporte participa en cada reunión y en cada nivel según se requiera.

- Los líderes de cada nivel asignan tareas, mantienen a su personal organizado y alineado, y piden ayuda al siguiente nivel (de ser necesario).

Ejemplo

Se revisan tanto las tareas que fueron programadas para ser completadas un día antes de la reunión como aquellas que debieron completarse ese mismo día.

- Completadas = Etiqueta verde.

- No completadas = Etiqueta roja. Se programa y añade una nueva fecha de entrega, y se informa la razón del retraso.

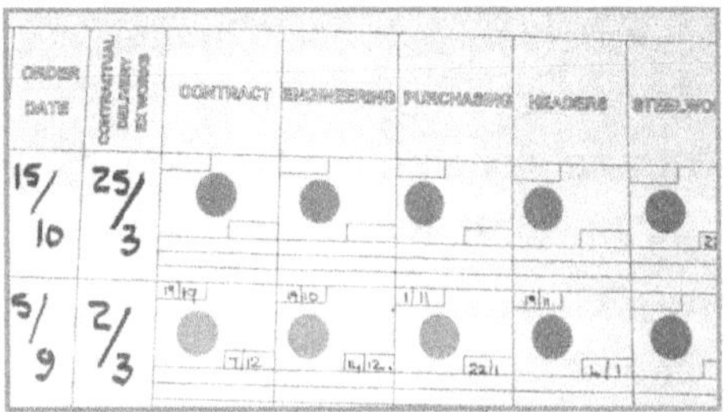

Acciones diarias

- Lista de verificación (enfocada solamente en excepciones):
  - Tableros hora por hora.
  - Tableros de situaciones.
  - Trabajo estándar de operarios.
  - Trabajo estándar de líderes.
- Los tableros de situaciones son evaluados para tomar acciones inmediatas.
- Los tableros son actualizados diariamente.

LSSI
LEAN SIX SIGMA INSTITUTE

Liderazgo disciplinado

Los líderes disciplinados:

- Mantienen un sentido del **propósito,** utilizando los sistemas de gestión para conducir a los equipos hacia el estado futuro.

- Se sienten cómodos tomando **riesgos,** asumen el estrés del liderazgo de manera humilde.

- Se mantienen en constante **aprendizaje,** entrenando equipos y encontrando maneras para mejorar el estado actual.

- **Armonizan** el sistema Lean Management con las operaciones Lean de tal forma que pueda alcanzarse la máxima efectividad.

Piensa como líder.
Piensa sistémicamente.

Caminatas *gemba*

*La cultura solo se logra practicando todos los días
en el lugar donde suceden las cosas*

Objetivos

1. Entender las herramientas de liderazgo.
2. Reconocer la necesidad de generar buenos hábitos gerenciales para mantener las iniciativas de alto impacto.
3. Desarrollar caminatas *gemba* para generar una cultura de mejora continua a largo plazo.

Contenidos

> Antecedentes
> ¿Qué es *gemba*?
> ¿Para qué sirve?
> ¿Quiénes participan?
> ¿Cuándo se utiliza?
> Procedimiento

«Cuando usted está observando a las personas en el lugar de trabajo, !haga algo para ayudar!

Si lo hace, las personas sabrán que puede ayudarles y que vendrá de nuevo al lugar de los hechos».

Taiichi Ohno

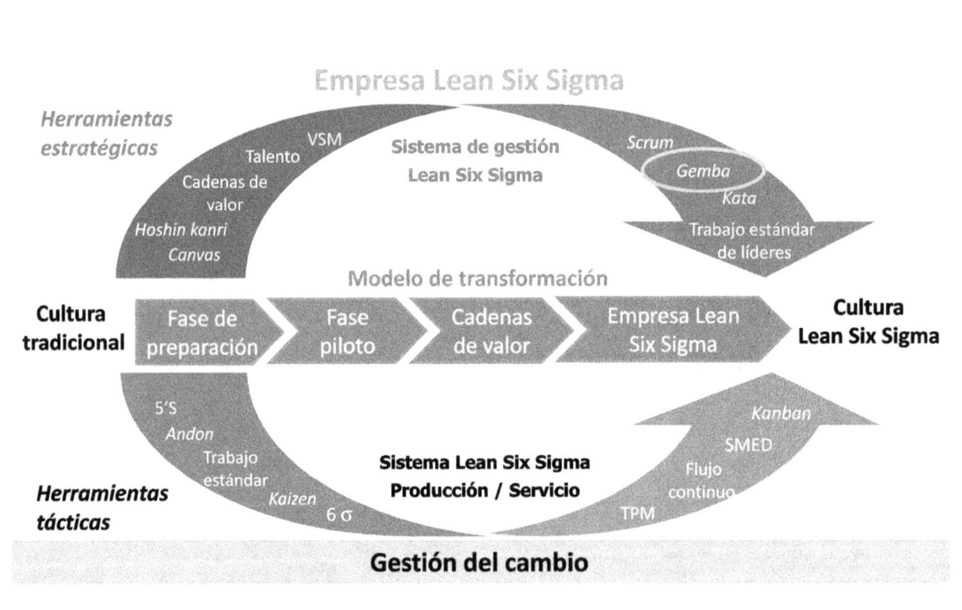

- Caminata *gemba* es un concepto que fue desarrollado por **Taiichi Ohno**, ejecutivo de la empresa Toyota.

- El desarrollo del sistema de *gestión y producción* de dicha empresa, también se atribuye a **Shigeo Shingo** y **Eiji Toyoda**.
  - Hoy en día se le conoce como *Lean Manufacturing*.

Caminata *gemba*

Shigeo Shingo

Taiichi Ohno

Eiji Toyoda

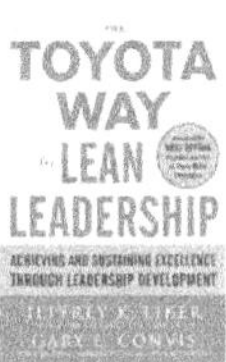

- **Lean Six Sigma** se ha convertido en un movimiento mundial.

- La aplicación de algunas herramientas Lean como VSM, *kanban,* células, SMED, 5'S y *hoshin kanri,* entre otras, ha logrado muy buenos resultados.

Sin embargo:

- Los resultados solo se sostienen por un período determinado (1 a 2 años).

- Las personas generalmente no adquieren los hábitos para mantenerlas.

- Se terminan los programas de mejora porque no hay líderes que los mantengan.

Compañías tradicionales...

- Los gerentes de empresas a escala mundial dedican al menos un 80 % de su tiempo a *planificar, capacitar y ejecutar* estrategias de alto nivel.

- ¿Pero qué hacen el resto de su tiempo?

- Si dedica menos del 20 % del tiempo al **lugar en donde suceden las cosas *(gemba),*** entonces necesita ajustar sus prioridades.

Fuente: *Harvard Business Review.*

Caminata Gemba

Actividad	Tiempo	%
Gestión y administración		
Asistir a las reuniones		
Leer y contestar correos		
Papeleo en general		
Interactuar con situaciones de personas		
Persiguiendo personas o situaciones		
Escribir y leer informes		
Seguimiento de gastos		
Otros		
Contacto con clientes		
En persona		
Por teléfono		
Por correo		
Otros		
Trabajo en el proceso		
Aprender y entrenar		
Mejoras del proceso (eventos Kaizen)		
Escuchar y entender situaciones		
Eliminar barreras		
Caminar el proceso para aprender y ayudar		
Otros		

Evolución: con y sin Lean Management System

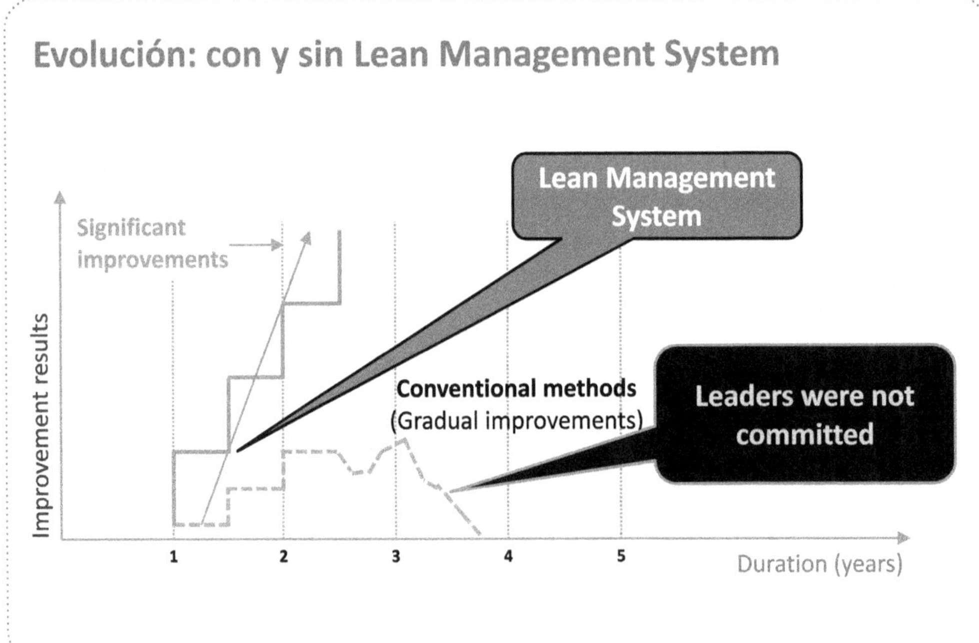

¿Qué es *gemba*?

Gemba: En japonés es «el lugar real».

Significa: El lugar en donde se *crea el valor* para el cliente.

La idea es muy simple:

- Vaya al lugar.
- Observe el proceso.
- Hable con las personas.

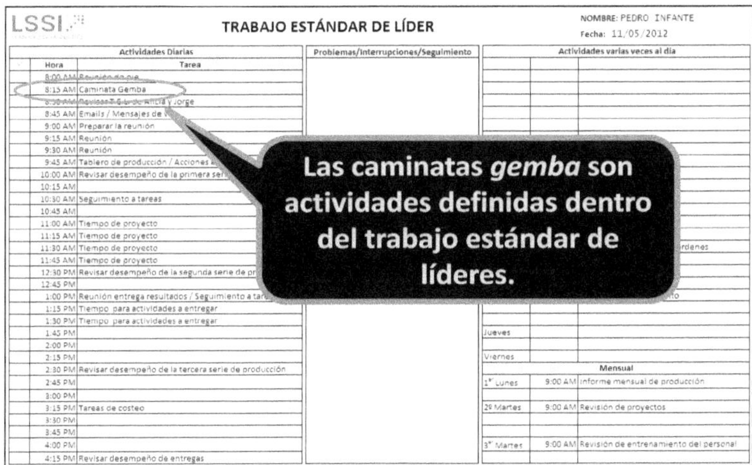

TRABAJO ESTÁNDAR DE LÍDER

NOMBRE: PEDRO INFANTE
Fecha: 11/05/2012

Actividades Diarias		Problemas/Interrupciones/Seguimiento	Actividades varias veces al día
Hora	Tarea		
8:00 AM	Reunión de pie		
8:15 AM	Caminata Gemba		
8:30 AM	Revisar T. S. L. de Alicia y Jorge		
8:45 AM	Emails / Mensajes de v		
9:00 AM	Preparar la reunión		
9:15 AM	Reunión		
9:30 AM	Reunión		
9:45 AM	Tablero de producción / Acciones		
10:00 AM	Revisar desempeño de la primera ser		
10:15 AM			
10:30 AM	Seguimiento a tareas		
10:45 AM			
11:00 AM	Tiempo de proyecto		
11:15 AM	Tiempo de proyecto		
11:30 AM	Tiempo de proyecto		
11:45 AM	Tiempo de proyecto		
12:30 PM	Revisar desempeño de la segunda serie de pr		
12:45 PM			
1:00 PM	Reunión entrega resultados / Seguimiento a tar		
1:15 PM	Tiempo para actividades a entregar		
1:30 PM	Tiempo para actividades a entregar		
1:45 PM			Jueves
2:00 PM			
2:15 PM			Viernes
2:30 PM	Revisar desempeño de la tercera serie de producción		Mensual
2:45 PM			1° Lunes — 9:00 AM — Informe mensual de producción
3:00 PM			
3:15 PM	Tareas de costeo		2º Martes — 9:00 AM — Revisión de proyectos
3:30 PM			
3:45 PM			
4:00 PM			3° Martes — 9:00 AM — Revisión de entrenamiento del personal
4:15 PM	Revisar desempeño de entregas		

¿Qué no es gemba?

- Caminar alrededor sin un propósito.
- Una oportunidad para encontrar faltas en los demás.
- Un tiempo para la resolución de problemas y hacer cambios.
- Ver el lugar de trabajo desde una cámara sentado en un escritorio.

¿Para qué sirve?

Centrarse en el proceso:

El propósito de la caminata *gemba* es observar los procesos, *no evaluar el desempeño personal*.

Observar y aprender:

- Es útil adoptar la mentalidad de un estudiante durante una caminata *gemba*.

- Mantener la mente abierta y hacer muchas preguntas abiertas.

- El líder está para aprender, no para juzgar o para dar consejos injustificados.

¿Para qué hacer caminatas *gemba*?

Las organizaciones son verticales y complejas; los gerentes ven hacia la parte superior (CEO) de la dirección.

El valor fluye horizontalmente a través de los procesos hacia los clientes.

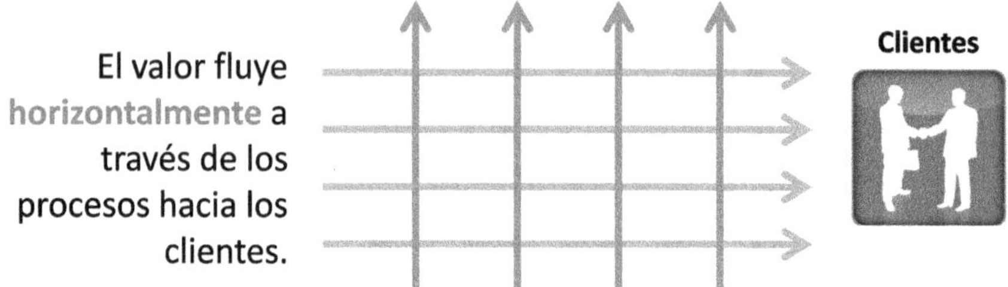

Una caminata *gemba* ayuda a los directivos a ver y conciliar la horizontal con la vertical.

LSSI.
LEAN SIX SIGMA INSTITUTE

Beneficios

- Comprender cómo realmente se crea el valor en la organización.

- Conciliar el proceso de creación de valor ("horizontal") con la dirección de liderazgo ("vertical").

- Construir relaciones y confianza entre los líderes y el personal.

- Mostar el compromiso de la dirección con las iniciativas Lean.

- Impulsar la rendición de cuentas dentro de la organización.

Restricciones

- **Logística**
  - Disposición y ambiente físico, vallas, divisiones, distancias, etc.

- **Comportamiento**
  - Iniciar órdenes sin completar otras, costumbres y diferencias culturales, etc.

- **Gerenciales**
  - Estrategia, políticas, normas, reglamentos, métricos, estructura, etc.

¿Quiénes participan?

Las caminatas *gemba* son efectivas solo si la estructura completa piensa de manera ágil:

- La dirección general y vicepresidentes.

- Gerentes funcionales.

- Gerentes de la cadena de valor.

- Líderes de área.

- Líderes de equipo.

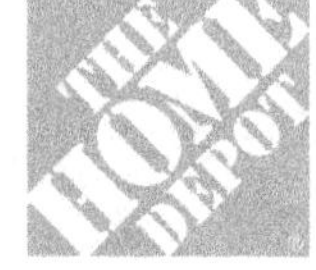

Bob Nardelli, CEO de The Home Depot

«Había una percepción de que iba a molestar a los trabajadores.

Con el tiempo ellos han entendido que solo quiero ver el proceso como un cliente. Puedo hacer mi trabajo mejor si tengo la información de primera mano de "lo bueno, lo malo y lo feo"».

¿Cuándo se utiliza?

- La dirección general y vicepresidentes → 1 vez por mes.
- Gerentes funcionales → 1 vez por semana.
- Gerentes de cadena de valor → 2 a 3 veces por semana.
- Líderes de área → 3 a 5 veces por semana.
- Líderes de equipo → Diariamente.

Presidente corporativo de Toyota Motors

Fujio Cho (1999-2005)

- **Vaya a ver.**
  - Los directivos deben pasar tiempo en el área de trabajo.
- **Pregunte ¿por qué?**
  - Usar el «por qué» a diario.
- **Muestre respeto.**
  - Respetar a la gente.

¿Dónde se utilizan las caminatas *gemba?*

A lo largo de la cadena de valor y procesos de soporte: con el cliente y proveedores.

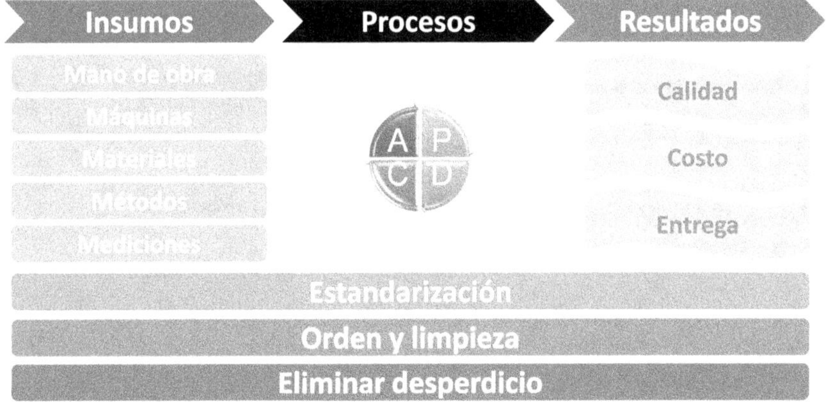

¿Dónde se realizan?

Los tres flujos

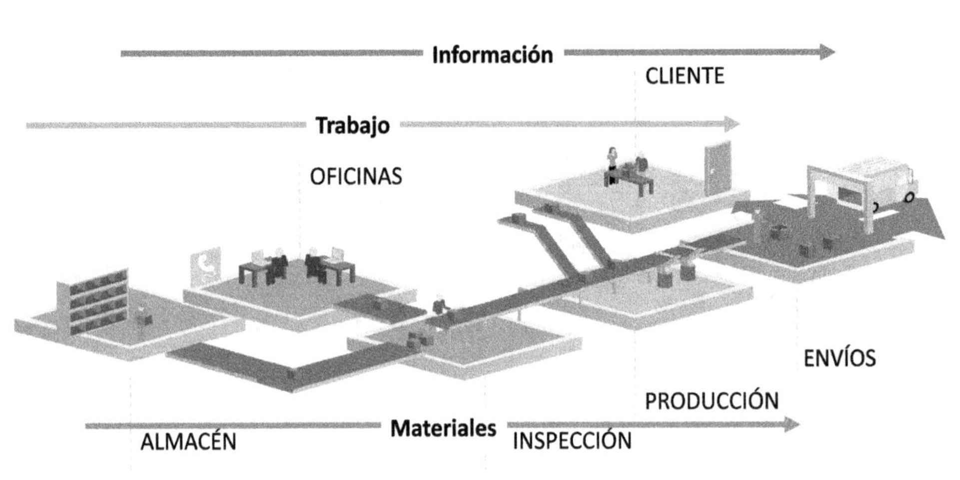

Elementos a considerar en las caminatas *gemba*

1 **¿Qué tema se desea observar?**

Ir con un tema específico

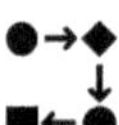

2 **¿Cuál es el proceso?**

Identificar actividades dominantes

3 **¿En dónde se crea valor?**

No más del 5-10 % es valor agregado

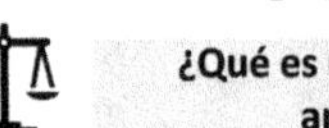

4 **¿Qué es normal y qué es anormal?**

Comportamiento esperado versus actual

5 **¿Qué está funcionando bien y qué no funciona?**

Estándares, equipo, herramientas, programas de entrenamiento cruzado

6 **¿Cuáles son las limitantes de la productividad?**

Muda, muri, mura

7 **¿Qué no es visible?**

Saber identificar anormalidades dentro del proceso

8 **¿Qué medidas hay que tomar para mejorar el proceso?**

Tomar medidas inmediatas para obtener una mejora sostenida.

Los tres enemigos de la productividad

Actividades que no agregan valor (desperdicio)

Variabilidad

Sobrecarga

Principales *muda*

Sobreproducción

Esperas

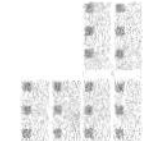

Transportes

Procesos innecesarios

Movimientos

Errores y repetición de trabajos

Sobreinventario

Talento sin acción

Antes de la caminata *gemba*

Antes de iniciar el recorrido *gemba,* es necesario saber cómo acercarse al mismo:

- El *observador* debe tener un **profundo interés** en entender lo que realmente está pasando.

- Dejar todas las **suposiciones y opiniones** en la oficina.

- El objetivo es comprender los comportamientos *gemba* y cómo se relacionan con la situación actual.

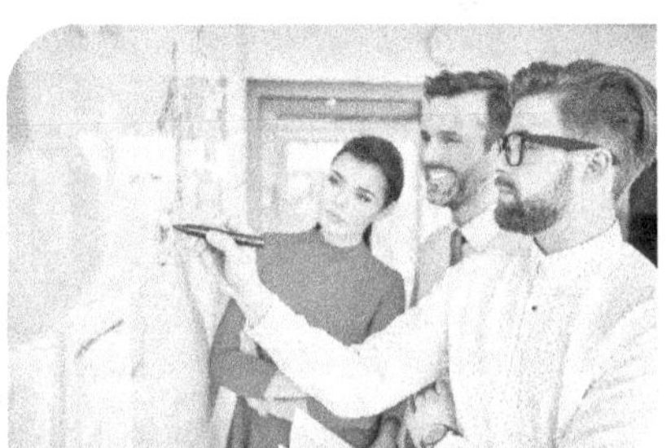

Diseño de preguntas

Quién	Qué	Dónde
1. ¿Quién lo debe hacer? 2. ¿Quién lo está haciendo? 3. ¿Quién más lo puede hacer? 4. ¿Quién más lo debería hacer? 5. ¿Quién está haciendo las 3 Mu?	1. ¿Qué se debe hacer? 2. ¿Qué se está haciendo? 3. ¿Qué más se hace? 4. ¿Qué más se debería estar haciendo? 5. ¿Qué 3 Mu se están observando?	1. ¿Dónde se hace? 2. ¿Dónde se está haciendo? 3. ¿Dónde se debería estar haciendo? 4. ¿Dónde más se debería estar haciendo? 5. ¿Dónde están las 3 Mu presentes?

Cuándo	Por qué	Cómo
1. ¿Cuándo se hace? 2. ¿Cuándo se debería estar haciendo? 3. ¿A qué otra hora se hace? 4. ¿A qué otra hora se debería hacer? 5. ¿Cuándo están presentes las 3 Mu?	1. ¿Por qué lo hace? (una persona o equipo) 2. ¿Por qué hacerlo? 3. ¿Por qué hacerlo allí? 4. ¿Por qué hacerlo de esa manera? 5. ¿Por qué suceden las 3 Mu?	1. ¿Cómo debe hacerse? 2. ¿Cómo se está haciendo? 3. ¿Cómo se hace en otros lugares? 4. ¿Hay otra forma de hacerlo? 5. ¿Cómo se desarrollan las 3 Mu?

3 Mu = *muda, mura, muri.*

Un enfoque personal es clave

- Mostrar respeto.
  - Evitar corregir o interrumpir procesos.
- Es importante la interacción directa con las personas en el lugar de trabajo.
  - Formular preguntas abiertas.
- Asegurarse de que todos se sienten tomados en consideración.

¡Las caminatas *gemba* son una gran oportunidad para fortalecer la cultura Lean!

Procedimiento

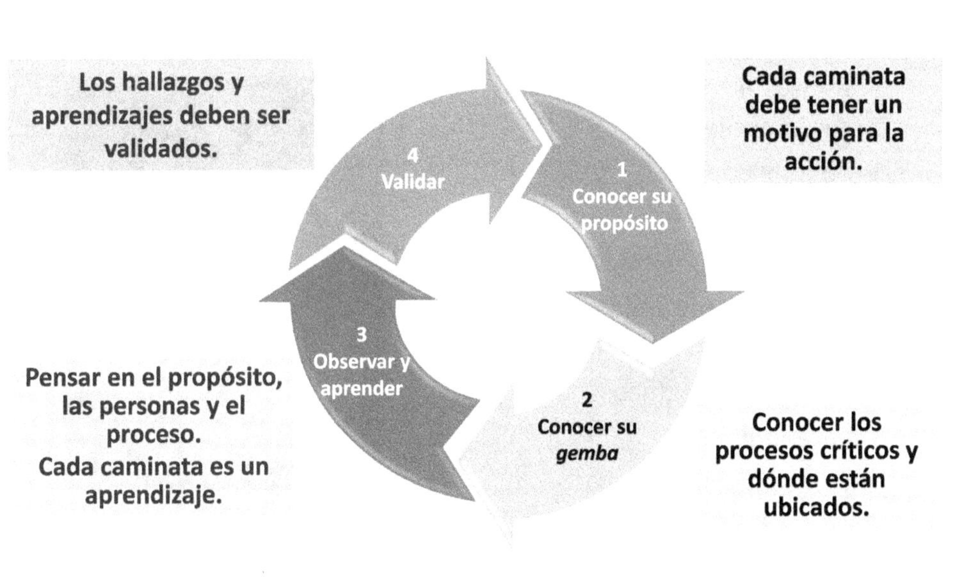

1. Conocer su propósito

- Si usted no sabe por qué está ahí, entonces no hay razón para estar allí.

- Vagando alrededor sin un propósito es ineficaz y contraproducente.

- Saber antes de ir:
  - ¿Por qué voy a observar?
  - ¿Qué estoy tratando de aprender?

¡Asegúrese de contestar estas preguntas antes de la caminata!

Seleccionar un tema para la caminata gemba

- Seguridad.
- Servicio al cliente.
- Productividad.
- Calidad.
- Costos (tiempo extra/tendencias).
- Innovación y aprendizaje (capacidad de resolución de problemas).
- Problemas específicos.
- Mantenimiento.
- Nuevos productos.
- Conocimiento del cliente/requerimientos.

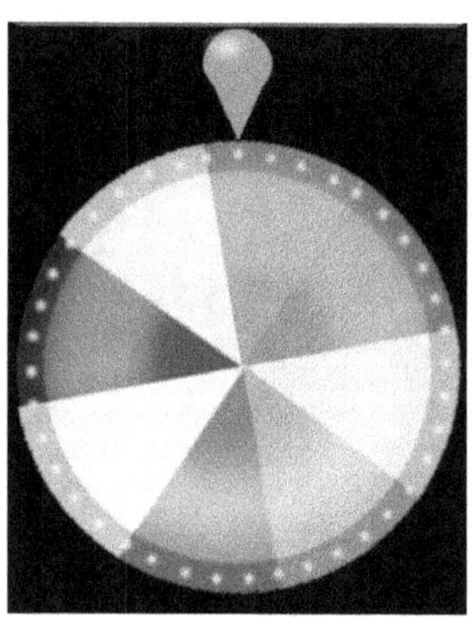

2. Conocer su *gemba*

- Identificar el área de trabajo como **su** gemba.

- *Gemba* es el lugar en donde se desarrolla *valor para el cliente*:

  - Oficinas.
  - Visitas de clientes.
  - Compras.
  - Etc.

- El *gemba* es donde se realiza la actividad que intentamos *comprender y mejorar*.

- Cada organización tiene sus *propias actividades* y cada actividad es un nuevo *gemba*.

Ejemplo

Definir la ruta a seguir para temas específicos:

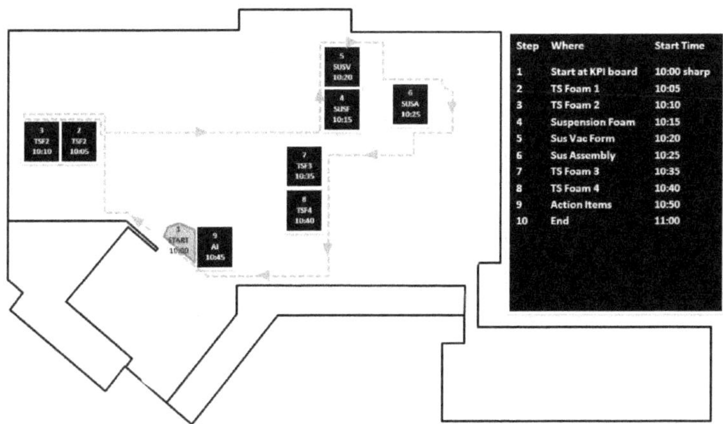

3. Observar y aprender

La observación requiere habilidad y enfoque.

- *Qué* y *cómo* se observa son importantes.

- Observar más allá del proceso:
  - Personas.
  - Equipo.
  - Materiales.
  - Métodos.

- Tenga en cuenta las actividades, conexiones y flujos.

- Interpretar de forma individual y en su conjunto.

Ejemplo

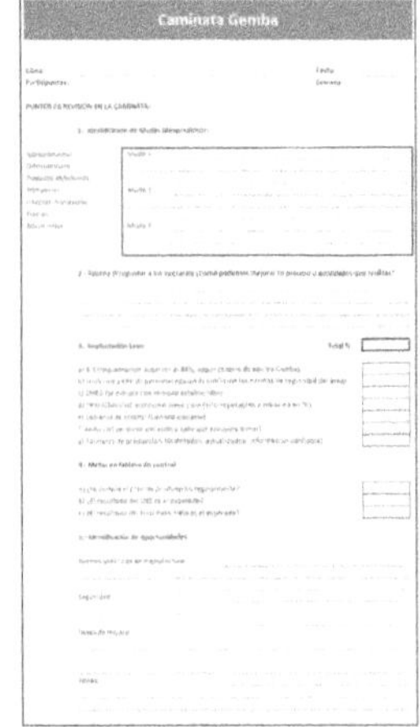

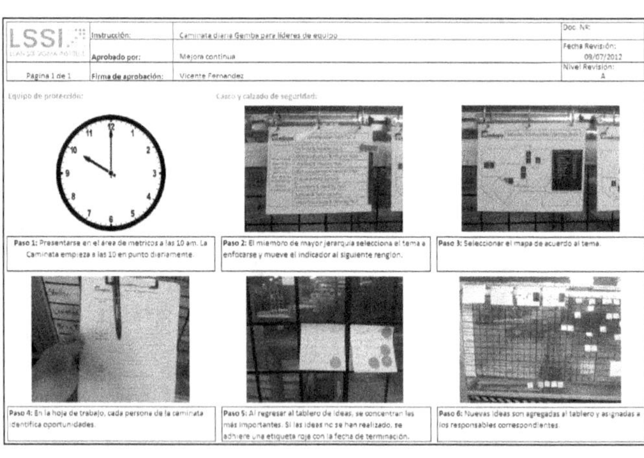

LSSI.
LEAN SIX SIGMA INSTITUTE

Ejemplo: diseño de preguntas

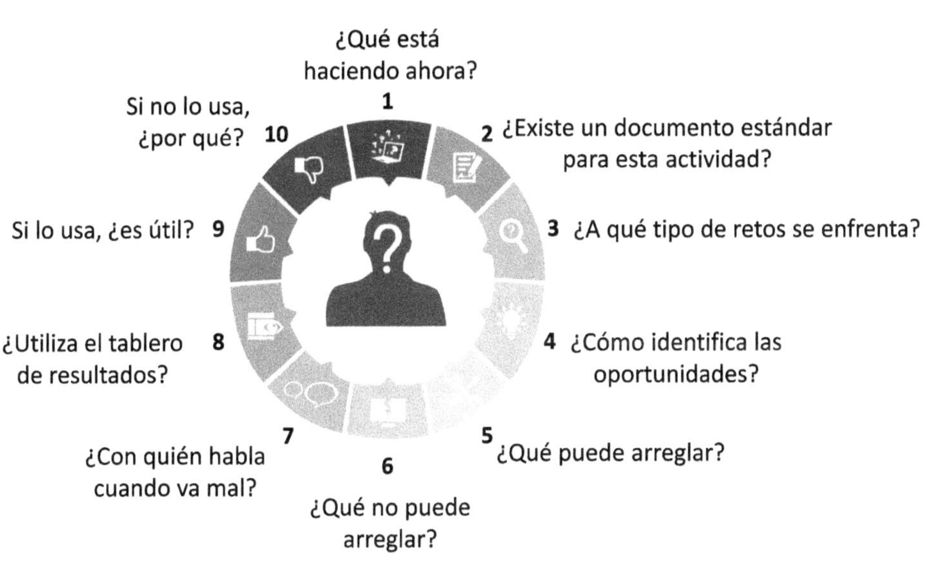

Consejos para la observación

- Observar todos los pasos en cada proceso (diagrama SIPOC):
  - Proveedores.
  - Insumos, materiales, herramientas, etc.
  - Calidad esperada para iniciar el proceso.
  - Producto o servicio obtenido.
  - Expectativa del cliente.

- Probar diferentes lugares y posiciones para la observación.

- Registrar las observaciones y preguntas.

- No asumir, preguntar.

- No tener prisa.

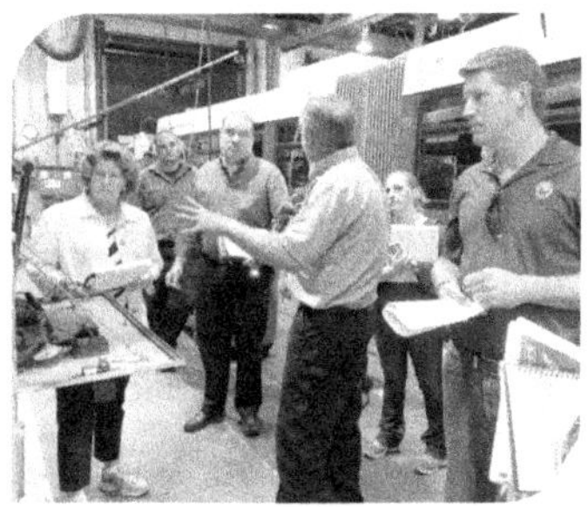

No hacer lo siguiente:

- Ir preocupado a la caminata *gemba*.

- Ir a enseñar.

- Solo hacerlo para completar la actividad o requisito.

- Regañar a alguien sobre lo que encuentre.

- Interrumpir.

- Realizar afirmaciones (recuerde: solo se hacen preguntas).

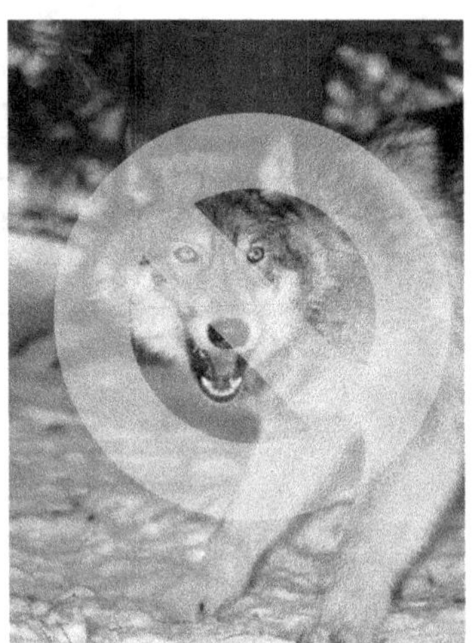

 **4. Validar (y definir acciones)**

- Nunca asumir que lo que se ve es lo que hay.

- Algunas cosas no son visibles, por ejemplo, el proceso de pensamiento que se produce para la solución de un problema.

- Sin conocer el estándar de trabajo, no se puede hacer frente a las anomalías en el proceso.

- Evitar una falsa realidad.

- Cuando una observación esté completa, validar conclusiones con lo que se ha observado.

- Generar ideas y colocarlas en el tablero de acciones.

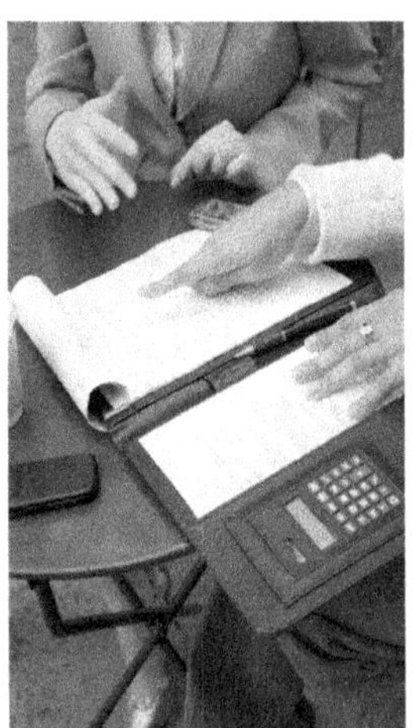

Ejemplo

Tablero de acciones con las ideas generadas.

Cuando las ideas no se han realizado aún, se adhiere una etiqueta roja con la fecha prevista de finalización.

Conclusiones

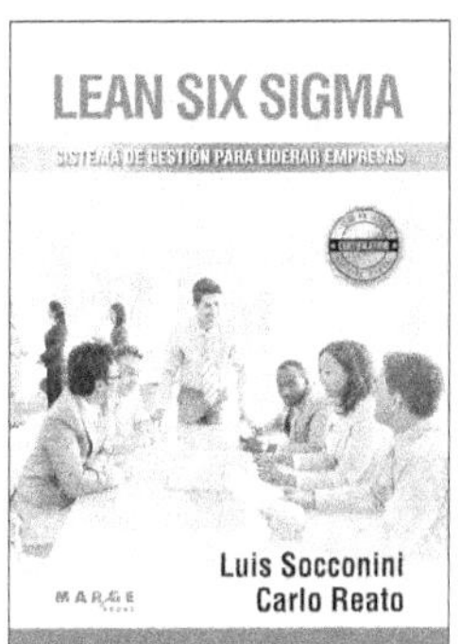

Lean Six Sigma. Sistema de gestión para liderar empresas

Luis Socconini, Carlo Reato

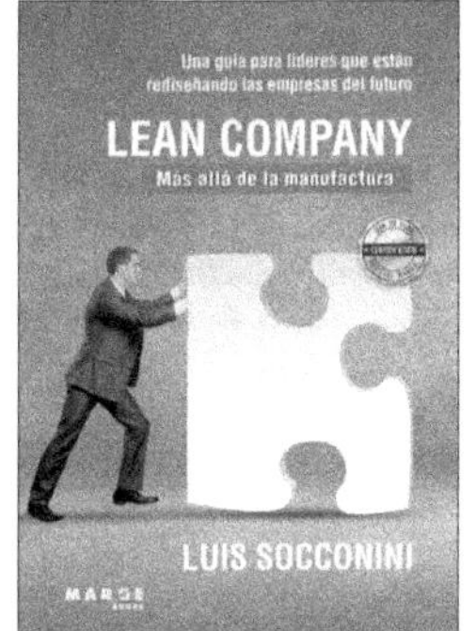

Lean Company. Más allá de la manufactura

Luis Socconini

Lean Six Sigma Green Belt, paso a paso

Luis Socconini, Eduardo Escobedo

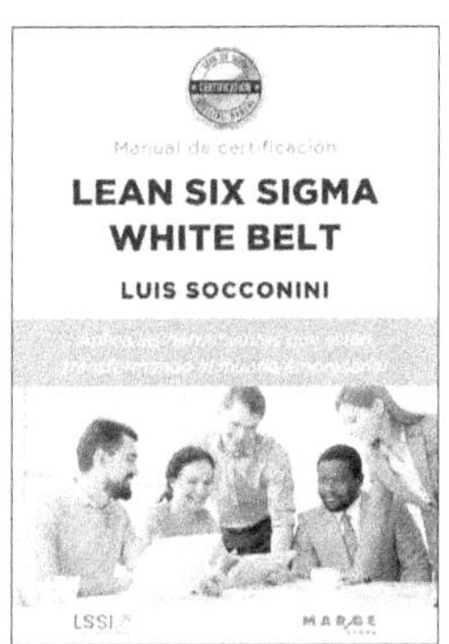

Lean Six Sigma White Belt. Manual de certificación

Luis Socconini

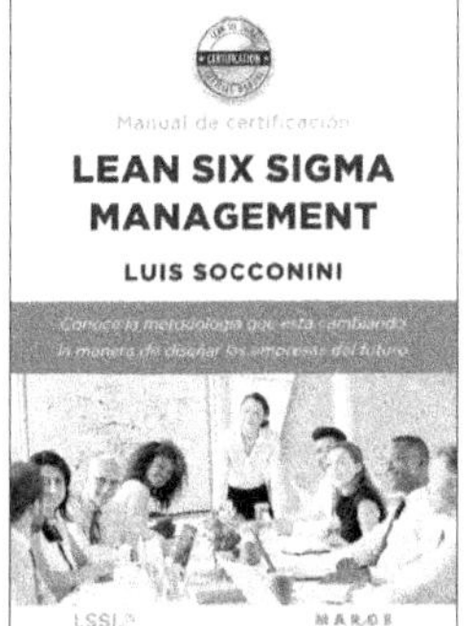

Lean Six Sigma Management. Certification Manual

Luis Socconini

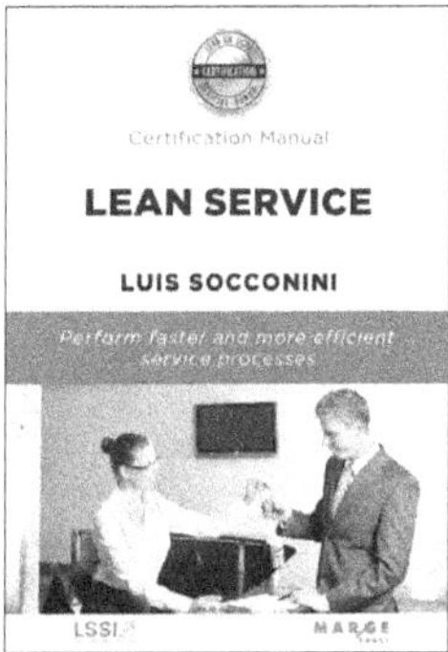

Lean Service. Certification Manual

Luis Socconini

Lean Six Sigma Yellow Belt. Manual de certificación

Luis Socconini

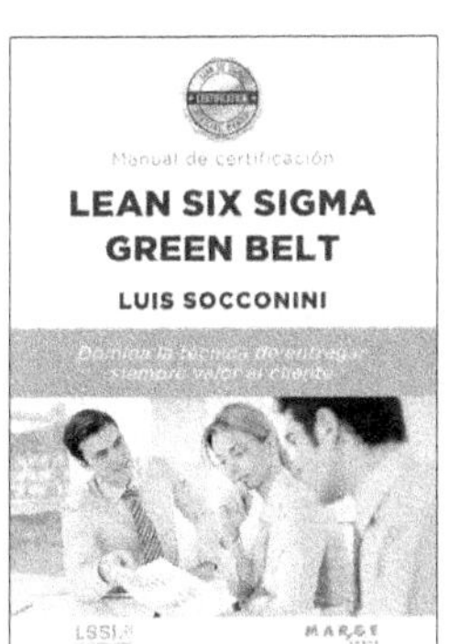

Lean Six Sigma Green Belt. Manual de certificación

Luis Socconini

Lean Six Sigma Black Belt. Manual de certificación

Luis Socconini

**Manual práctico de las 5'S
para ganar en calidad
y productividad**
Luis Socconini, Marco Barrantes

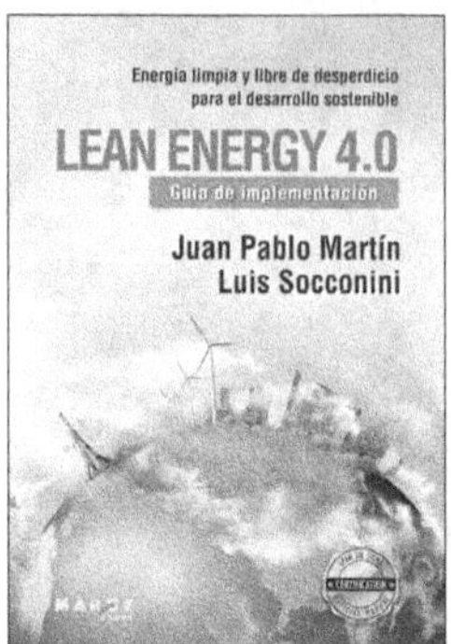

**Lean Energy 4.0.
Guía de Implementación**
Luis Socconini, Juan Pablo Martín

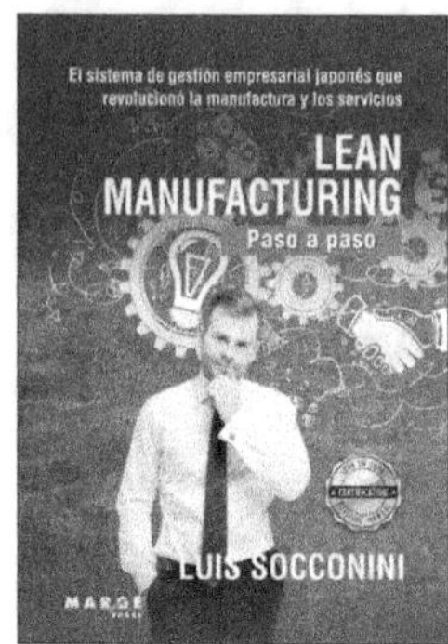

**Lean Manufacturing.
Paso a paso**
Luis Socconini

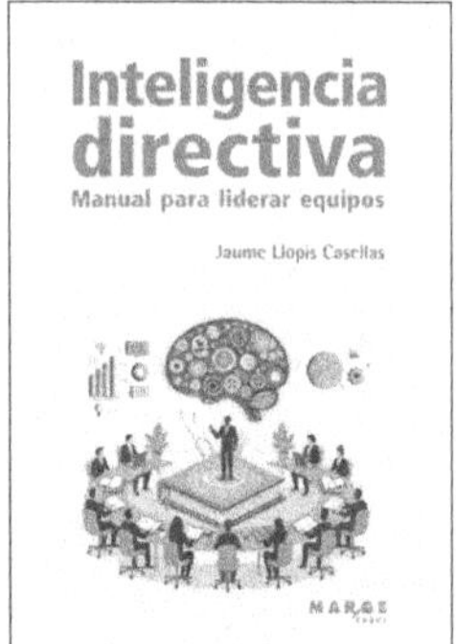

**Inteligencia directiva.
Manual para liderar
equipos**
Jaume Llopis Casellas

**Cómo gestionar la cadena
de suministo**
Ed Weenk

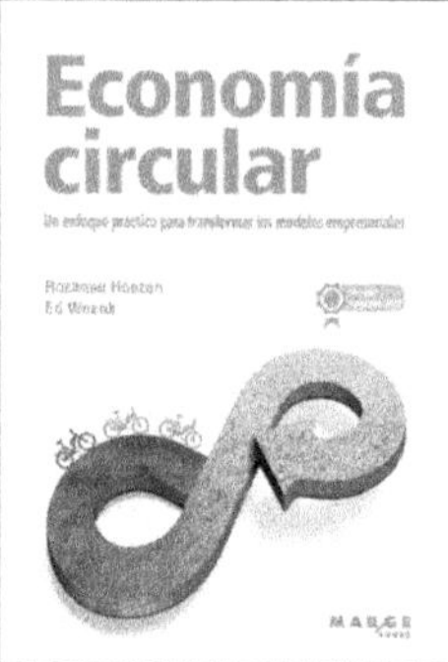

**Economía circular.
Un enfoque práctico para
transformar los modelos
empresariales**
Rozanne Henzen, Ed Weenk

**Sincronización y sinergia
empresarial**
Matías Birrell Rodríguez

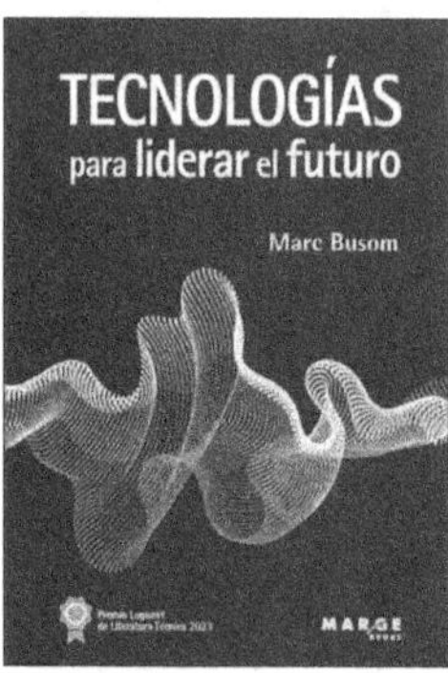

**Tecnologías para liderar
el futuro**
Marc Busom

**Productos y servicios
inteligentes y sostenibles**
Llorenç Guilera, Antoni Garrell

Brutau, 160 – 08203 Sabadell (Barcelona) – Tel. +34-931 429 486 – marge@margebooks.com – www.margebooks.com

www.ingramcontent.com/pod-product-compliance
Lightning Source LLC
LaVergne TN
LVHW080555200726
843510LV00004B/926